应用型本科规划教材

基础会计

（修订本）

主编　杨玉红　原美荣

U0360532

清 华 大 学 出 版 社
北京交通大学出版社
·北京·

内 容 简 介

本书从会计学科体系及实际运用出发，根据最新会计准则及基础会计学所要达到的教学目的和要求编写，主要涉及四大部分内容：会计基本理论知识；企业生产经营过程的基本核算方法；会计人员的基本技能知识；会计工作的组织。每部分内容都力求做到条理清楚，表达新颖，通俗易懂，案例密切联系实际。

本书既可作为高等院校会计学、理财学、经济学和企业管理等专业的教学用书，也可作为经济工作者在岗培训及自学者自学用书。

图书在版编目（CIP）数据

基础会计/杨玉红，原美荣主编．—北京：北京交通大学出版社：清华大学出版社，2018.8

（应用型本科规划教材）

ISBN 978 - 7 - 5121 - 3559 - 8

Ⅰ．① 基…　Ⅱ．① 杨…　② 原…　Ⅲ．① 会计学—高等学校—教材　Ⅳ．① F230

中国版本图书馆 CIP 数据核字（2018）第 112158 号

基础会计

JICHU KUAIJI

策划编辑：郭东青

责任编辑：郭东青

出版发行：清 华 大 学 出 版 社　　邮编：100084　电话：010 - 62776969　http://www.tup.com.cn

北京交通大学出版社　　邮编：100044　电话：010 - 51686414　http://www.bjtup.com.cn

印　刷　者：北京时代华都印刷有限公司

经　　销：全国新华书店

开　　本：185 mm×260 mm　印张：15.75　字数：403 千字

版　　次：2018 年 1 月第 1 版　2019 年 7 月第 1 次修订　2019 年 7 月第 2 次印刷

书　　号：ISBN 978 - 7 - 5121 - 3559 - 8/F·1791

印　　数：2 001～4 000 册　定价：46.00 元

本书如有质量问题，请向北京交通大学出版社质监组反映。对您的意见和批评，我们表示欢迎和感谢。

投诉电话：010 - 51686043，51686008；传真：010 - 62225406；E-mail：press@bjtu.edu.cn。

前　言

所有从事经济管理的人都应学好会计。在现代社会中很难想象一个不懂会计的人如何进行经济管理工作，如经营企业，甚至包括家庭理财。基础会计是会计学科的入门课程，也是财经类专业的专业基础课程，是学习财务会计、成本会计、管理会计和财务管理等专业课程的基础。对于其他相关专业的学生来讲，了解会计基本理论和基本方法更有助于完善专业知识结构，扩大知识面。

本教材以提高学生素质为基础，以培养学生熟悉专业知识和提高专业技能为主线，确定相应的课程体系与教学内容。在编写过程中，着重突出以下三个特点。

第一，教材编写体现应用型高等教育的新要求，即从培养既有会计专业知识又有综合职业能力的高素质的专业人才出发编写教材。以学生为主体，以能力为本位，以实践为导向，做到"教、学、做"相结合，专业能力训练不断线，形成理论教学与专业知识和技能训练整体合一的课程结构，使学生真正掌握会计工作所需要的知识和技能。

第二，教材按章划分，体例结构简洁、适用。每章由知识目标、能力目标和教学内容组成，并结合教材内容，每章都编写了相应的知识和能力练习，便于学生巩固专业知识和锻炼实践能力。

第三，注重会计学科的基础性、规范性和适应性。本教材在编写过程中，不仅注重对会计基本理论、基本知识和基本技能的全面介绍，而且强调教材中所涉及的业务内容和会计处理方法与会计准则的规定一致，并结合会计及税法内容的最新变化和适应新时代经济发展的要求编写，确保了教材内容与方法的新颖性、科学性和适用性。

本教材由山西应用科技学院会计系教师根据长期一线教学经验和企业实践工作经验积累，结合会计不断改革发展变化的新趋势认真编写而成。其中由长期从事会计教学和担任多部教材主编的杨玉红和从事多年教学与财务管理工作的原美荣老师担任主编，赵永佳、郭剑霞、原文娟、郑钟琴等教师参加编写工作。全书由杨玉红老师总纂定稿。

本教材结构合理，内容精练，实用性强，既可作为高等院校会计学、理财学、经济学和企业管理等专业的教学用书，也可作为会计在岗培训用书。

编　者
2018 年 5 月

目　　录

第 **1** 章

会 计 概 述

本章导读

什么是会计？这是学习、研究会计这门学科和做好会计工作首先应当了解的一个问题。对于初学者，首先想到的是具体人物，如从事会计工作的亲人或朋友，更进一步，可能想到一本本的票据和账册及电脑中经济业务的记录。要科学、准确地回答这个问题，势必涉及会计的发展历史、职能、会计学科体系、会计方法等方面。本章是会计入门，阐述的是会计的入门认知问题。

知识目标

1. 理解会计的概念、特点和职能
2. 理解会计的产生和发展以及会计学科体系建设
3. 掌握会计核算的对象及方法

能力目标

1. 能够熟练表述什么是会计、会计的职能
2. 能够熟练表述会计的方法包括哪些内容

1.1 会计的产生与发展

任何有经济活动的地方，人们必然会按照一定的目的，用一定的形式来管理自己的经济活动。人们对经济活动的管理，首先是对物资资料的生产和耗费的管理，任何生产者，总希望以最少的耗费生产出最多的产品。为了实现其目的，就需要对经济活动过程中的耗费和最终所产生的经营成果进行记录、计量、对比、分析，借以反映和控制整个经济活动的过程和结果。

1.1.1 会计的产生

俗话说"民以食为天"，人类要生存、社会要发展，就必须进行物资资料的生产。从本

能上，在生产过程中，总是希望以尽可能少的劳动耗费，创造出尽可能多的物质财富。人们为了掌握生产过程和安排好生产，就必须对生产过程中的人力、物力和财力的耗费及取得的成果，做出必要的记录，以便更有效地组织生产和管理经济活动。会计作为记录和计算生产过程中的耗费与取得的成果，也就随之产生。可以说，会计是为适应人类生产实践和经济管理的客观需要而产生的，具有相当悠久的历史。最初的会计表现为人类对经济活动的简单记录和计量行为，如我国古代的结绳记事、刻木记数就是会计的萌芽。这些简单的记录和计量行为，主要是计算劳动成果，为劳动成果的分配而服务。

知识窗

在苍茫的大森林中我们的祖先在搜寻食物，捕捉猎物，由于工具落后，经常忍饥挨饿。为了捕获更多的猎物，我们的祖先变得越来越聪明，发明了先进的工具，如弓箭和标枪，除填饱肚子外，食物渐渐有了一定的剩余。他们将多余的食物在山洞中储存起来，以便在捕捉不到猎物时分配，放在山洞中的猎物是多少，分配出去多少，剩余多少？因为没有文字，我们聪明的祖先想了很多方式，如用结绳记事的方式计量，大的猎物结一个大结，小的猎物结一个小结。分配出去大猎物时，解开大结；分配出去小猎物时，解开小结。未解开的结就表示剩余的猎物。这可以说是会计的萌芽。

思考： 从这则小故事中，你对会计的产生得到什么认识和启示？

随着社会经济的发展，生产力的不断提高，剩余产品大量出现，会计作为生产经营过程的附带职能，也逐步分立出来，成为一种管理上的独立职能。所以说，会计是为适应人类生产实践和经济管理的客观需要而产生的。

至于会计一词诞生在何时，发源于何地，至今尚很难确切地加以考证，但是，会计具有悠久的历史，则是确定无疑的。根据现有的史料，世界上一些文明古国如巴比伦、埃及等都有类似于会计的记录，或者会计活动的记载。在古巴比伦的废墟中曾发现了商业合同的记录，在古希腊和古罗马也有农庄庄园和不动产的账目。中国是四大文明古国之一，进行会计活动也同样有着悠久的历史，为世界会计的发展曾做出有益的贡献。我国最早涉及会计和国家管理会计事务的记载是《周礼》，它是公元前4世纪至公元前2世纪之间的西周"官制汇编"。《周礼》记述周王朝设置的"司会"（掌握中央与地方政府收支的官职）的职责时写道："凡在书契版图者之贰，以逆群吏之治，而听其会。"就是说，司会利用公文、账册、户籍、丈量地图等副本，考核官吏们的政绩并检查他们经手的财物收支。"会"和"计"都有计量方面的含义，并且，都有汇总计算的意思。在这个意义上，"会"和"计"是可以通用的。《孟子正义》一书中提到的"零星算之为计，总合算之为会"就基本上概括了"会计"的含义。由此可见，"会计"这个词，并不是外来语。

总之，会计作为加强经济管理，提高经济效益的手段，是人类发展到一定历史阶段的产物，它起源于生产实践，是为管理生产活动而产生的。

1.1.2　会计的发展

无论是在中国，还是在其他国家，会计的产生是社会生产发展的必然要求，随着生产力的发展和人们对会计需要程度认识的提高，会计本身也经历了由低级到高级、由简单到复杂、由不完善到日臻完善的发展过程。会计发展的历史长河，主要分为三个阶段。

1. 古代会计

会计从其产生到复式簿记出现以前这段时间，可称之为古代会计。在这段时间里，会计经历了作为生产职能的附带部分到与生产职能相分离的发展，直至形成较为完备的单式簿记。

当产生原始的会计行为或会计萌芽时，生产力水平还很低，生产过程也很简单，人们不需要，也不可能占用较多的生产时间去对生产过程进行计算和记录，此时的会计行为，只能是生产职能的附带部分。后来，随着生产力的发展，生产过程日趋复杂，生产开始了社会化。这时，上述会计行为已不能满足人们管理社会化生产的需要了，于是会计就从生产职能中分离出来，成为一项单独的管理职能，由脱离生产的人来担任。在《马克思恩格斯全集》中就有这样的记载："在原始的规模小的印度公社里，一个记账员，登记农业账目，登记和记录与此有关的一切事项"就证明了这一点。但是，由于商品经济不发达，货币关系还未全面展开，从而制约了会计的发展。尽管会计已经具备了单独的管理职能，但那时的会计仍然很不成熟，其核算的范围也很广泛，是一种"大会计"的概念，包括了统计与业务核算。会计的计量单位，既包括财富的使用价值即实物计量单位，也包括货币计量单位，而且前者是主要的。

我国古代会计在历史上曾有过辉煌的一页。据《周礼·天官·司会》一书记载，在西周时，司会负有"以参互考日成，以月要考月成，以岁会考岁成"之责。"参互"为十日成事之文书，相当于旬报；"月要"为一月成事之文书，相当于月报；"岁会"则为一年成事之文书，相当于年报。

秦汉两代，在生产力发展的基础上，会计方法也有了明显的进步。例如，在秦朝官方的赋税记录中，开始使用"入""出"作为记账符号反映各种财物的收支事项，并创立了用于登记会计事项的账簿（当时称为"簿书"或"簿"，如"谷簿""钱簿"等）。到了汉朝，"簿书"的应用出现了专业化的分工，当时会计记录与统计记录开始有了一定的区别，将属于统计范畴的内容从会计核算内容中分离出来，对记录会计事项的简册称为"簿"，对记录统计事项的简册称为"籍"。"簿"或"簿书"实际上是我国会计账簿的雏形。此外，西汉创造了"三柱清算法"，来结算财产物资的增减变化。其计算公式如下：

$$入 - 出 = 余$$

$$本期收入 - 本期支出 = 本期结余$$

这是一种能计量本期收入、支出和结余的动态的会计报告方法。

应当特别指出，到了唐宋，我国曾在单式簿记的结账和报账方面做出过足可以称道的贡献，在唐代，会计报表和账簿普遍使用了纸张，同时有了会计方面的专著，如史官李元甫的《元和国计簿》、丰处厚的《大和国计》等，这些都标志着我国的会计核算水平有了进一步的提高，我国的会计方法开始传播到日本等国家。中国历史上最早的比较完备的会计著作的代表有宋朝权三司使丁谓主编的《景德会计录》；户部尚书李常及苏辙等人主编的《元祐会计录》。唐宋时期，其突出成就创立了被称为"四柱清册"的结账与报账方法。在宋朝初期，官府办理钱粮报销和移交手续时，一般都采用"四柱清册"进行结算。所谓"四柱"，是指旧管、新收、开除、实在四个部分，相当于现代会计术语的上期结存、本期收入、本期支出、期末结存。"四柱清册"把一定时期内财、物收付的记录，通过"旧管＋新收＝开除＋实在"这一平衡公式加以总结，既可检查日常会计记录的正确性，又可分类汇总日常会计记录，使之起到系统、全面和综合的反映作用。可以说，由于"四柱清册"的发明，我国传统的单式收付簿记就被提到一个较为科学的高度。

根据历史资料的记载，在中国封建经济发展的鼎盛时期宋代，除了在会计记账方法的发展上产生了奠定当今账户结算余额原理的"四柱清册"结算法外，在会计机构的设立上最早设立"会计司"机构，还设立了专司审计的机构——比部。在会计立法方面亦更趋完善，不仅规定对违反会计制度的人给予较严厉的处罚，而且限定凡属经济报告上隐漏重复、收支不实者均从严治罪，甚至在有关条文中还规定了会计报告的格式及书法誊写要求。这些都是中式会计的杰出成就。

我国早在明朝中期就实施了人力资源核算，这个时期山西商人发明了"人身股"制度，其基本内容是：商号的主要职工，从大掌柜（总经理）到业务骨干，都可以由财东（投资人）根据他们的任职时间、能力高低和贡献大小，授予一定的股份，并在财务年度结算时与财东的资本股一起参与利润分红。把劳动力作为资本，与实物资本一起参加商号的利润分配，实质上就是人力资源会计的前身。到了明末，出现了比"四柱清册"更加完备的"龙门账"。"四柱清册"只能应用于不计盈亏的政府（官厅）会计，而"龙门账"则能满足商业上核算盈亏的需要。"龙门账"的先进性在于：全部账目原来按"四柱"分类，改为按进（相当于收入）、缴（相当于支出及费用）、存（相当于财产及债权）、该（相当于投资和债务）四项，其关系式是：

$$该＋进＝存＋缴 \quad 或 \quad 进－缴＝存－该$$

年终结账，按照上式，从两方面计算盈亏，使其相符（称为"合龙门"），即

$$\left.\begin{array}{l}进－缴＝盈亏\\ 存－该＝盈亏\end{array}\right\}应当相符，即"合龙门"。$$

清朝初年，官府对钱粮的收支登记使用了"截票、印簿、循环簿及粮册、奏销册"，又规定"各省巡抚于每年奏销时，盘查司钱粮"，这就说明当时有了比较健全的会计凭证，有了登记不同会计事项的账册，还普遍使用了财产清查的方法。在清代，商品经济进一步发展，在已有记账方法的基础上又产生了"天地合账"，也叫"四脚账"。在这种方法下，一切账项都要在账簿上记录两笔，一笔为"来账"，一笔为"去账"，以反映同一账项的来龙去脉。相应账簿采用垂直书写，具体分为上下两格，上格记"收"，称为"天"，下格记"付"，称为"地"，上下两格数额相等，称为"天地合"。可以认为是复式记账的前身。

在西方，10 世纪前后，一般也是采用单式簿记记账。但是，在中古的大部分时期，欧洲的生产技术远比东方落后，当时欧洲流行的单式簿记，在技术上远没有达到我国那样高的水平。

2. 近代会计

近代会计是从复式记账的运用开始的。同古代会计相比，近代会计有两个主要特点：一是商品货币经济在一些国家发展的结果，使会计有可能以货币作为统一的计量单位，这就既限制和确定了会计反映和监督的内容，又对会计方法的科学发展奠定了基础；二是复式记账方法的采用，形成了一套严密的账户体系，从此，复式簿记构成了近代会计的基础。

国外一些会计学家认为，近代会计的形成，是以下两个重要事件作为标志，或称之为两

个重要的里程碑。

（1）复式记账法的产生。复式记账法的产生被认为是近代会计的开端。根据有关史料，从12世纪到15世纪，地中海沿岸一些城市如佛罗伦萨、热那亚、威尼斯等，商业和金融业特别繁荣，都迫切要求从簿记中获得有关经济往来和经营成果的重要信息，于是，科学的复式记账法在意大利得以产生。从此，会计才具有自己特殊的，但又是很科学的功能——把数据转换为信息。1494年，意大利数学家卢卡·帕乔利出版的《算术、几何、比与比例概要》一书，全面系统地介绍了威尼斯的复式记账法，并从理论上给予了必要的阐述，复式簿记的优点及其使用方法很快为世人所认识，在欧洲乃至全世界得到推广。该著作的出版，标志着近代会计的开始，1494年也被会计学家誉为近代会计发展史上的第一个里程碑。著名的德国诗人歌德曾这样赞美复式簿记："它是人类智慧的绝妙创造，以致每一个精明的商人都必须在自己的经营事业中利用它。"甚至有人说："如果没有复式记账，资本主义恐怕是建立不起来的。"这种说法准确与否且不论，但商品货币经济的发展孕育并推动了记账方法的革命，反过来，它又服务于商品经济并促进其发展，则是人所共知的。

（2）会计师协会的成立。18世纪末和19世纪初的产业革命，给当时的资本主义国家，尤其是英国带来了生产力的巨大发展，由此引起了生产组织和经营形式的重大变革，新的企业组织形式——"股份有限公司"出现了。由此，对会计也提出了比过去高得多的要求。例如，股东为了保护自己的合法权益，要求企业会计要接受外界的监督，企业的账目只有通过外界，特别是会计师的监督，才是值得信赖的。于是，以"自由职业"的身份、具有超然立场的"注册"或"特许"会计师出现了。1854年，英国苏格兰的会计师成立了世界上第一个会计师协会——爱丁堡会计师协会。从此，会计也发生了巨大变化，主要表现在以下两方面。①会计的服务对象扩大了，会计过去只服务于单个企业，现在通过职业会计师的活动发展为所有行业服务，使会计成为一种社会活动；②会计的内容和职能也有所发展，会计包括了记账、算账、报账，还要发挥监督职能，从而使会计的重要作用进一步为人们所认识。

复式簿记产生以后，从19世纪50年代到20世纪50年代这一百年间，会计在理论、方法和技术等方面，又有了巨大的发展。在这个阶段，复式簿记逐步变成会计的记录部分，除复式记账外，会计的一些新的内容和组成部分，如成本计算、会计报表分析、货币计价的原则与方法相继出现，以货币形式对价值运动进行计量、记录、报告的会计处理方法也更加科学。总之，近代会计进入了成熟期。

在我国，对近代会计的产生与发展几乎谈不上贡献。直到清末，才从国外引进复式簿记，把会计作为专门学科来研究和传授。复式簿记首先用于银行、海关和邮政部门，以后才逐步推广到政府机关和官僚企业及规模较大的私人工商企业。新中国成立以前，在中小城市和广大农村，人们用来进行记账算账的手段主要还是单式簿记。新中国成立以后，我国引进了苏联的会计理论与方法，除农村外，以复式记账为基础的现代会计在我国得到迅速而全面的推广。

3. 现代会计

现代会计是以20世纪50年代以后为标志的。当代会计的新发展，其主要标志是传统的会计逐渐形成了相对独立的两个分支，即财务会计与管理会计。财务会计是指通过财务报表为企业以外的投资者、债权人等提供决策所需财务信息的会计，又称对外报告会计。为了保障企业以外有关方面的经济利益，财务会计必须接受"公认会计原则"的约束。管理会计是为企业管理当局提供决策所需未来信息的会计，又称对内报告会计。它所提供的信息的内容和方式灵活多样，视需要而定。管理会计的创立和日趋成熟，大大地丰富了会计的内容，进一步完善了会计学科体系。

迄今为止，现代会计还处于不断完善的过程中。特别是电子计算技术在会计领域的运用，引起并继续推动着会计技术尤其是操作技术的革命，可以预见，它最终必将影响到会计的性质、职能和方法的变化。

在我国，新中国成立后，会计进入了一个全新的发展时期。会计界人士积极探索，锐意改革，推动了我国会计事业的迅速发展。迄今为止，在会计核算方面已进行了两次大的会计改革。

第一次改革（1949—1977），建立了一整套门类齐全的与计划经济体制相适应的会计制度。1949 年，我国引入了苏联的高度集中的计划经济模式，同时，也采用了苏联的会计模式——统一会计制度。从 1950 年开始，我国陆续制定了门类齐全、相互独立的分行业分所有制的会计制度。以后，随着生产的发展和管理社会主义计划经济的需要，统一会计制度又陆续进行了修订和完善。新中国 40 年所制定的分行业分所有制的会计制度是对旧中国会计方法的彻底否定，是中国会计史上第一次点面皆俱的革命，它系统、全面，并形成了独特的会计理论。客观地说，在当时历史条件下，对建立会计秩序、提供会计信息、培养会计人才，起到了积极的作用。

第二次改革（1978 年至今），与社会主义市场经济体制相适应的会计模式已基本定型。伴随着经济体制的改革，我国会计改革也逐步深入。1985 年制定的《会计法》，标志着我国会计法制化、规范化进入了一个新时期；1985 年 3 月 4 日，财政部颁发了《中外合资经营企业会计制度》，这是新中国成立以来第一个大胆借鉴国际惯例的会计制度，它采用了国际上通行的会计方程式、会计报表格式和会计术语，这是我国会计制度向国际会计惯例靠拢的开端，成为今后会计改革的典型范例；1992 年 6 月 24 日财政部发布了《外商投资企业会计制度》，它在更大范围内吸纳了国际会计惯例，改变了外币核算方法，允许计提坏账准备和采用后进先出法计价存货，调整残次、冷背、陈旧而贬值的存货价值；1992 年 5 月，财政部和国家体改委联合颁发了《股份制试点企业会计制度》，这是新中国成立以来第一个与国际会计惯例大体一致、不分行业而摆脱旧模式的会计制度，它的出台是我国会计制度作根本性变革的又一有益尝试。

1992 年下半年以后，财政部又在企业财务会计方面进行了重大改革，相继发布了《企业会计准则》、《企业财务通则》及 13 个行业的财务会计制度（简称"两则两制"），并从 1993 年 7 月 1 日起开始实施。"两则两制"的发布实施，在社会各界和国际会计界产生了极大的反响，初步实现了我国企业会计核算模式从传统的计划经济模式向社会主义市场经济模式的转换。2000 年后，对企业会计制度进行规范，形成了《企业会计制度》《金融企业会计制度》《小企业会计制度》三大类别。特别是《小企业会计制度》的实施，标志着我国的会计核算体系向更具有人性化的方向发展。为了使会计核算更能适应我国市场经济的需要，进一步与国际接轨，财政部从 2005 年开始征求有关各界意见，对会计准则进行了重新修订，2006 年 2 月 15 日全新的《企业会计准则》登台亮相，2007 年 1 月 1 日开始在我国大中型企业施行。

为了适应社会主义市场经济发展需要，规范收入的会计处理，为特定交易下收入的处理提供指引，根据《企业会计准则——基本准则》，2017 年财政部对《企业会计准则第 14 号——收入》进行了修订。为了规范金融交易行为的会计处理，提高会计信息质量，根据《企业会计准则——基本准则》，财政部对《企业会计准则第 22 号——金融工具确认和计量》、财政部对《企业会计准则第 23 号——金融资产转移》《企业会计准则第 24 号——套期会计》《企业会计准则第 37 号——金融工具列报》进行了修订。

在管理会计研究领域，我国也取得了长足的进展，特别是在人力资源会计、环境会计、作业成本计量、标准成本控制、责任会计等方面，都涌现出大量的研究成果，并广泛应用于实践，取得了良好的效果。

随着改革开放的深入推进，特别是新技术在财务领域的广泛应用，中国将在更大范围、更广领域、更深层次上融入国际社会。以大中型央企为代表的中国企业急需一大批既懂财务知识，又能为企业战略决策提供支持的复合型高端人才，为企业内部控制、风险防范、投融资决策、资产并购、价值管理和会计信息化等方面提供有力支撑，实现企业的"价值创造"。2014 年 10 月 27 日，财政部提出了《关于全面推进管理会计体系建设的指导意见》（财会〔2014〕27 号），说明了全面推进管理会计体系建设的重要性和紧迫性，并提出了管理会计体系建设的指导思想、基本原则、主要目标、任务和措施。2016 年 6 月 22 日，又发布了《管理会计基本指引》，正式确立了管理会计在中国会计体系中的地位。

正如杨纪琬教授在《历史在这里拐弯》一文中满怀激情地指出：伴随着社会主义市场经济的建立，我国会计告别了昨日的辉煌与羁绊，迈入了崭新的时期，从此，在我国，会计不再受冷落，不再受束缚，不再彷徨。骤然间，人们终于醒过来，市场经济条件下，会计竟有如此非凡的力量。潇潇洒洒的会计改革，一时间纷纷扬扬，闪耀着耀眼的光芒。经济在发展，社会在进步，会计也将是一个不停地完善和发展的过程。

小总结

从会计的产生和发展历史中，我们认识到会计产生于社会生产实践，是生产力发展到一定阶段的产物，并随着生产力的发展而发展。经济越发展，会计越发展。随着全球经济一体化的不断加强，电子计算技术的飞速发展，会计职业的国际化趋势得到进一步增强，会计职业成为就业者追求的热门职业。

1.2 会计的定义和职能

2016 年我国财政部发布《会计改革与发展"十三五"规划纲要》，在纲要中明确指出，要坚持经验总结和理论创新，加强政策指导，2018 年年底前基本形成管理会计指引体系，认真抓好管理会计指引体系实施，深入推动管理会计广泛应用，积极推动企业和其他单位会计工作转型升级，促进企业提高管理水平和经济效益，促进行政事业单位提高理财水平和预算绩效，更好地为经济社会发展服务。在以后的实践中，逐步形成了以管理会计基本指引为统领、以管理会计应用指引为具体指导、以管理会计案例示范为补充的管理会计指引体系的管理会计新格局。

从会计的产生和发展历史可以看出，会计既是经济管理必不可少的工具，同时它本身又是经济管理的组成部分。会计作为一门经济管理学科，它的理论与方法体系随着社会政治、经济和科学技术的发展及经济管理的需要而不断发展和创新。

1.2.1 会计的定义

会计的概念可以表述为：它是以货币为主要计量单位，运用专门的技术方法，对企事业单位的经济活动进行全面、连续、系统、综合的监督，向有关方面提供会计信息，从而达到加强经济管理，提高经济效益的一种经济管理活动。

从以上表述可以看出，会计概念包括三个方面的内容：①会计是一种经济管理活动，说明了会计的本质；②对经济活动进行核算和监督，是会计的基本职能；③以货币为主要计量单位，突出了会计核算的主要特点。

从前面述及的会计的概念中，可以说明会计具有以下三个特点。

（1）会计以货币作为主要计量尺度。会计为了从数量上来核算和监督各企业、机关和事业等单位经济活动的过程，需要运用实物量度（千克、吨、米、台、件等）、劳动量度（劳动日、工时等）和货币量度（元、角、分等）三种计量尺度，但应以货币量度为主。只有借助于统一的货币量度，才能取得经营管理上所必需的连续、系统、综合的会计资料。因此，在会计上，对于各种经济事务即使已按实物量度或劳动量度进行计算和记录，最后仍需要按货币量度综合加以核算。

（2）会计具有连续性、系统性、综合性和全面性。会计对经济活动过程进行核算和监督，是按照经济活动发生的时间顺序不间断地连续记录，并且对现在或将来可能影响单位经济利益的、能够用货币表现的经济业务，都必须全面、准确地记录下来。会计日常记录的内容，应当按照国家的方针、政策、制度或会计惯例及管理的要求，定期进行归类整理，以揭示经济业务所固有的内在联系，以便随时提供企业单位经营管理所需的各种资料。

（3）会计具有一整套科学实用的专门方法。为了正确地反映单位内部的经济活动，会计在长期发展过程中，形成了一系列科学实用的专门的核算方法。这些专门的核算方法相互联系、相互配合，构成一个完整的核算和监督经济活动过程及其结果的方法体系，是会计管理区别于其他经济管理的重要特征之一。

1.2.2 会计的职能

职能是事物本身所具备的客观功能。会计的管理活动是通过会计的职能来实现的。会计的职能就是会计在经济管理中所具有的功能。会计的基本职能可归结为核算和监督两个方面。

1. 会计的核算职能

会计的核算职能，也称会计的反映职能。会计核算贯串于经济活动的全过程，从核算的时间上看，它既包括事后的核算，也包括事前、事中的核算；从核算的内容上看，它既包括记账、算账、报账，又包括预测、分析和考核。

从会计工作的现状看，会计核算的职能主要从数量方面综合反映单位内部已经发生或已经完成的各项经济活动，即事后核算。它是会计的基础工作。记账、算账、报账是会计执行事后核算职能的主要形式，它把个别的、大量的经济业务，通过记录、分类、计算、汇总，转化为一系列经济信息，使其正确地、综合地反映企业的经济活动过程和结果。为经营管理提供数据资料。

会计的核算职能不仅仅是对经济活动进行事后反映，为了在经营管理上加强计划性和预见性，会计利用其信息反馈，还要对经济活动进行事前核算和事中核算。事前核算的主要形式是进行预测、参与计划、参与决策；而事中核算的主要形式是在计划执行过程中，对经济活动进行控制，使过程按计划或预期的目标进行。

2. 会计的监督职能

会计核算的过程，也可以认为是实行会计监督的过程。会计监督就是会计人员通过会计工作对经济活动进行监督。监督的核心就是要干预经济活动，使之遵守国家法令、法规，保证财经制度的贯彻执行，同时还要从本单位的经济利益出发，对每项经济活动的合理性、有效性进行事前、事中监督，以防止损失浪费。会计监督的具体内容主要包括以下几项。

（1）以国家的财经政策、财经制度和财经纪律为准绳，对即将进行或已经进行的经济活动的合理性进行监督。

（2）从单位内部提高经济效益出发，将监督贯串于经济活动全过程，以评价各项活动能否提高经济效益，对经济活动的有效性进行监督。

（3）对贪污盗窃、营私舞弊等违法犯罪活动进行监督，以保护国家财产的安全完整。

会计监督的过程通常有以下几个步骤。

（1）参与计划（或预算）的制订。

（2）对计划执行过程进行会计监督。

（3）考核业绩，分析计划（或预算）执行结果。

（4）在评价执行结果的基础上，总结经验教训，调整计划（或预算）。

会计核算和会计监督两项职能关系十分密切，两者是相辅相成的。核算是监督的基础，没有核算就无法进行监督，只有正确的核算，监督才有真实可靠的依据；而监督则是核算的继续，如果只有核算而不进行监督，就不能发挥会计应有的作用，只有严格地进行监督、核算所提供的数据资料，才能在经济管理中发挥更大的作用。

当然，随着经济发展和科学技术的进步，以及全球经济一体化趋势的加强，会计在经济活动中的地位越来越引起重视。会计在发展的同时，会计职能也会有一定的扩展。

1.3 会计学科体系

会计学是研究会计发展规律的一门学科，是关于人们如何从事会计这一实践活动的学科体系。传统的会计主要是对某一会计主体的经济活动进行记录、计量、分类整理，定期编制反映一定时期财务状况和经营成果的会计报告。进入 20 世纪 50 年代以来，由于科学技术的进步带动了现代管理科学的发展，同时也渗透到了会计学领域，使传统会计获得了发展的动力，为会计学科的发展开拓了新的领域。

1989 年年末，郭道扬教授主编的《会计百科全书》，将会计学科划分为会计发展史、会计学原理、预算会计、税收会计、金融会计、工业会计、商业会计、电子数据处理会计、西方财务会计、管理会计、工业财务管理与分析、审计等二十一类。1990 年侯文铿教授主编的《会计辞海》，将会计学科划分为基础性会计、生产部门会计、流通部门会计、服务部门会计、其他专业性会计、检验性会计、技术性会计、研究性会计共八大类41门学科。1994年于玉林教授主编的《现代会计百科辞典》，将会计学科分为基础性学科、职能性学科、部门性学科、专门性学科、综合性学科共五大类144门学科。基础性学科又分会计工作基础学科、会计行为基础学科；职能性学科又分企业会计职能学科、社会会计职能学科；部门性学科又分第一产业部门学科、第二产业部门学科、第三产业部门学科；专门性学科有税务会计、会计法学、物价变动会计、环境会计；综合性学科有成本会计、外商投资企业会计。于玉林教授在《大会计学概论》中认为，会计学科体系按学科性质与范围不同，还可分为会计基础学科、企业会计学科、事业会计学科、个体经济会计学科、人本会计学科、会计专门学科、综合会计学科等七类。还有的学者将会计学科体系划分为会计基础学科、会计核算学科、会计分析学科、会计管理学科、会计实践学科。有的学者则将会计学科体系划分为基础学科和分支学科两大类，基础学科包括初级会计学、会计理论、会计史等，分支学科包括宏观会计学、微观会计学两类。

英美模式的会计学科体系主要是按照学科内容的深浅划分。在管理会计产生之前，会计学的主干学科划分为初级会计、中级会计和高级会计。管理会计产生之后，会计学科分为财务会计与管理会计两大领域，而财务会计仍旧按内容深浅分为初、中、高级会计。英美模式的会计学科体系不按部门分类与经济环境有关：实行市场经济，行业划分并不严格，从事会计职业者可以自由流动，这就要求会计专业毕业的学生能够适应不同部门的会计工作，会计教学可以突破行业、部门的界限，在更高层次上阐述会计工作的共性。

随着经济的发展，科学技术的进步，会计所提供的信息将会越来越综合，会计在经济管理中的作用将越来越重要。

基础会计学，主要研究会计的基本概念、基本理论和基本方法。它所研究的是适用于各行业会计的共性知识，是进一步学习专业会计和进行会计学及其相关学科研究的专业基础课程。

1.4 会计方法

会计方法是用来反映和监督会计对象，完成会计任务的手段。科学的会计方法可以帮助人们更好地完成会计任务，实现会计目标。会计方法是会计长期实践经验的总结，并随着社会实践的发展、科学技术的进步及管理要求的提高而不断地发展和完善。

1.4.1 会计方法的内容

会计方法的作用是反映和监督会计对象，而会计对象是资金运动，资金运动是一个动态过程，它是由各个具体的经济活动来体现的。会计为了反映资金运动过程，使其按人们预期的目标运行，必须首先具备提供已经发生或已经完成的经济活动（历史会计信息）的方法体系。会计要利用经济活动的历史信息，预测未来，分析和检查过去。长期以来，人们把评价历史信息的方法归结为会计分析方法。为了检查和保证历史信息和未来信息的质量，并对检查结果做出评价，会计还必须具备检查的方法体系。因此，会计对经济活动的管理是通过会计核算的方法、会计分析的方法及会计检查的方法来进行的。

会计核算的方法是对各单位已经发生的经济活动进行连续、系统、完整地反映和监督所应用的方法。

会计分析的方法主要是利用会计核算的资料，考核并说明各单位经济活动的效果，在分析过去的基础上，提出指导未来经济活动的计划、预算和备选方案，并对它们的报告结果进行分析和评价。

会计检查的方法，也称审计，主要是根据会计核算，检查各单位的经济活动是否合理合法，会计核算资料是否真实正确，根据会计核算资料编制的未来时期的计划、预算是否可行、有效等。

上述各种会计方法是广义的会计方法，它们紧密联系，相互依存，相辅相成，形成了一个完整的会计方法体系。其中，会计核算方法是基础，会计分析方法是会计核算方法的继续和发展，会计检查方法是证实会计核算方法和会计分析方法的保证。

作为广义的会计方法，它们既相互联系，又相对独立。它们所应用的具体方法各不相同，并有各自的工作和研究对象，形成了较独立的学科。学习会计首先应从基础开始，即要从掌握会计核算方法入手，而且，通常所说的会计方法，一般是指狭义的会计方法，即会计核算的方法。在本书中主要是学习会计核算的方法，至于会计分析的方法、会计检查的方法及其他会计方法将在以后的专业课中陆续学习。

1.4.2　会计核算方法

会计核算方法，是指会计对已经发生的经济活动进行连续、系统和全面的反映和监督所采用的方法。会计核算方法是用来反映和监督会计对象的。由于会计对象的多样性和复杂性，就决定了对其进行反映和监督的会计核算方法不能采用单一的方法形式，而应该采用方法体系的模式来进行。因此，会计核算方法具体由设置账户、复式记账、填制和审核凭证、登记账簿、成本计算、财产清查和编制会计报表这七种方法构成了一个完整的、科学的方法体系。

1. 设置账户

账户是对会计对象的具体内容，按其不同的特点和经济管理的需要，分门别类地进行反映的项目。设置账户就是根据会计对象的特点和经济管理的要求，科学地确定这些项目的过程。进行会计核算之前，首先应将多种多样、错综复杂的会计对象的具体内容进行科学的分类，通过分类地反映和监督，才能提供管理所需要的各种指标。每个会计账户只能反映一定的经济内容，将会计对象的具体内容划分为若干项目，即设置若干个会计账户，就可以使所设置的账户既有分工又有联系地反映整个会计对象的内容，提供管理所需要的各种信息。

2. 复式记账

复式记账就是对每笔经济业务，都以相等的金额在相互关联的两个或两个以上有关账户中进行登记的一种专门方法。复式记账有着明显的特点，即它对每项经济业务都必须以相等的金额，在相互关联的两个或两个以上的账户中进行登记，使每项经济业务所涉及的两个或两个以上的账户之间产生对应关系；同时，在对应账户中所记录的金额又平行相等；通过账户的对应关系，可以了解经济业务的内容；通过账户的平行关系，可以检查有关经济业务的记录是否正确。复式记账可以相互联系地反映经济业务的全貌，也便于检查账簿记录是否正确。例如，将现金 500 元存入银行。这笔经济业务，一方面要在"库存现金"账户中记减少 500 元，另一方面又要在"银行存款"账户相互联系地记下增加 500 元。这样既可以了解这笔经济业务的具体内容，又可以反映该项经济活动的来龙去脉，完整、系统地记录资金运动的过程和结果。

3. 填制和审核凭证

填制和审核凭证是指为了审查经济业务是否合理合法，保证账簿记录正确、完整而采用的一种专门方法。会计凭证是记录经济业务，明确经济责任的书面证明，是登记账簿的重要依据。经济业务是否发生、执行和完成，关键看是否取得或填制了会计凭证，若取得或填制了会计凭证，就证明该项经济业务已经发生或完成。对已经完成的经济业务还要经过会计部门、会计人员的严格审核，在保证符合有关法律、制度、规定而又正确无误的情况下，才能据以登记账簿。填制和审核凭证可以为经济管理提供真实可靠的会计信息。

4. 登记账簿

登记账簿亦称记账，就是把所有的经济业务按其发生的顺序，分门别类地记入有关账簿。账簿是用来全面、连续、系统地记录各项经济业务的簿籍，也是保存会计信息的重要工具。它具有一定的结构、格式，应该根据审核无误的会计凭证序时、分类地进行登记。在账户中应该开设相应的明细分类账户，把所有的经济业务记入账簿中的账户后，还应定期计算和累计各项核算指标，并定期结账和对账，使账证之间、账账之间、账实之间保持一致。账簿所提供的各种信息，是编制会计报表的主要依据。

5. 成本计算

成本计算是指对生产经营过程中发生的生产费用，按照成本对象进行归集，借以计算各对象的总成本和单位成本的一种专门方法。通过成本计算，可以确定材料的采购成本，产品的生产成本和销售成本，考核企业经济活动过程中的资金耗费，正确计算盈亏。

6. 财产清查

财产清查是通过盘点实物及核对账目，查明各项财产物资和资金账实是否相符的一种专门方法。通过财产清查，不仅可以保证会计记录的真实性和正确性，而且可以监督各项财产物资和资金的安全和合理使用，进一步加强和改进财产管理。

7. 编制会计报表

会计报表是根据账簿记录和有关资料，经过加工整理，总括地反映会计主体财务状况和经营成果的书面文件。编制会计报表，是生成并传递会计信息的一种专门方法。

中英文专业术语

会计	accounting
会计职能	accounting function
会计核算	accounting calculation
会计监督	accounting supervision
会计方法	accounting method
会计控制	accounting control
会计分析	accounting analysis
会计核算方法	method of accounting calculation

复习思考题

1. 通过对会计的产生与发展的回顾，对我国与世界其他国家的会计发展历史做一些比较。
2. 简述会计的基本概念及特点。
3. 简述会计的两个重要职能。
4. 会计方法体系由哪些会计方法组成？
5. 会计核算有哪些方法？它们之间有何联系？

练习题

一、单项选择题

1. 会计的产生是由于（　　）。
   A. 生产关系变革的需要　　　　　　B. 人类生产实践和经济管理的客观需要
   C. 统治者进行国家统治的需要　　　D. 个别企业生产实践的需要

2. 在我国，"会计"一词最早出现在（　　）。
   A. 商代　　　　　B. 西周　　　　　C. 秦代　　　　　D. 汉代

3. 唐宋时期我国的会计工作采用的是（　　）。
   A. 复式记账法　　　　　　　　　　B. 单式记账法
   C. 四柱清册法　　　　　　　　　　D. 增减记账法

4. 近代会计发展成为现代会计的重要标志是（　　）的出现。
   A. 管理会计　　　B. 财务会计　　　C. 成本会计　　　D. 审计学

5. 现代会计主要以（　　）作为统一计量尺度。
   A. 实物量度　　　B. 劳动量度　　　C. 货币　　　　　D. 工时

6. 会计对经济活动的管理主要是从（　　）方面进行的管理。
   A. 计划　　　　　B. 价值　　　　　C. 实物　　　　　D. 劳动与价值

7. 会计的基本职能是（　　）。
   A. 核算和监督　　B. 反映和报告　　C. 报告与监督　　D. 核算和控制

8. 会计的基本方法是（　　）。
   A. 会计核算方法　　　　　　　　　B. 会计监督方法
   C. 会计分析方法　　　　　　　　　D. 会计决策方法

9. 会计最基础的环节是（　　）。
   A. 会计核算　　　B. 会计监督　　　C. 会计分析　　　D. 会计预测和决策

10. 编制会计报表的主要依据是（　　）。
    A. 设置账户　　　B. 会计凭证　　　C. 账簿记录　　　D. 账产清查结果

二、多项选择题

1. 从核算的时间看，会计核算包括（　　）。
   A. 事后核算　　　B. 事前核算　　　C. 事中核算
   D. 集中核算　　　E. 非集中核算

2. 会计在核算和监督中需要运用的计量尺度有（　　）。

    A. 货币量度   B. 空间量度   C. 劳动量度

    D. 实物量度   E. 时间量度

3. 会计监督的内容包括（　　）。

    A. 安全性监督   B. 合理性监督   C. 单位内部监督

    D. 有效性监督   E. 民主监督

4. 会计核算的特点之一是具有（　　）。

    A. 全面性   B. 连续性   C. 系统性   D. 综合性

5. 英美模式的会计学科体系主要是按照学科内容的深浅划分。会计学划分为（　　）。

    A. 初级会计   B. 中级会计   C. 高级会计   D. 管理会计

6. 会计方法主要包括（　　）。

    A. 会计监督方法   B. 会计分析方法

    C. 会计核算方法   D. 会计检查方法

三、判断题

1. 会计是为适应人类生产实践和经济管理的客观需要而产生的。（　　）

2. 以货币作为统一计量尺度是会计的主要特点。（　　）

3. 货币是会计的唯一计量尺度。（　　）

4. 企业的各项经济活动都是会计工作的内容。（　　）

5. 凡是核定对象中能够以货币表现的经济活动，都是会计核算和监督的内容。（　　）

6. 会计职能是会计所具有的客观功能。（　　）

7. 会计核算是会计工作的全部内容。（　　）

8. 会计核算是从价值量的角度对企业全部经济活动进行的综合性的反映。（　　）

9. 会计学科体系将随着社会经济的发展而不断发展和完善。（　　）

10. 会计核算的各种方法是相互独立的，一般按会计部门的分工由不同的会计人员来执行。（　　）

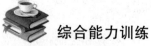

综合能力训练

案　　例

    兴安公司是一家生产羊绒衫的个人独资企业，在本年度下半年的工作会议上，总经理也是公司的董事长提出，在下半年的生产中，计划比上年同期产量增加20%，即由原来的10 000件，增加到12 000件。财务负责人当即提出异议，他说，现在企业的生产能力基本饱和，如果增加产量，需购置设备，增加人工、材料采购等支出，资金周转会有一定困难，另外，根据近两年的数据资料显示，公司销售量及销售收入变化幅度都很小，如果产品销售不出去，势必降价处理，可能会造成年度亏损。总经理当即说：财务部门只要能把业务记录清楚，及时把报表报送有关单位就可以了，企业其他事务我负责。

    你认为总经理这样的说法合理吗？

第2章

会计核算要求

本章导读

从会计发展和其方法体系及内容上，我们知道会计是以货币为主要计量单位，运用专门的技术方法，进行全面、连续、系统、综合地核算和监督向有关单位提供会计信息，从而达到加强经济管理，提高经济效益目标的一种经济管理活动。会计作为一门应用型的经济学科，其核算有什么要求、应遵守哪些行为规范，人们在长期的会计实践中做出了必要的总结，并且以会计准则的形式固定下来。这就是我们本章所要解析的内容。

知识目标

1. 了解会计目标，明确会计为谁服务，如何服务
2. 理解会计核算的基本前提
3. 掌握企业会计确认和计量的基础
4. 掌握会计信息质量要求

能力目标

1. 能够熟练表述会计核算的基本前提以及会计确认和计量基础
2. 能够表述会计信息质量要求，并明确达到什么要求的会计信息才能实现会计目标

2.1 会计核算的基本前提和计量基础

在市场经济条件下，社会经济环境将变得越来越复杂且变幻莫测。这种变幻莫测的社会经济环境决定了各单位的会计活动存在着许多变化不定的因素。会计人员要全面反映和监督企业经济活动，为相关信息使用者提供准确的会计信息，就必须对会计核算的对象及其所处的环境做出合理的推断或判断，首先要对"谁核算、核算谁、如何核算"等问题进行界定，即建立会计核算的基本前提，也称会计假定。在企业会计核算中，《企业会计准则》要求以权责发生制为计量基础。

2.1.1 会计核算的基本前提

会计核算的基本前提是对会计核算所处的时间、空间环境及计量方式和方法所做的合理设定，又称会计假设。具体包括：会计主体、持续经营、会计分期、货币计量。

1. 会计主体

会计主体又称会计实体，是指会计工作服务的特定单位（组织）。它规定了会计核算的空间范围和界限，会计提供的信息并不是漫无边际的，而应局限于一个特定的具有独立性或相对独立性的单位之内。如果以一个独立核算的企业作为会计主体，那么，会计所提供的会计信息必须是其本身发生的交易或者事项。而那些与本企业无关的信息则不属于会计主体所核算的范围。即会计主体只对其本身发生的交易或者事项进行会计确认、计量和报告。

明确会计主体作为会计核算的基本前提，具有十分重要的意义。第一，对会计核算的空间范围有了一个明确的界定。它要求会计核算应当区分自身的经济活动与其他企业单位的经济活动；区分企业的经济活动与所有者和债权人的经济活动。第二，划定了会计核算所要处理的经济业务事项的范围。只有那些影响会计主体利益的经济业务事项才能反映与记录，即会计的反映和监督只涉及本会计主体的经济活动。如本企业向其他单位销售一批商品，这笔经济业务涵盖了两个方面，对本企业来说是一项销售业务，而对于对方而言则是一笔购进业务，作为两个不同的会计主体，这两个企业都有自己明确的立场，即本企业在条件符合时确认收入，而对方在满足条件时确认商品购进。以会计主体作为会计核算的基本前提，对会计核算范围从空间上进行了有效的界定，有利于正确地反映一个经济实体所拥有的财产及承担的债务，计算其经营收益或可能遭受的损失，向信息需求者提供准确的财务信息。

特别提示

> 会计主体可以是以营利为目的的单位，如公司、商场、超市等，也可以是非营利组织，如机关、学校、社会团体等。由于会计主体以营利性的企业较为典型，会计业务也相对全面，所以本书的会计主体核算将以企业为例进行解析。
>
> 思考：在一个企业的车间相互之间提供产品和劳务，实行独立核算，你认为它是一个会计主体吗？

2. 持续经营

持续经营与会计主体有着密切的联系，是指会计核算以会计主体持续正常的生产经营为前提，企业在可以预见的将来，将持续不断地经营下去，不会面临破产和清算。在这个前提下，会计便可认定企业所持有的资产将在正常的经营过程中被合理地支配和耗用，企业所负担的债务也将在持续经营过程中得到有序的偿付，经营成果就会不断形成，这样核算的必要性是不言而喻的。会计主体界定了会计核算的空间范围，而持续经营则明确了会计工作的时间长度。然而持续经营并不否认在激烈的市场竞争中其经营过程的风险性，它只是为了便于会计工作的正常进行，告诉人们会计信息是在何种前提下产生的。持续经营的前提是从会计主体中引申出来的，即核算主体是持续不断地进行经营。

特别提示

持续经营对于会计十分重要，它为正确地确定财产计价、收益的计量提供了理论依据。现行的会计处理方法一般都是建立在持续经营的基础上。如果持续经营这一前提不存在了，那么一系列的会计准则和会计方法也相应地丧失其存在的基础，所以，作为一个会计主体必须以持续经营作为前提条件。

3. 会计分期

根据持续经营基本前提，一个企业将要按当前的规模和状态持续经营下去。因此，最终确定企业生产经营成果，只能等到企业经营结束进行清算之日。但是，企业的生产经营活动和投资决策要求及时的信息，不能等到停业时一次性地核算盈亏。持续经营设定企业的经营活动是无限期的，这给会计核算带来了诸多的困难。为了及时获得会计信息，充分发挥会计的反映和监督职能，人们便将持续经营的活动人为地划分为一个个连续的、长短相同的期间，以便能够及时地核算与报告有关企业财务状况和经营成果的信息。会计核算一般以一年作为一个会计期间，一年可以是采取公历年度即从 1 月 1 日至 12 月 31 日，也可以采纳财政年度。如有些国家规定会计期间从 7 月 1 日至次年 6 月 30 日。我国规定会计期间采纳公历年度。此外，在信息时代的今天，考虑到信息提供的及时性，会计期间也呈现出逐渐缩短的倾向，如以半年、季度和月作为会计期间。

4. 货币计量

企业的经济活动一般表现为商品的购销、各种原材料的耗费以及各种费用的支付等，由于商品和各种材料、劳务耗费在实物上不存在统一的计量单位，无法比较，为了全面反映企业的经济活动，会计核算客观上需要一种统一的计量单位作为计量尺度。货币计量是指会计主体在会计核算过程中采用货币作为计量单位，确认、计量、报告会计主体的经营活动。在商品经济条件下，货币是商品的一般等价物，是衡量商品价值的共同尺度，会计核算必然选择货币作为其计量单位，来反映企业经营活动的全过程。

我国以人民币作为会计核算的记账本位币，平时经营业务以外币为主的企业可以采用某种外币作为记账本位币，但是年末编制财务报表时必须将外币折合为人民币反映。

小总结

对象	空间	时间	分期	度量工具
内容	会计主体	持续经营	会计分期	货币计量

2.1.2 会计基础

在企业会计核算中，《企业会计准则》要求以权责发生制作为会计确认、计量的基础。权责发生制又称应计制或应收应付制。它是以应收、应付为标准来确认本期收入和费用的一种账务处理制度，是企业会计确认损益的记账基础，是与收付实现制相对应的。其主要内容是：凡是当期已实现的收入和已经发生或应当负担的费用，不论款项是否收付，都应当作为当期的收入和费用；凡是不属于当期的收入和费用，即使款项已在当期收付，也不应当作为当期的收入和费用。收付实现制是以收到或支付现金作为确认收入和费用的依据。为了更好地理解权责发生制与收付实现制的区别与联系，下面举例说明。

假设某企业 20××年 6 月发生如下的经济业务。

（1）销售产品 10 000 元，收到货款 6 000 元，存入银行，其余款项尚未收到。

（2）预付下半年厂房租金 6 000 元。

（3）本月应计利息 800 元。

（4）预收客户交来的款项 8 000 元，约定下月初交货。

（5）收到上月客户所欠的购货款 4 000 元，存入银行。

按照权责发生制和收付实现制确认的收入与费用的原则计算如图表 2-1 所示。

图表 2-1

权责发生制和收付实现制计算表

单位：元

业务序号	权责发生制		收付实现制	
	收入	费用	收入	费用
1	10 000		6 000	
2				6 000
3		800		
4			8 000	
5			4 000	
合计	10 000	800	18 000	6 000

至于在权责发生制下支付和收到的现金如何入账，在学习本书之后便一目了然。

2.2 会计信息质量要求

会计的目标是向有关各方提供对决策有用的会计信息。会计信息能否全面、系统、正确地反映企业的实际情况，对会计目标的实现具有重大的影响。要提高会计信息质量，就必须规范企业的会计行为，为此，企业会计基本准则中对会计信息质量作了明确的规定。

会计信息质量的要求来源于会计实践经验的总结，是指导会计核算的基本规则，它体现了社会化大生产对会计核算的基本要求，是企业选择会计核算方法、建立会计核算程序的重要依据。目前我国财政部颁布的《企业会计准则》中，对会计信息质量要求共规定了八条。具体内容如下。

1. 可靠性

可靠性，也可称真实性，要求企业的会计核算以实际发生的交易或事项为依据进行会计确认、计量和报告，如实反映符合确认和计量要求的各项会计要素及其他相关信息，保证会计信息真实可靠、内容完整。

为了满足会计信息使用者的决策需要，企业提供的会计信息应做到内容真实、数字正确、手续齐备、资料可靠。绝不允许弄虚作假，隐瞒经济活动的真相，也不能发生错记、漏记、不记的现象，更不能有意作假。在会计核算工作中应当坚持以上原则，客观地反映企业的财务状况、经营成果和现金流量，保证会计信息的真实性。也就是说，会计信息应当能够经得起验证以核实其是否真实。

如果企业的会计核算不是以实际发生的交易或事项为依据，没有如实地反映企业的财务状况、经营成果和现金流量，势必无法满足各会计信息使用者了解企业情况、进行决策的需要，甚至可能导致错误的决策。

2. 相关性

相关性是指会计主体提供的会计信息应能够反映企业的财务状况、经营成果和现金流量，以满足会计信息使用者的需要。即应与会计信息使用者的经济决策需要相关，有助于财务报告使用者对企业过去、现在和未来的情况做出评价或者预测。

因为会计的主要目标是向有关方面提供决策有用的会计信息，如果这些信息不利于人们做出各种决策，或与决策无关，会计工作也就失去了意义。因此，会计核算方法的选择和会计工作的组织，都要考虑满足各有关方面决策的需要，这一点充分体现了会计信息的主要质量特征。相关性原则的实质在于，企业提供的会计信息必须对信息使用者的决策有用。

3. 可理解性

可理解性要求企业会计核算提供的会计信息必须清晰明了，便于会计信息使用者的理解与使用。

提供会计信息的目的在于使用，要使用会计信息首先必须了解会计信息的内涵，弄懂会计信息的内容，这就要求会计核算和财务会计报告必须清晰明了，即在会计核算工作中会计记录应当准确、清晰，填制会计凭证、登记会计账簿必须做到依据合法、账户对应关系清楚、文字摘要完整；在编制会计报表时，项目钩稽关系清楚、项目完整、数字准确。

4. 可比性

可比性，也称统一性，是指不同的会计主体同一期间的会计报表中提供的会计信息应当相互之间可以进行比较。即要求不同会计主体对同一会计事项或类似的会计事项应按照规定的会计处理程序与会计核算方法进行，确保会计信息口径一致，相互可比。可比性要求的目的在于提高会计信息的决策相关性，使得会计主体在相互比较的基础上解释它们之间相同与差异的原因，国家可以据以进行有关的宏观经济决策，投资者与债权人也可以根据符合可比性要求的会计信息进行有关的投资与信贷决策，企业内部的管理部门可以据此进行有关的经营管理决策。

另外，同一企业不同时期发生的相同或者相似的交易或事项，应当采用一致的会计政策，不得随意变更，确需变更的，应在附注中说明。即会计主体采用的会计核算程序与会计处理方法应该在前后各个会计期间尽可能地保持一致，除非存在充足的理由，否则企业不得随意变更会计核算程序与会计处理方法。这是会计核算中的一贯性原则。

但是应该注意：为了增强可比性，就要求不同的会计主体之间尽可能地采取统一的会计方法与程序，并以会计准则或会计制度为规范，但如果过分强调会计方法和程序的绝对统一，势必会削弱各个会计主体会计核算的固有特点而损害决策的有效性。因此，可比性并不是一个绝对的概念。

5. 实质重于形式

实质重于形式要求企业按照交易或事项的经济实质进行会计确认、计量和报告，而不应当仅仅以它们的法律形式作为会计核算的依据。

这里所讲的形式是指法律形式，实质是指经济实质。有时，经济业务的外在法律形式并不能真实反映其实质内容。为了真实反映企业的财务状况和经营成果，就不能仅仅根据经济业务的外在表现形式进行核算，而要反映其经济实质。如企业将产品销售给购货方，从法律形式上产品的所有权已转移给对方，但若购货方因发生资金周转困难而宣布破产，企业势必无法收回资金，在这种情况下就不能确认收入。如果不考虑经济实质，仅看其法律形式，企业在产品转移的当月就可以反映收入。如果企业的会计核算仅仅按照交易或事项的法律形式进行而其法律形式又没有反映其经济实质和经济现实，那么，其最终结果将不仅不会有利于会计信息使用者的决策，反而会误导会计信息使用者的决策。

6. 重要性

重要性是指企业提供的会计信息应当反映与企业财务状况、经营成果和现金流量等有关的所有重要交易或者事项。会计核算过程中对经济业务或会计事项应区别重要程度，采用不同的会计处理方法和程序。具体地说，对于那些对企业的经济活动或会计信息的使用者相对重要的会计事项，应分别核算、分项反映，力求准确，并在会计报告中作重点说明；而对于那些次要的会计事项，在不影响会计信息真实性的情况下，则可适当简化会计核算手续，采用简便的会计处理方法进行处理，合并反映。

对某项会计事项判断其重要性，在很大程度上取决于会计人员的职业判断。但一般来说，重要性可以从质和量两个方面进行判断。从性质方面讲，只要该会计事项发生就可能对决策有重大影响的，则属于重要性的事项；从数量方面讲，当某一会计事项的发生达到一定数量时，则可能对决策产生影响，此事项就具有重要性，如某项资产价值达到总资产的5%时，将对决策产生重大影响，则应当将其作为重要的会计事项处理。另外，行业不同、企业规模不同及业务内容不同，都会影响会计事项重要性的判断。

7. 谨慎性

谨慎性，是针对经济活动中的不确定性因素，要求人们在会计处理上保持谨慎小心的态度，要充分估计到可能发生的风险和损失，要求会计人员对某些经济业务或会计事项存在不同的会计处理方法与程序可供选择时，在不影响选择的前提下，以尽可能选用一种不虚增利润和夸大所有者权益的会计处理方法和程序进行会计处理，要求合理核算可能发生的损益和费用。

谨慎性要求体现于会计核算的全过程，包括会计确认、计量和报告等会计核算的各个方面。从会计确认角度来看，要求确认标准和方法建立在稳妥合理的基础上；从会计计量角度来看，要求不应高估资产和收益、低估负债和费用的数额；从会计报告角度来看，要求报告向会计信息的使用者提供尽可能全面的会计信息，特别是对应报告有关可能发生的风险损失。

8. 及时性

及时性可以认为是相关性要求的进一步深化。及时性要求是指企业对于已发生的交易或事项，要及时进行会计核算，不得提前或延后。市场经济风云变幻，企业竞争生死攸关，各个信息使用者对会计信息的及时性要求越来越高，所以这一要求就越发显得重要。在会计核算中坚持及时性要求是指：①及时收集会计信息，即在经济业务发生后，及时收集整理各种原始单据；②及时处理会计信息，即在国家统一的会计制度规定的时限内，及时编制出会计报告；③及时传递会计信息，即在国家统一的会计制度规定的时限内，及时将编制出的会计报告传递给会计报告使用者。

当然，及时性也存在着程度上的区别。必须注意到增加及时性的要求固然可以提高会计信息的决策相关性，但这同时又是牺牲会计信息的其他可贵的质量特征而换取的。因为为了及时，有时必须放弃会计信息的精确性和可靠性，从而反过来最终损害会计信息的有效性。反之，年度财务会计报告不够及时，可以保证其可靠性，但毫无疑问其有用性却大大降低。

2.3　会计目标

目标即为进行某项活动所要达到的目的，会计目标是指会计在进行核算和监督过程中所要达到的目的，是由会计本质决定的会计工作核心问题，即会计目标就是指会计管理所要达到的目的，是为了向各方面关系人，如投资者、债权人、国家主管部门、社会公众提供本单位的财务状况和经营成果的信息，帮助信息使用者进行经济、财务决策和控制经济活动。在会计学领域，会计目标是最基本的概念，它集中体现了会计活动的宗旨，决定和制约着会计管理活动的方向。在会计理论结构中，会计目标应处于最高层次，是一切会计理论的出发点；在会计实务中，会计目标是优化会计行为，制定、改进和评价会计程序和方法的依据，它控制着会计工作的各个环节。

会计信息按其用途可分为财务会计信息和管理会计信息，企业对外提供的信息一般是财务会计信息，管理会计信息主要供企业内部管理者使用，一般不对外提供。本书所指的会计信息只局限于财务会计信息领域。

企业提供的财务会计方面的信息主要包括财务状况信息、经营成果信息和现金流量信息。财务状况信息是指企业在某一时点的资产、负债及所有者权益的实际数量；经营成果信息是指企业在一定时期内收入、费用及盈利情况；现金流量信息是指企业在筹资活动、投资活动、经营活动中的现金流入量和现金流出量。关于其具体内容，将在以后的会计学习中接触。

1. 会计信息的内部使用者

企业内部使用者主要包括企业内部各级各部门的管理人员和内部职工。从企业组织的纵向划分，包括高层管理者、中层管理者和基层管理者。高层管理者主要负责战略管理，包括企业目标和计划的制订、资源的合理分配、新产品的开发等；中层管理者主要负责战术管理，包括如何利用资源和调配人员等；基层管理者主要负责作业管理，包括各班组的任务安排和调整等。从企业组织的横向划分看，包括销售、生产、财务、人事等职能管理。

虽然内部管理更多地依靠管理会计提供的内部管理报告，但是高层管理者历来都非常重视对外发布的会计报告，这些报告不仅反映他们的业绩，而且他们的决策同样需要这些信息。

内部职工，包括职工个人和工会组织。它们关心的是企业经营的稳定性和获利能力方面的会计信息及企业支付劳务报酬、退休福利和企业提供就业机会的能力的会计信息。

上述信息使用者因目的不同，对所要求资料的内容并不完全相同，但是会计部门从费用支出的角度考虑不可能分别为他们各自准备一份不同的报告，会计报告是针对所有使用者的共同需要制定的，其中最主要的是投资者。在一定意义上，提供了能满足投资者需要的会计信息，就可以满足其他使用者的大部分需要。

2. 企业会计信息的外部使用者

企业会计信息的外部使用者主要包括现有的和潜在的投资者、债权人、政府及机构和社会公众。

投资者，包括政府（作为投资者代表的国家有关部门）、其他单位和个人等。作为投资者它们关心投资的内在风险和投资报酬，关心能帮助它们评估企业支付能力的会计信息以帮助它们处置投资。

债权人，包括银行、非银行金融机构、债券购买者及其他提供贷款的单位或个人。它们关心的是那些能使它们确定自己的贷款是否安全和贷款利息能否按期得到支付的会计信息。供应商和其他商业债权人，包括为企业提供原材料、设备和劳务等以企业为顾客的单位，它们所关心的是企业所欠它们的款项能否如期偿还的会计信息。

政府及机构，包括税务、海关、统计、工商行政和主管部门等。它们关心国家资源的分配和企业的活动。为了履行国家管理职能，它们需要用于决定税收政策、国民收入统计、制定经济法规和方针等方面的会计信息。

社会公众，包括各种受到企业影响的单位和个人。企业的存在和发展，对所在地的经济会产生有利或不利的影响，包括扩大就业、繁荣商业等。公众对企业的近期发展、活动范围和兴衰趋势的会计信息有兴趣。

向企业外部使用人所提供的信息，绝大部分是属于强制性的，或者说是企业必须提供的。对于会计部门来说，报告这类信息是不可避免的，不管信息成本有多高，都必须按有关法律、制度和惯例来报送。这些报告虽然是会计部门编制，但它代表企业公布，其正确性最终要由企业管理者负责。

中英文专业术语

会计假设	accounting assumption
会计主体	accounting entity
持续经营	going concern
会计分期	accounting periods
货币计量	monetary unit
权责发生制	accrual basis
会计信息	accounting information
会计目标	accounting objective

 复习思考题

1. 会计核算要求必须具备哪些基本前提条件？
2. 明确核算的基本前提条件对会计核算有什么重要作用？

3. 简述会计确认和计量的基础。

4. 通过对会计核算信息要求的了解和掌握，说出每一要求对企业会计核算的重要性。

5. 简述会计目标。

 练习题

一、单项选择题

1. 在进行会计核算时，应将企业财产与其他企业财产及国家或者个人财产相区分开来是依据（　　）的前提。

　　A. 会计主体　　　　B. 会计分期　　　　C. 持续经营　　　　D. 货币计量

2. 一般来说，会计主体与法律主体是（　　）。

　　A. 有区别的　　　　B. 相互一致　　　　C. 不相关的　　　　D. 相互可代替的

3. 会计核算的基本前提中，（　　）规定了会计核算的空间范围和界限。

　　A. 会计主体　　　　B. 会计分期　　　　C. 持续经营　　　　D. 货币计量

4. 会计核算的基本前提中，（　　）规定了会计核算是以持续正常的生产经营为前提。

　　A. 会计主体　　　　B. 会计分期　　　　C. 持续经营　　　　D. 货币计量

5. 我国的会计年度是（　　）。

　　A. 从 1 月 1 日至 12 月 31 日　　　　B. 从 4 月 1 日至第 2 年 3 月 31 日

　　C. 从 7 月 1 日至第 2 年 6 月 30 日　　　　D. 从 10 月 1 日至第 2 年的 9 月 30 日

6. 在企业会计核算中，《企业会计准则》要求以（　　）为会计确认、计量的基础。

　　A. 实质重于形式　　B. 权责发生制　　　C. 收付实现制　　　D. 货币计量制

7. （　　）要求企业按照交易或事项的经济实质进行会计确认、计量和报告。

　　A. 重要性　　　　　B. 实质重于形式　　C. 可靠性　　　　　D. 谨慎性

8. 会计核算方法一经确定，不得随意变更。如有变更，应在财务报告中说明理由及其对企业财务状况和经营成果所造成的影响。这符合（　　）信息质量要求。

　　A. 可靠性　　　　　B. 谨慎性　　　　　C. 可比性　　　　　D. 可理解性

9. （　　）要求企业的会计核算以实际发生的交易或事项为依据进行会计确认、计量和报告。

　　A. 客观性　　　　　B. 可理解性　　　　C. 实质重于形式　　D. 谨慎性

10. 会计目标是指会计在进行核算和监督过程中所要达到的目的，是由（　　）决定的会计工作核心问题。

　　A. 会计本质　　　　B. 会计主体　　　　C. 会计核算　　　　D. 会计职能

二、多项选择题

1. 会计核算的基本前提包括（　　）。

　　A. 会计主体　　　　B. 持续经营　　　　C. 会计分期　　　　D. 货币计量

2. 货币计量的内容包括（　　）。

　　A. 会计核算的计量单位是货币　　　　B. 币值基本稳定

　　C. 记账本位币　　　　D. 不能采用非货币指标作为补充

3. 权责发生制是以（　　）为标准来确认本期收入和费用的一种账务处理制度。

A. 应收   B. 应付   C. 实收   D. 实付

4. 在会计核算中坚持及时性要求是指（   ）。

    A. 及时收集会计信息   B. 及时处理会计信息

    C. 及时传递会计信息   D. 谨慎报告会计信息

5. 下列各项支出中，体现谨慎性会计信息质量要求的是（   ）。

    A. 应收账款计提坏账准备

    B. 材料按采购的历史成本计价

    C. 要按照交易的实质确定企业的资产和收益

    D. 合理确定负债和费用的数额

6. 可靠性包括（   ）方面的含义。

    A. 真实性   B. 客观性   C. 明晰性   D. 可验证性

7. 会计信息的相关性是指会计信息应当（   ）。

    A. 符合国家宏观经济管理的要求

    B. 满足投资者和债权人了解企业财务信息的需要

    C. 满足企业加强内部管理的需要

    D. 满足税务和工商部门了解企业财务信息的需要

8. 会计信息的使用者包括（   ）。

    A. 投资者和债权人   B. 供应商和客户

    C. 企业管理部门   D. 税务工商和证券监督部门

三、判断题

1. 企业是一个典型的会计主体。（   ）

2. 由于有了会计分期假设，才产生了以权责发生制作为会计确认和计量的基础。（   ）

3. 持续经营和会计分期这两个前提条件确定了会计核算的时间范围。（   ）

4. 货币计量假设认为企业记账本位币的币值应永远保持不变。（   ）

5. 会计主体就是法人企业。（   ）

6. 权责发生制相对应的是收付实现制。（   ）

7. 如果企业会计核算不符合客观性的要求，将可能导致投资者错误的决策。（   ）

8. 谨慎性就是要尽量高估费用和损失。（   ）

9. 可比性，要求不同会计主体对同一会计事项应按照规定的会计处理程序与会计核算方法进行，确保会计信息口径一致，相互可比。（   ）

10. 只有企业管理者才是企业财务信息的内部使用者。（   ）

 综合能力训练

案例（一）

    青风公司是一家刚成立不久的生产枸杞食品的私营企业，投资者及法人代表均为王明，

11 月份发生了几笔经济业务，在会计处理上引起了企业财务人员的争议。

1. 11 月 5 日，王明从出纳处取出 400 元现金给孩子购买生日礼物，发票作为办公费用支出入账。

2. 11 月 10 日，第一次销往美国的一批产品收到货款 12 000 美元，会计直接以美元入账，而没有折算为记账本位币——人民币。

3. 11 月 15 日，财务部门为了工作需要购买了一台电脑，价值 6 000 元，一次性作为企业的管理支出。

4. 11 月 20 日，预付了下年度报纸杂志费 630 元，作为本月费用入账。

5. 11 月 30 日，按照会计规定要求，每月固定资产计提折旧，原为平均年限法，为了快速收回投资，会计人员在本月采用了计提折旧的另一种加速提取折旧的方法，多提折旧 3 000 元。

如果你是一名会计人员，你认为这几笔经济业务在会计处理上是否妥当？如不妥当，违背了哪些会计核算要求？

案例（二）

美国一童装销售公司计划在中国订购一批童装，价值 300 万美元。昌兴公司是上海一家服装贸易公司，具有独立的法人资格，得到消息后，想取得这笔订单，因为要预先付款 50%，美国公司要求提供有关企业财产及生产能力的信息。昌兴公司便与它的老客户同样具有法人资格的山丹服饰加工公司签订了短期合作协议，材料由昌兴公司提供，山丹服饰加工公司加工，利润按 6:4 的比例分成，共同以昌兴公司作为主体。协议确定后，昌兴公司向美国公司提供了它们作为一个经营共同体的信息。美国公司经考察后，与昌兴公司签订了加工合同，当这项合同结束后，昌兴公司与山丹服饰加工公司双方便结束了合作协议。

你认为昌兴公司、山丹服饰加工公司及它们合作的经营实体是会计主体吗？按照会计核算的基本前提及会计核算的信息质量要求，请参考一些相关资料，做出合理解释。

第 **3** 章

会计要素与会计等式

本章导读

会计目标是为了向各方面关系人，如投资者、债权人、国家主管部门、社会公众提供本单位的财务状况和经营成果等信息，帮助信息使用者进行经济、财务决策和控制经济活动。为了有效提供信息，必须明确会计核算和监督的内容，即会计对象。而会计要素是会计对象要素的简称，即对会计对象的内容所作的基本分类，是会计理论结构的基础概念。本章从会计对象的概念入手，以生产企业为例，揭示会计对象的六大要素，并在阐述理论的同时，对其增减变动情况进行定量分析。

知识目标

1. 明确会计对象及会计要素的具体内容
2. 理解会计恒等式的基本平衡原理及其重要意义

能力目标

1. 能够熟练表达会计对象，并能够对会计要素进行分类
2. 能够画出生产企业资金循环图
3. 能够分析各类经济业务发生对会计等式的影响
4. 能够熟练运用会计恒等式表达平衡关系

3.1 会计对象

会计对象是指会计核算和监督的内容，可概括为社会再生产过程中能用货币表现的经济活动，在理论上可表述为资金运动。而所谓资金，是指社会再生产过程中各种财产物资的货币表现。其中，企业进行生产经营活动时运用的资金称为经营资金；而行政事业单位进行财务收支活动的资金称为预算资金；金融行业满足融资需要的资金称为信贷资金。随着经济活动的不断进行，资金在使用过程中便产生了价值运动，即资金运动。

生产企业所拥有的资金随着企业生产经营活动的进行而不断地运动着、变化着。生产企业是生产经营型活动的会计主体，其再生产过程，较全面地体现了整个社会的再生产过程，它的资金运动及其所包含的活动内容，体现了各类会计主体资金运动的一般特点。因此，下面以生产企业为例说明会计的一般对象。

生产企业的资金运动可概括为资金筹集过程、供应过程、生产过程、销售过程和资金分配过程等五个基本环节。

（1）资金筹集过程，是指企业在设立或生产时，根据国家法律和规程的规定，采取国家投资、各方集资、发行股票或银行贷款等方式筹集资金，用于购买生产资料或在生产经营过程中周转使用。设立时，通过工商行政管理部门登记的注册资金，称为资本金，它是企业开展生产经营活动的本钱。根据国家规定，设立企业必须有法定的资本金。企业发行的债券或从银行取得的贷款等，属于负债，它也是资金筹集的重要来源渠道。企业取得的资金一般是货币资金，但也可以是材料物资、固定资产、无形资产等。

（2）供应过程，是指企业用货币资金购建厂房、机器设备等劳动资料，形成固定资产，并用货币资金购买劳动对象，支付采购费用形成各种材料物资以及购买专利形成企业新产品生产的过程。

（3）生产过程，是指生产者使用生产工具和劳动手段，对原材料进行加工，最终生产出产成品。这一环节，已耗费的劳动资料和劳动对象的价值转移到产品上去，并发生人工耗费，同时创造出新的价值。

（4）销售过程，是指企业将生产出来的产品销售给购买者，取得销售收入，又收回了货币资金的过程。

（5）资金分配过程，是指企业对取得收入的分配。收入包括成本回收和纯收入两部分。前者由企业扣除继续参加生产周转，后者先上缴国家所得税，所得税后的净利润，一部分作为投资报酬分给投资者，余下部分作为企业的留存收益。向国家缴纳税费及向投资者分配投资报酬的资金退出企业，而留存收益则继续参加生产周转。

生产企业的资金是不断循环和周转的，具体如图表3-1所示。

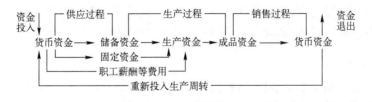

图表 3-1　资金循环周转图表

上述资金循环和周转过程，资金在企业内部的循环周转，分为三个具体阶段，即供应过程、生产过程和销售过程。商品生产企业的资金在供、产、销三个阶段不断地循环周转，这些资金在空间序列上同时并存，在时间序列上依次进行。但就整个资金运动而言，还应包括资金的投入和资金的退出。

资金的投入包括所有者的资金投入和债权人的资金投入。前者构成了企业的所有者权益，后者形成了企业的债权人权益，即企业的负债。投入企业的资金一部分形成企业的流动资产，另一部分形成企业的长期资产。

资金的退出包括按法定程序返回给投资者的投资、偿还各项债务及向所有者分配利润等内容，这使一部分资金离开企业，游离于企业资金运动以外。

小总结

生产企业因资金的投入、循环周转和资金的退出等经济活动而引起的各项资金的增减变化、各项成本费用的形成和支出、各项收入的取得及损益的发生、实现和分配，共同构成了会计对象的内容。

3.2　会计要素

会计要素是会计对象要素的简称，是对会计对象的基本分类，是会计对象的具体化，是反映会计主体的财务状况和经营成果的基本单位。会计要素是会计分类核算的基础，也是企业会计报告的基本框架。

3.2.1　会计要素的内容

我国的《企业会计准则——基本准则》和《企业会计制度》严格定义了资产、负债、所有者权益、收入、费用和利润六大要素。这六大会计要素又可分为两大类，即反映财务状况的会计要素（又称资产负债表要素）和反映经营成果的会计要素（又称利润表要素）。其中，反映财务状况的会计要素包括资产、负债和所有者权益；反映经营成果的会计要素包括收入、费用和利润。下面将详细阐述各会计要素的具体内容。

1. 资产

资产是指企业过去的交易或事项形成并由企业拥有或控制的，预期会给企业带来经济利益的资源。它包括各种财产、债权和其他权利，是企业生产经营活动持续下去的物质基础。

知识窗

会计中的交易是指双方以货币为媒介的价值的交换。如购买材料、设备，支付职工薪酬等。会计中的事项是指发生在主体内部的活动，如生产耗用材料、设备等，也可以是发生在主体之外或主体的活动，如商品或劳务价格的变动。

1）资产的确认

资产的确认需要满足以下条件，或者说，资产具有以下几个基本特征。

（1）资产是由企业过去的交易或事项形成。也就是说，"过去发生"原则在资产的定义中占有举足轻重的地位。这也是传统会计的一个显著特点。至于未来交易或事项及未发生的交易或事项可能产生的结果，则不属于现实的资产，不作为资产确认。如计划中的商品采购，因经济业务尚未实际进行，则不能确认为资产。

（2）资产必须为企业所拥有或控制的资源。这是因为，会计并不计量所有资源，而仅计量在某一会计主体控制之下的资源。因此，会计中所计量的资产应该或者说必须归属于某一特定的主体，即具有排他性。这里，拥有是指企业对某项资产拥有所有权，而控制则是指企业实质上已经掌握了某项资产的未来收益和风险，但是目前并不对其拥有所有权。前者泛指企业的各种财产、债权和其他权利，而后者则指企业只具有使用权而没有所有权的各项经济资源，如企业租入的固定资产。

（3）资产预期会为企业带来经济利益。即资产单独或与企业的其他要素结合起来，能够在预期直接或间接地产生净现金流入量，这是资产的本质所在。按照这一特征，判断一个项目是否构成资产，一定要看它是否潜存着未来的经济利益。只有那些潜存着未来经济利益的项目才能确认为资产。

（4）资产的成本或者价值能够可靠地计量。所谓可靠计量是指企业的资产能够以合理的价格进行会计核算。如果资产的成本或者价值不能够可靠地计量，则不能够确认为企业的资产。

2）资产的分类

商品生产企业的资产按其流动性可分为流动资产、非流动资产和其他资产。

（1）流动资产。流动资产是指企业在一年内或超过一年的一个营业周期内变现或耗用的资产，包括现金及各种存款、以公允价值计量且其变动计入当期损益的金融资产、应收及预付款、存货等。

现金及各种存款，包括库存现金、银行存款和其他货币资金，如外埠存款、银行本票存款、银行汇票存款及在途货币资金等。由于现金和各种存款处于货币形态，又称为货币资金。

以公允价值计量且其变动计入当期损益的金融资产，是指企业持有的现金、权益工具投资，从其他单位收取现金或其他金融资产的合同权利及在有利条件下与其他单位交换金融资产或金融负债的合同权利。一般企业的金融资产主要包括：货币资金、应收及预付款、股权投资、债权投资等。交易性金融资产主要是指企业近期内出售的金融资产。例如，企业为充分利用闲置资金，以赚取差价为目的从二级市场上购入的股票、债券、基金等。

应收及预付款包括应收票据、应收账款、其他应收款、预付账款等。

存货是指企业在日常活动中持有以备出售的产成品或商品、处在生产过程中的在产品，在生产过程或提供劳务过程中耗用的材料和物料等。存货包含的经济利益很可能流入企业；其成本能够可靠计量。企业的存货包括原材料、燃料、辅助材料、周转用材料、在产品及库存供出售的产成品等。

流动资产变现能力强，经常改变存在形态，其价值一般是一次计入成本，或在较短时间内分几次转入成本费用中，并从销售收入中得到补偿。

（2）非流动资产。非流动资产是指计划长期持有不准备在一年内变现的投资，或者为管理目的而拥有或控制的资产。包括持有至到期投资、长期股权投资、固定资产、无形资产、其他非流动资产等。

持有至到期投资是指企业购入的准备持有至到期收回的债券投资及企业委托银行或金融机构向其他单位贷出的款项。

长期股权投资是指企业以购买其他企业股票或其他方式（如直接投入现金、固定资产、无形资产等）取得被投资企业的股权。长期股权投资的目的不仅在于谋取一定的投资收益，而且在于影响被投资企业的经营决策，以求得更大利益，实现企业长远发展战略，在投资过程中企业是以投资者即股东身份出现的，对被投资企业的净资产具有所有权。

固定资产是指为生产商品、提供劳务、出租或经营管理而持有的、使用寿命超过一个会计期间、单位价值在规定的限额以上并能够可靠计量且长期使用能保持其原有实物形态的劳动资料。包括房屋及建筑物、机器设备、运输设备、工具器具等。

固定资产与流动资产的区别，主要在于固定资产多次参加企业生产经营周期的运转，并在使用过程中不改变其实物形态，其价值随着生产经营活动的进行逐渐地、部分地以提取折旧的形式转移到成本费用中去，并逐步从销售收入中得到补偿。

无形资产是指企业拥有或控制的没有实物形态的且可辨认的非货币性资产。可辨认性标准是指：①能够从企业中分离或划分出来，并能单独或与相关合同、资产或负债一起，用于出售、转移、授予许可、租赁或交换；②源自合同性权利或其他法定权利，无论这些权利是否可以从企业或其他权利和义务中转移或分离。无形资产的确认条件是：与该资产相关的预计的未来经济利益很可能流入企业；该资产的成本能够可靠计量。无形资产包括专利权、非专利技术、商标权、著作权、土地使用权等。

无形资产通常代表企业所拥有的一种法定权利或优先权，或者企业所拥有的高于一般水平的获利能力。但所提供的未来经济效益具有很大的不确定性，是企业有偿取得的，仅与特定的会计主体相关，并受法律、契约、制度的保护，禁止非所有者无偿获得。

（3）其他资产。其他资产是指除上述资产以外的资产，如企业已经支出，但摊销期限在一年以上（不含一年）的各项长期待摊费用。又如企业拥有但暂时不能自主支配使用的资产，主要包括特种储备物资、冻结资产及诉讼中的财产等。

2. 负债

负债是指由过去的交易或事项所形成的、预期会导致经济利益流出企业的现时义务。

知识窗

现时义务是指企业在现行条件下已承担的义务。未来发生的交易或者事项形成的义务，不属于现时义务。

思考： 光华公司是一家洗衣机生产企业，实行三包服务。即商品售出7天内出现性能故障，凭特约维修点证明，顾客可选择退、换、修。商品售出15天内出现故障，凭特约维修点证明，顾客可选择换、修。商品在三包有效期内维修两次仍不能正常使用的产品，凭特约维修点证明，经营者给予换货。商品在特约维修点报修3个月，特约维修点因厂家不能提供零件而不能进行维修的，凭特约维修点证明，经营者给予换货。你认为这项服务承诺可确认为一项负债吗？

1）负债的确认

负债的确认要满足以下条件，或者说企业负债具有如下几个基本特征。

（1）负债是由过去的交易或事项形成的现时义务。负债的本质是一种经济义务，它是由过去已经发生的交易或事项所引起的，是现时存在的，并须在未来某一时期偿还的。如向银行借款，借款人从借入之日起就负有还本付息的责任。企业在将来要发生的交易或事项可能产生的债务，不能作为会计上的负债，如企业与供货单位签订供货合同，则不能将其作为一项负债。

（2）义务的履行很可能会导致经济利益的流出。这是负债的实质所在。也就是说，负债的实质是将来应该以牺牲资产为代价的一种受法律保护的责任。也许企业可以通过承诺新的负债或通过将负债转为所有者权益等方式来清偿一项现有负债，但这并不与负债的实质相背离。在前一种方式下，仅仅是负债的偿付时间被延迟了，最终，企业仍然需要以债权人所能接受的经济资源来清偿债务。在后一种方式下，则相当于企业用增加所有者权益而获得的资产偿还了现有负债，即企业让渡了资产的所有权。两者都牺牲了企业的经济利益。

（3）预期经济利益流出的金额能够可靠地计量。凡不能以货币计量的经济责任，不能确认为会计上的负债。

2）负债的分类

负债通常按照其流动性可分为流动负债和非流动负债。

（1）流动负债。流动负债是指将在一年或超过一年的一个营业周期内偿还的债务。包括短期借款、应付票据、应付账款、预收账款、应付职工薪酬、应交税费、应付股利、其他应付款和将于一年内到期的长期借款等。

（2）非流动负债。非流动负债是指偿还期在一年或者超过一年的一个营业周期以上的债务。包括长期借款、应付债券、长期应付款项等。其中，长期应付款包括应付引进设备款、融资租入固定资产应付款等。此外，将于一年内到期的非流动负债应当在流动负债下单列项目予以反映。

非流动负债与流动负债相比，其区别在于偿还期限长短和举债目的不同。非流动负债偿还期限较长，只有偿还期限超过一年的债务才是非流动负债，而低于这一界限的债务则是流动负债。举借长期债务的目的是为了购置大型设备、房地产、增建和扩建厂房等，而流动负债的举借目的主要是为了满足生产周转需要。

3. 所有者权益

所有者权益是指企业资产扣除负债后由所有者享有的剩余权益。公司的所有者权益又称为股东权益。

所有者权益包括企业投资人的投入资本、直接计入所有者权益的利得和损失、留存收益等。

投入资本是投资者实际投入企业经营活动的各项财产物资。

利得是指由企业非日常活动形成的、会导致所有者权益增加的、与所有者投入资本无关的经济利益的流入。

损失是指由企业非日常活动形成的、会导致所有者权益减少的、与向所有者分配利润无关的经济利益的流出。

直接计入所有者权益的利得和损失，是指不应计入当期损益、会导致所有者权益增减变动的、与所有者投入资本或者向所有者分配利润无关的利得或者损失。包括法定财产重估增值、接受捐赠的资产价值等。

留存收益包括盈余公积和未分配利润。盈余公积是指按照国家有关规定从缴纳所得税后的净利润中提取的公积金。未分配利润是企业留于以后年度的待分配利润。

思考： 在大学生创业政策引导下，2017 年 7 月，某大学营销专业学生张兰、王茜华共同出资 30 000 元，借款 20 000 元创办了一家小型超市，公司创立之初，你认为他们拥有的资产金额应为多少元？

4. 收入

收入是指在日常活动中形成的、会导致所有者权益增加的、与所有者投入资本无关的经济利益的总流入。收入具有以下特征。

（1）收入产生于企业的日常经营活动。日常经营活动是指企业为完成其经营目标而从事的所有活动，以及与之相关的其他活动。如商业企业的商品购销活动，商品生产企业制造与销售产品，金融企业从事贷款活动等。

（2）收入可能表现为企业资产的增加，如增加银行存款或应收账款；也可能表现为负债的减少，如以商品或劳务抵偿债务；还可能同时引起资产的增加和负债的减少，比如销售商品，部分货款抵偿债务，余款收回现金。但所发生的数额都必须能可靠地计量。

（3）收入能引起企业所有者权益的增加。不论收入是增加资产还是减少负债，根据"资产－负债＝所有者权益"，都会使所有者权益增加。

（4）收入只包括本企业经济利益的流入，不包括为第三方或客户代收的款项，如代收的增值税、代收的利息等。代收款项不属于本企业的经济利益，它们发生时，会同时增加企业的资产与负债，并不能增加企业的所有者权益。

特别提示

会计核算中收入是一个特定的概念，不是所有的经济利益流入都是收入。

收入包括主营业务收入和其他业务收入。

主营业务收入是指企业销售产品、商品和进行工业性劳务作业取得的收入。

其他业务收入是指材料销售收入、无形资产等技术转让费收入及固定资产、包装物出租收入等。

5. 费用

费用是指企业在日常活动中发生的、会导致所有者权益减少的、与向所有者分配利润无关的经济利益的总流出。费用具有以下特征。

（1）费用是企业日常活动中发生的经济利益的流出，且流出额能够可靠地计量。费用和收入一样，产生于企业日常的经营活动，企业为获取收入，必然会发生费用，收入和费用相互配比，才会产生利润。

（2）费用可能表现为企业资产的减少，如生产产品耗用材料、支付水电费等；也可能引起负债增加，如期末应付未付的职工薪酬、应交未交的税费等；还可能同时引起资产的减少或负债的增加。

（3）费用最终会减少企业的所有者权益。不论费用是减少资产还是增加负债，根据"资产－负债＝所有者权益"，都会使所有者权益减少。

费用按其归属不同，分为直接费用、间接费用和期间费用。

直接费用是为生产产品和提供劳务等发生的直接人工、直接材料和其他直接费用，应直接计入生产经营成本。

间接费用是企业为生产产品和提供劳务而发生的各项间接制造费用，应当按一定标准分配计入生产经营成本。

直接费用和间接费用统称为产品费用。这些费用在生产产品时发生，并构成一定种类和一定数量产品的生产成本，但并不一定在该期间转为销售成本，只有在这些产品售出时才转为销售成本，与销售期的收入相配比。

期间费用是指不能直接归属于某个特定产品成本的费用。主要包括企业行政管理部门为组织和管理生产经营活动而发生的管理费用和财务费用，以及为销售产品和提供劳务而发生的销售费用等。这些费用容易确定其发生的期间，但难以判别其所应归属的产品，因而在发生的当期便直接计入当期损益。

6. 利润

利润是指企业在一定的会计期间的经营成果。包括收入减去费用后的净额、投资收益、直接计入当期利润的利得和损失等。按利润计算所涉及的内容及步骤不同，可分为营业利润，利润总额及净利润三部分。具体计算过程在后面章节介绍。

企业的利润按照国家规定做相应调整后，应首先依法缴纳所得税。税后净利润再按照规定提取盈余公积金，并对投资者进行分配。

小总结

商品生产企业会计要素的主要内容如图表 3-2 所示。

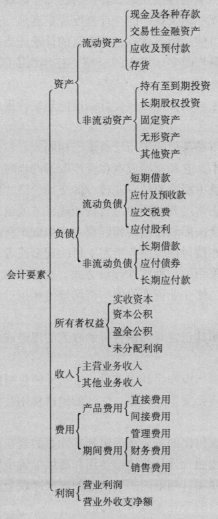

图表 3-2　商品生产企业会计要素的主要内容

会计要素的划分在会计核算中具有十分重要的作用，它是对会计对象的科学分类，也是设置账户的基本依据。

3.2.2 会计要素的计量

企业在将符合确认条件的会计要素登记入账并列报于财务报表时，应当按照会计计量属性进行计量，确定其金额。会计计量属性介绍如下。

1. 历史成本

历史成本，是指对已经完成的交易或事项所实际支付的代价。

在历史成本计量下，资产按照购置时支付的现金或现金等价物的金额，或者按照购置资产时所支付的对价的公允价值计量；负债按照因承担现时义务而实际收到的款项或资产的金额、承担现时义务的合同金额，或者按照日常活动中为偿还负债预期需要支付的现金或者现金等价物的金额计量。这里的现金是指企业的库存现金及可以随时用于支付的存款；现金等价物是指企业持有的期限短、流动性强、易于转换为已知金额现值、价值变动风险很小的交易性证券。除法律、行政法规和国家统一的会计制度规定者外，企业一律不得调整其账面价值。这主要是因为对资产、负债、所有者权益等项目的计量应当基于交易或事项的实际交易价格或成本，而历史成本正是当时实际发生的金额，有客观依据，便于查核，也容易确定，能够使会计核算与会计信息真实可靠。

其后，如果各项财产发生减值，应按照会计制度的规定计提相应的减值准备。

2. 重置成本

重置成本是指按照当前市场条件购买与已有资产相同或者相似的资产所需支付的全部成本。重置成本是一种现行成本，它和原始成本在资产取得的当时是一致的。之后，由于物价的变动，同一资产或等价物就可能需要较多或较少的交换价格才能获得。这种交换价格应该是从市场获得，而不是企业正常经营过程中出售资产或劳务的销售价格。

在重置成本计量下，资产按照现在购买相同或者相似资产所需支付的现金或者现金等价物的金额计量，负债按照现在偿付该项债务所需支付的现金或者现金等价物的金额计量。重置成本是企业在特殊情况下采用的一种成本计量方式。如在企业改为股份制公司的情况下，需对企业资产进行重新估计，使企业资产价值与市场价值相接近。

3. 可变现净值

可变现净值是指资产按照其正常对外销售所能收到的现金或现金等价物的金额扣减有关费用后的净值。

在可变现净值计量下，资产应按照其完工后正常对外销售所能收到现金或者现金等价物的金额扣减该资产至完工时将要发生的成本、估计的销售费用及相关税费后的金额计量。

4. 现值

现值是指以后年份收到或付出的资金按一定利率计算的现在价值。

在现值计量下，资产应按照预计从其持续使用和最终处置中所产生的未来净现金流入量的折现金额计量；负债应按照预计期限内需要偿还的未来净现金流出量的折现金额计量。现值的计算方式和方法将在以后的专业课程中学习。

5. 公允价值

公允价值是指在公平交易中自愿交易的双方协商确定的价值，而非强迫或清算时的出售价值。

在公允价值计量下，资产和负债应按照在公平交易中熟悉情况的交易双方自愿进行资产交换或者债务清偿的金额计量。

企业在对会计要素进行计量时一般应当采用历史成本。如果在特定情况下，需采用重置成本、可变现净值、现值、公允价值计量的，应当保证所确定的会计要素金额能够取得并可靠计量。

3.3 会计等式

会计等式也称为会计平衡公式，它表明了各会计要素之间的基本关系。

会计对象可概括为资金运动，具体表现为会计要素，每发生一笔经济业务，都是资金运动的一个具体过程，每一资金运动过程都必然涉及相应的会计要素，从而使全部资金运动所涉及的会计要素之间存在一定的相互联系，会计要素之间的这种内在关系，可以通过会计平衡等式表现出来，会计平衡等式是设置账户、复式记账账户试算平衡和设计会计报表的理论依据。

3.3.1 会计等式概述

会计等式是各会计要素之间基本关系的平衡公式，它表明会计六要素不是彼此孤立的，它们之间存在着内在联系。这种联系可以用下列两个会计等式（也称会计恒等式或会计基本平衡公式）表示如下：

$$资产 = 负债 + 所有者权益$$
$$收入 - 费用 = 利润（或亏损）$$

第一个会计等式是反映一定时点财务状况的平衡公式，其中负债和所有者权益又统称为权益，负债是指债权人权益，所有者权益是指投资人权益。该式通过资产和权益反映了经济资源的两个不同方面，它们相互依存，数量相等，常被称为会计恒等式。

第二个会计等式是反映一定期间经营成果的平衡公式。每一个会计期间，企业随着经济活动的进行，不断地取得收入，同时也发生各种费用。期末，将收入和费用相比较，才能确定本期的经营成果，即盈利或亏损。

此外，收入和费用的发生不仅会影响资产变化，也会影响所有者权益变化。企业实现盈利，利润增加，所有者权益就会增加；当然企业发生亏损，所有者权益也将减少。所以上述两式又存在着以下联系：

$$资产 = 负债 + 所有者权益 + （收入 - 费用）$$

或：
$$资产 = 负债 + 所有者权益 + 利润（或减亏损）$$

会计等式揭示了各个会计要素之间的相互关系，反映了各个会计要素数量变化的共同规律。它是设置账户、复式记账和编制会计报表的理论依据，贯串于会计基本方法和基本技能的自始至终。正确地理解和运用这一平衡原理，对于掌握会计核算方法有着相当重要的意义。

下面从资产和权益的静态平衡关系和动态平衡关系两个方面来论证会计等式存在的客观必然性。

3.3.2 会计等式的静态平衡关系

企业为了进行生产经营活动，实现其经营目标，必须拥有一定数量与结构的、具有未来经济效益的经济资源，这些经济资源在会计上总称为资产。资产最初进入企业的来源渠道不外乎两种：一是国家（政府）、企业法人、社会团体和个人以投资的方式投入；二是企业以直接借款或发行企业债券等方式从各种金融机构、其他单位及民间借入。投资于企业资产的投资人称为企业资产的所有者，借款给企业的单位或个人称为债权人。企业的所有者和债权人为企业提供了全部资产，就应该对企业的资产享有要求权，这种对企业资产的要求权，在会计上总称为权益。其中属于所有者的部分，称为所有者权益；属于债权人的部分，称为债权人权益，简称负债。

特别提示

资产和权益是同一事物从两个不同侧面进行观察和分析的结果，资产表明企业拥有什么经济资源和拥有多少经济资源，权益则表明是谁提供了这些经济资源，谁对这些经济资源拥有要求权。资产和权益之间是相互依存的关系。没有资产，就没有有效的权益，同样，企业所拥有的资产也不能脱离权益而存在。没有无资产的权益，也没有无权益的资产。

资产和权益从数量上看，有一定数额的权益，也必然有一定数额的资产。也就是说，一个企业的资产总额与权益总额必定相等，从任何一个时点来看，二者之间都必然保持数量上的平衡关系。资产和权益这种客观存在的平衡关系，称为二者的静态平衡关系，即会计等式的静态平衡关系。

[例3-1] 和平公司20××年3月1日资产和权益的资料如图表3-3所示。

图表3-3

资产和权益资料表

单位：元

资　产	金　额	负债及所有者权益	金　额
库存现金	1 500	短期借款	18 000
银行存款	58 000	应付账款	32 100
应收账款	13 900	应交税费	8 000
原材料	60 000	长期借款	32 000
生产成本	20 000	负债合计	90 100
库存商品	90 000	股本	420 000
固定资产	320 000	盈余公积	53 300
		所有者权益合计	473 300
合计	563 400	合计	563 400

图表3-3说明，该企业3月1日拥有资产总额563 400元。这些资产来源于不同渠道。负债为90 100元，其中短期借款为18 000元，应付账款为32 100元，应交税费为8 000元，长期借款32 000元；所有者权益为473 300元，其中股本为420 000元，盈余公积为53 300元。该企业从不同渠道取得或形成的这些资产又具体分布运用在以下几个方面：现金为1 500元，银行存款为58 000元，应收账款为13 900元，原材料60 000元，生产成本（在产品）20 000元，库存商品90 000元，固定资产320 000元。资产和权益总额都是563 400元，两者保持平衡关系。

3.3.3 会计等式的动态平衡关系

资产和权益的数量不是静止不变的。企业在生产经营过程中的各种经济活动，必然会引起资产和权益在数量上经常发生增减变化，但是无论怎样变化，都不会破坏二者在数量上的恒等关系。这是因为企业发生的经济业务虽然复杂多样，但对资产和权益的影响，归纳起来不外乎以下九种类型。

（1）资产项目和负债项目同时增加，增加金额相等。

（2）资产项目和所有者权益项目同时增加，增加金额相等。

（3）资产项目和负债项目同时减少，减少金额相等。

（4）资产项目和所有者权益项目同时减少，减少金额相等。

（5）资产内部有关项目有增有减，增减金额相等。

（6）负债内部有关项目有增有减，增减金额相等。

（7）所有者权益内部有关项目有增有减，增减金额相等。

（8）负债项目增加，所有者权益项目减少，增减金额相等。

（9）负债项目减少，所有者权益项目增加，增减金额相等。

以上九种情况中，因为每一变化的双方在数量上都是相等的，都没有影响资产和权益在数量上的平衡关系。因此，任何一种经济业务的发生，都不会破坏资产和权益的平衡关系。这种在经济活动中客观存在的相等关系，称为资产与权益的动态平衡，即会计等式的动态平衡关系。下面举例说明九种类型经济业务引起的会计对象要素增减变化的基本规律。

[例 3-2] 接上例和平公司 3 月份发生以下经济业务。

（1）企业购入生产用甲材料 22 000 元，货款未付。材料验收入库。

这项经济业务所引起的资金变化属于第一种类型。购入材料使资产项目原材料增加了 22 000 元，应付账款增加了 22 000 元。由于资产项目和负债项目同时以相等的数额增加，所以双方总计仍然相等。

（2）企业收到投资者投入设备一台，价值 25 000 元。

这项经济业务所引起的资金变化，属于第二种类型。收到投资者投入设备使资产项目固定资产增加了 25 000 元，同时也使所有者权益项目中股本增加了 25 000 元。由于资产项目和负债项目同时以相等的数额增加，所以双方总计仍然相等。

（3）企业用银行存款 10 000 元，偿还前欠新月公司材料款。

这项经济业务所引起的资金变化属于第三种类型。归还前欠货款使资产项目银行存款减少了 10 000 元，同时也使负债项目应付账款减少了 10 000 元。由于资产项目和权益项目同时以相等的数额减少，所以双方总计仍然相等。

（4）因合作期满，企业按规定以银行存款 40 000 元退还凤阳公司投资。

这项经济业务所引起的资金变化属于第四种类型。退还投入资本使资产项目银行存款减少了 40 000 元，同时也使所有者权益项目股本减少了 40 000 元。由于资产项目和权益项目同时以相等的数额减少，所以双方总计仍然相等。

（5）企业收到客户归还前欠货款 8 000 元，存入银行。

这项经济业务所引起的资金变化属于第五种类型。收回销货款使资产项目银行存款增加了 8 000 元,同时又使另一资产项目应收账款减少了 8 000 元。由于资产内部两项目之间等额此增彼减,总额不变,同时这项业务对权益总额没有影响,所以资产与权益双方总计仍然相等。

(6)企业从银行取得短期借款 12 000 元,直接归还前欠客户货款。

这项经济业务所引起的资金变化属于第六种类型。用借款还购货款使负债项目短期借款增加了 12 000 元,同时又使另一负债项目应付账款减少了 12 000 元。由于负债内部两项目之间等额此增彼减,总额不变,同时这项业务对资产总额没有影响,所以资产与权益双方总计仍然相等。

(7)经决定,企业将盈余公积金 20 000 元,转作资本金。

这项经济业务所引起的资金变化属于第七种类型。用盈余公积金转作资本使所有者权益项目盈余公积减少了 20 000 元,同时又使另一所有者权益项目股本增加了 20 000 元。由于所有者权益内部两项目之间等额此增彼减,总额不变,同时这项经济业务对资产总额没有影响,所以双方总计仍然相等。

(8)企业决定用盈余公积金向投资者发放现金股利 10 000 元,同时已办理有关手续,但企业尚未支付该笔款项。

这项经济业务所引起的资金变化属于第八种类型。发放股利使所有者权益项目盈余公积减少了 10 000 元,同时尚未支付又使负债项目应付股利增加了 10 000 元,由于负债和所有者权益两项目之间此增彼减,权益总额不变,同时这项业务对资产总额没有影响,所以资产与权益总计仍然相等。

(9)宏光公司代本企业偿还已到期的长期银行借款 20 000 元,并同意作为其对本企业的追加投资,已办理有关手续。

这项经济业务所引起的资金变化属于第九种类型。偿还长期银行借款使负债项目长期借款减少了 20 000 元,追加投资使所有者权益项目实收资本增加了 20 000 元。由于所有者权益和负债两项目之间此增彼减,权益总额不变,同时,这项业务对资产总额没有影响,所以资产与权益总计仍然相等。

以上所发生的九项经济业务所引起的资产和权益的增减变化及其结果如图表 3-4 所示。

图表 3-4

资产和权益的增减变化及其结果

单位:元

资产	变化前金额	增加金额	减少金额	变化后金额	负债及所有者权益	变化前金额	增加金额	减少金额	变化后金额
库存现金	1 500			1 500	短期借款	18 000	⑥12 000		30 000
银行存款	58 000	⑤8 000	③10 000 ④40 000	16 000	应付账款	32 100	①22 000	③10 000 ⑥12 000	30 100
应收账款	13 900		⑤8 000	5 900	应交税费	8 000			8 000
原材料	60 000	①22 000		82 000	应付股利		⑧10 000		10 000
生产成本	20 000			20 000	长期借款	32 000		⑨20 000	12 000

续表

资产	变化前金额	增加金额	减少金额	变化后金额	负债及所有者权益	变化前金额	增加金额	减少金额	变化后金额
库存商品	90 000			90 000	负债合计	900 100	44 000	42 000	92 100
					股本	420 000	②25 000 ⑦20 000 ⑨20 000	④40 000	445 000
固定资产	320 000	②25 000		345 000	盈余公积	53 300		⑦20 000 ⑧10 000	23 300
					所有者权益合计	473 300	65 000	70 000	468 300
合计	563 400	55 000	58 000	560 400	合计	563 400	109 000	112 000	560 400

　　从以上分析，可以得出如下结论：任何一项经济业务的发生，必然会引起资产和权益，或者资产和权益内部至少两个项目的变化，但不论怎样变化，其结果都不会破坏资产和权益总额的平衡关系。

小总结

　　上述举例并未涉及收入、费用和利润业务，这是因为考虑到这部分内容在此介绍为时过早。但如前所述，这类经济业务的发生同样不会破坏会计恒等式，只能使其表现形式发生一定的变化。收入、费用和利润从本质上仍属于资产和权益运动状态的一部分表现，资产的耗费表现为费用的支出和成本的形成，资产的回收表现为收入的取得和企业价值的实现。因此费用的增加，会引起资产的减少，收入的增加又会引起资产的增加。由于企业经营的目的要求计算损益，收入和费用便视为会计要素加强核算和监督。收入减去费用即为企业盈亏，归属于所有者权益。实现利润，所有者权益就增加，与之相关联的资产也同样表现为增加，即收回大于耗费。而发生亏损，所有者权益就减少，与之相关联的资产也必然表现为超耗，即收回小于耗费。所以无论发生哪方面的经济业务，都不会影响资产与权益的平衡关系。

中英文专业术语

会计对象	accounting object
资产	asset
负债	liability
所有者权益	owner's equity
收入	income
费用	expense
利润	profit
会计恒等式	accounting identity

复习思考题

1. 什么是会计对象？其本质是什么？

2. 简述企业的资金运动过程。

3. 会计对象具体分为哪些会计要素？简述其概念及特点。各会计要素之间有何联系？

4. 经济业务发生后，引起会计要素的增减变化有哪几种类型？为什么无论会计要素如何变化，都不会破坏企业资金的平衡关系？

5. 会计恒等式的本质是什么？

 练习题

一、单项选择题

1. 企业全部资产减去全部负债后的余额是企业的（　　　）。

   A. 实收资本　　　　　　　　　　B. 资本公积

   C. 留存收益　　　　　　　　　　D. 所有者权益

2. （　　　）是会计对象的基本分类。

   A. 会计要素　　　　　　　　　　B. 会计科目

   C. 企业经济业务内容　　　　　　D. 企业经济活动

3. 下列各项目中属于所有者权益的是（　　　）。

   A. 企业厂房　　　　　　　　　　B. 企业对外单位的投资

   C. 企业向银行的借款　　　　　　D. 企业实现的利润

4. 经济业务发生后，（　　　）会计等式的平衡关系。

   A. 可能会影响　　　　　　　　　B. 会影响

   C. 不会影响　　　　　　　　　　D. 会破坏

5. 一项资产增加，不能同时引起（　　　）。

   A. 另一项资产的增加　　　　　　B. 一项负债的增加

   C. 一项所有者权益增加　　　　　D. 以上结果都正确

6. 负债是过去的交易或事项形成的现时义务，履行该义务会导致企业（　　　）流出。

   A. 经济利益　　　　　　　　　　B. 经济收入

   C. 资产　　　　　　　　　　　　D. 劳务

7. 下列项目属于所有者权益的是（　　　）。

   A. 银行存款　　　　　　　　　　B. 企业发行的债券

   C. 固定资产　　　　　　　　　　D. 资本公积

8. 下列经济业务的发生，不会使会计等式两边总额发生变化的是（　　　）。

   A. 采购材料，以银行存款支付

   B. 以银行存款偿还应支付的购货款

   C. 收到投资者投入的设备一台

   D. 从银行取得借款存入企业开户行

9. 企业开出银行转账支票一张，用来偿还该单位前欠货款的业务，属于（　　）变化业务。

 A. 资产项目之间此增彼减 B. 负债项目之间此增彼减

 C. 资产项目和负债项目同时增加 D. 资产项目和负债项目同时减少

10. 下列经济业务的发生，使资产和所有者权益项目同时增加的业务是（　　）。

 A. 企业接受某投资者投入资金

 B. 销售产品一批，款项收到存入银行

 C. 从银行取得借款存入企业开户行

 D. 企业生产产品完工入库

二、多项选择题

1. 以下会计等式表述正确的有（　　）。

 A. 资产＝权益

 B. 资产＝负债＋所有者权益

 C. 资产＝负债＋所有者权益＋（收入－费用）

 D. 资产＝负债＋所有者权益＋利润

2. 下列各项中属于资产项目的是（　　）。

 A. 应收账款   B. 固定资产

 C. 预付账款   D. 预收账款

3. 下列各项中属于固定资产的是（　　）。

 A. 房屋   B. 建筑物

 C. 机器设备   D. 专利技术

4. 下列项目中属于流动负债项目的是（　　）。

 A. 短期借款   B. 应付账款

 C. 预付账款   D. 应交税费

5. 下列项目中属于所有者权益项目的是（　　）。

 A. 实收资本   B. 资本公积

 C. 盈余公积   D. 未分配利润

6. 发生收入业务时，会引起相应变化的会计要素有（　　）。

 A. 所有者权益增加   B. 资产增加

 C. 负债减少   D. 费用减少

7. 引起资产和负债要素增减变动的经济业务有（　　）类型。

 A. 资产和负债等额同增或同减

 B. 资产和负债有增有减，增减金额相等

 C. 资产内部此增彼减，增减金额相等

 D. 负债内部此增彼减，增减金额相等

8. 下列属于资产和负债同增的经济业务是（　　）。

 A. 预付供货方材料款 B. 收到购货方预付的货款

 C. 收到购货方的应付款 D. 购进材料，货款未付

9. 经济业务发生引起的会计要素变动，最基本的类型有（　　）。

A. 资产和权益同时增加

B. 资产项目和权益项目同时减少

C. 资产项目之间此增彼减

D. 权益项目之间此增彼减

10. 下列经济业务中，（　　）会引起会计恒等式两边同时发生增减变动。

A. 用银行存款偿还前欠应付账款

B. 购进材料，货款未付

C. 从银行提取现金

D. 向银行借款，存入企业开户行

三、判断题

1. 每个企业的资产总量和权益总量必然相等。（　　）

2. 经济业务的发生，对会计等式的影响可归结为九种不同类型。（　　）

3. 一切经济业务的发生，都会引起会计等式的左右两边数额发生变化。（　　）

4. 会计恒等式是设置账户、复式记账和编制会计报表等会计核算方法的理论依据。（　　）

5. 任何流入企业的资产都可作为收入。（　　）

6. 会计恒等式是指其在任何时点上左右两边都是相等的。（　　）

7. 任何负债都必须能够以货币进行计量，否则不能认为是负债。（　　）

8. 企业在确认收入的同时必须确认一项资产的增加。（　　）

9. 企业的所有者权益反映企业投资者对企业的投入额。（　　）

10. 流动负债和非流动负债的区别在于偿还期限的长短不同。（　　）

四、业务练习题

习　题　一

一、目的：练习会计要素的分类。

二、资料：华夏公司20××年12月末资产、负债及所有者权益状况如下：

项　目	金　额		
	资　产	负　债	所有者权益
1. 出纳员处存放现金2 800元；			
2. 外地银行存款150 000元；			
3. 原材料库存386 000元；			
4. 企业留存收益356 800元；			
5. 产成品库存520 000元；			
6. 应收外单位产品货款43 000元；			
7. 投资者投入资本10 000 000元；			
8. 公司办公楼价值6 500 000元；			
9. 公司机器设备价值4 200 000元；			
10. 公司运输设备价值600 000元；			
11. 应付外单位材料款45 000元；			
12. 向银行借入3年期借款2 000 000元。			
合　计			

三、要求：

1. 根据上述项目内容，区分资产、负债及所有者权益，并将金额填入上述各栏。

2. 将各栏数累加，合计后看是否平衡。

习 题 二

一、目的：练习各要素之间的相互关系。

二、资料：

1. 资产增加，负债增加；

2. 资产增加，所有者权益增加；

3. 资产类项目此增彼减；

4. 资产减少，所有者权益减少；

5. 资产减少，负债减少；

6. 费用增加，负债增加；

7. 费用增加，资产减少；

8. 收益增加，资产增加；

9. 收益增加，负债减少。

三、要求：对上述经济业务举例说明。

习 题 三

一、目的：熟悉经济业务的发生对会计恒等式的影响。

二、资料：

1. 云阳公司 6 月初资产、负债及所有者权益各项目金额（元）如下：

资产	=	负债	+	所有者权益	
现金	2 000	短期借款	30 000	实收资本	200 000
银行存款	80 000	应付账款	20 000	盈余公积	46 000
原材料	48 000	应交税费	8 000		
固定资产	100 000				
应收账款	14 000				
在产品	60 000				
合计	304 000		58 000		246 000

2. 该企业 6 月份发生下列经济业务。

（1）国家投入新机器一台，价值 180 000 元。

（2）以银行存款购进生产用材料 3 000 元。

（3）以银行存款 20 000 元，归还短期借款。

（4）收到购货单位前欠货款 5 000 元，存入银行。

（5）生产领用材料一批，计价 4 000 元。

（6）一批价值 12 000 元的在产品加工完毕，验收入库。

（7）经批准将盈余公积 20 000 元转增资本金。

（8）以银行存款归还前欠供货单位货款 4 000 元。

三、要求：

1. 将资料 1 的数据填入下列平衡表的"期初余额"栏内。

2. 将资料 2 所引起的资金增减数进行适当归并后分别填入平衡表的"本期增加"和"本期减少"栏内。

3. 计算期末余额，然后加总，观察增减变化后的资产与负债及所有者权益是否仍然保持平衡关系。

试算平衡表

编制单位：　　　　　　　　　　　　　　年　月　日　　　　　　　　　金额单位：

资产	期初余额	本期增加	本期减少	期末余额	负债及所有者权益	期初余额	本期增加	本期减少	期末余额
合计					合计				

综合能力训练

案　例

今年年初时，王华有一笔闲置资金计划向他朋友创办的公司投资，他向朋友索取了上年有关企业的信息资料，想了解一下他在上年度有关企业资产及经营情况，朋友提供信息如下：

项　　目	金额/万元
厂房及办公用房	400
机器设备及办公用具	180
本期销售收入	600
支付给职工薪酬	100
材料费用	200
日常水电、电话等各项费用支出	80
现金及银行存款	32
应收账款	60
库存商品	30
欠供应商货款	58
向银行借入 3 年期借款	10

要求：1. 计算公司一年来的净收益。

2. 公司资产、负债及所有者权益各是多少？

3. 请你对王华是否投资该企业提一些建议。

第 **4** 章

账户和借贷记账法

本章导读

会计的首要任务是正确记录经济业务和反映经济活动的情况，为经济管理工作提供系统的核算资料和经济信息。在对会计对象具体内容进行科学分类的基础上设置会计科目，依据会计科目开设账户，并在账户中运用借贷记账法记录经济业务，是会计核算方法的重要组成部分，也是会计发挥其职能，实现其目标的前提条件。通过本章学习，掌握设置账户基本原则及复式记账的基本原理和方法，为核算企业经济业务打下良好的基础。

知识目标

1. 明确设置会计科目和账户的目的
2. 了解账户设置的基本原则
3. 掌握借贷记账法下账户的基本结构
4. 熟悉借贷复式记账法的基本原理和方法
5. 掌握会计试算平衡的方法

能力目标

1. 能根据企业最基本的经济业务设置和运用会计科目
2. 能够运用借贷记账法进行账户登记
3. 能正确编制企业常见经济业务会计分录
4. 能够进行试算平衡

4.1 会计科目

会计科目是对会计对象的具体内容在按会计要素分类的基础上进一步进行科学分类的项目。每个会计科目都明确反映一定的经济内容。

在会计核算中，要从数量上反映各项会计要素的增减变化，不但需要取得各项会计要素增减变化及其结果的总括数字，而且要取得一系列更加具体的分类数量指标。为了分门别类地进行核算和监督，就要求对复杂繁多的会计要素内容，按其经济性质和经济管理的要求作进一步分类，即设置会计科目。设置会计科目，是开设和登记账户的前提，是组织会计核算的首要条件。它对于统一会计口径，分类提供会计信息，具有重要意义。

4.1.1 会计科目的设置要求

会计科目是对会计对象的具体内容进行分类核算的项目。例如，产品制造企业的厂房、机器设备、运输工具等都属于劳动资料，具有使用时间长、单位价值较大、实物形态相对稳定的特点，为了反映其增减变动情况，根据管理的要求，就要将其归为一类，设置"固定资产"科目；而生产产品用的原材料、燃料等，作为劳动对象，具有在生产中一次被消耗，其价值一次转移的特点，应将其归为一类，设置"原材料"科目。为了反映企业在采购材料、销售产品的过程中债权、债务的增减变动情况，就要分别设置"应付账款"和"应收账款"等科目；为了反映企业利润实现或亏损形成情况，就要设置"本年利润"科目。会计科目是设置账户、处理账务所必须遵守的规则和依据，是正确组织会计核算的重要条件。具体设置会计科目必须符合以下要求。

（1）全面、完整、系统地反映会计要素内容。设置会计科目是为了反映经济业务发生所引起的会计要素项目的变化，因此，设置的会计科目要能涵盖每一要素所包括的全部项目，做到既不重复、交叉，又不遗漏。具体而言，会计科目应包括全部会计要素，每类要素所发生的经济业务都应记录，而不应有所遗漏，且会计科目及其记录都有一定的先后次序和排列顺序。

（2）会计科目的多少既要适应需要，又要能简化核算工作量。究竟设置多少科目，既要考虑满足信息使用者的要求，又要考虑会计工作的成本和会计工作的方便。在设置会计科目时，既不能在数量上过多、层次上过细，造成提供一些无用的会计信息，超越管理的要求，人为地增加核算工作量，更不能片面地追求简化，而使会计核算所提供的信息资料无法满足用户需要。

（3）会计科目名称应通俗易懂，并体现会计主体的特点。每一会计科目都有特定的核算内容，其名称应含义明确，通俗易懂，以便于判断科目是对哪一类会计数据所做的归类。同时也应体现会计主体的性质与特点。

（4）统一性与灵活性相结合。所谓统一性，是指在设置会计科目时，应根据提供会计信息的要求，按照《企业会计准则》对会计科目的设置及其核算内容做统一规定，以保证会计核算指标在一个部门乃至全国范围内综合汇总，分析利用。所谓灵活性，是指在保证提供统一核算指标的前提下，各会计主体可以根据本单位的具体情况和经济管理要求，对统一规定的会计科目作必要的增补或合并。

（5）保持相对稳定。会计科目设置后，如果没有特殊情况，一般不作变更，以便在一定范围内综合汇总和在不同时期对比分析其所提供的核算指标。

特别提示

一个企业所设置的会计科目必须涵盖本企业的全部经济业务内容，不能有遗漏，且设置的会计科目在其核算和监督的内容上应该是彼此独立的。

4.1.2 会计科目的分类

会计科目按其提供指标的详细程度，或者说提供信息的详细程度，可以分为以下两类。

1. 总分类科目

总分类科目亦称一级科目或总账科目。它是对会计要素的具体内容进行分类的会计科目，是进行总分类核算的依据，提供的是总括反映经济业务的指标。为了规范会计的核算工作，提高会计信息的可比性、明晰性，便于会计电算化工作，我国《企业会计准则——应用指南》统一规定了会计科目及其编号。

知识窗

会计科目编号采用数字编号法，一般用四位数，每一位数都有其特定的含义。从左至右的第一位数字表示会计科目的主要大类，如 1 表示资产类，2 表示负债类，3 表示共同类（科目表中略去），4 表示所有者权益类，5 表示成本类，6 表示损益类；第二位数字表示每一大类内部的顺序编号；第三位和第四位数字表示具体科目名称。如 1001 为库存现金，2001 为短期借款。

商品生产企业主要会计科目如图表 4-1 所示。

2. 明细分类科目

明细分类科目，是对总分类科目所含内容再作详细分类的会计科目。它所提供的是更加详细具体的指标。为了适应管理上的需要，当总分类科目下设置的明细科目太多时，可在总分类科目与明细分类科目之间增设二级科目（也称子目）。二级科目所提供指标的详细程度介于总分类科目和明细分类科目之间。例如，在"原材料"总分类科目下，可按材料的类别设置二级科目："原料及主要材料""辅助材料""燃料"等。

图表 4-1

商品生产企业主要会计科目表

编　号	会计科目名称	编　号	会计科目名称
	一、资产类	2211	应付职工薪酬
1001	库存现金	2221	应交税费
1002	银行存款	2231	应付利息
1012	其他货币资金	2232	应付股利
1101	交易性金融资产	2241	其他应付款
1121	应收票据	2501	长期借款
1122	应收账款	2502	应付债券
1123	预付账款	2701	长期应付款
1131	应收股利	2711	专项应付款
1132	应收利息	2801	预计负债
1221	其他应收款		
1231	坏账准备		三、共同类（略）
1401	材料采购		四、所有者权益
1402	在途物资	4001	实收资本
1403	原材料	4002	资本公积
1404	材料成本差异	4101	盈余公积
1405	库存商品	4103	本年利润
1471	存货跌价准备	4104	利润分配
1501	持有至到期投资		
1502	持有至到期投资减值准备		五、成本类
1511	长期股权投资	5001	生产成本
1512	长期股权投资减值准备	5101	制造费用
1521	投资性房地产	5201	劳务成本
1531	长期应收款		
1601	固定资产		六、损益类
1602	累计折旧	6001	主营业务收入
1603	固定资产减值准备	6051	其他业务收入
1604	在建工程	6111	投资收益
1605	工程物资	6301	营业外收入
1606	固定资产清理	6401	主营业务成本
1701	无形资产	6402	其他业务成本
1702	累计摊销	6403	税金及附加
1703	无形资产减值准备	6601	销售费用
1801	长期待摊费用	6602	管理费用
1901	待处理财产损溢	6603	财务费用
		6701	资产减值损失
	二、负债类	6711	营业外支出
2001	短期借款	6801	所得税费用
2201	应付票据	6901	以前年度损益调整
2202	应付账款		
2203	预收账款		

综上所述，会计科目按提供指标详细程度，一般分为三级，一级科目（总分类科目）、二级科目（子目）、三级科目（明细科目，也称细目），总分类科目统辖下属若干个明细分类科目。现以"原材料"科目为例，将会计科目按其提供指标详细程度的分类列示如图表 4-2 所示。

图表 4-2

会计科目按提供指标详细程度的分类

总分类科目 （一级科目）	明细分类科目	
	二级科目（子目）	明细科目（细目、三级科目）
原材料	原料及主要材料	圆钢 角钢
	辅助材料	润滑油 防锈剂
	燃料	汽油 柴油

4.2 账 户

账户是根据会计科目开设的，具有一定格式和结构，是用于分类反映会计要素增减变动及其结果的一种工具。每个账户所反映的内容都是会计对象的组成部分，所以，各个账户所反映的经济内容，既有严格的界限，又有科学的联系，不能混淆。因为账户是根据会计科目开设的，它们所反映的经济内容相同。但账户与会计科目又有一定的区别，会计科目只表明某项经济业务的内容，而账户不仅表明经济业务的内容，而且还具有一定的结构，并通过一定的结构反映某项经济内容的增减变动情况。不过在实际工作中，会计科目与账户常常被作为同义语来理解，互相通用。

4.2.1 账户的开设

如前所述，账户是根据会计科目开设的，会计科目的名称就是账户的名称。因此，应当按照会计科目的分类，相应地在会计账簿中开设账户。

首先，应当根据会计科目按经济内容的分类开设总分类账户。以生产企业为例，应当开设各种资产类账户、负债类账户、所有者权益类账户、成本类账户和损益类账户。具体的如"银行存款"账户、"原材料"账户、"固定资产"账户、"应付账款"账户、"短期借款"账户、"生产成本"账户、"实收资本"账户等。

其次，应当根据会计科目划分的子、细目开设明细分类账户。以商品生产企业的"原材料"账户为例，应在"原材料"总分类账户下面，按材料类别开设"原料及主要材料""辅助材料"等二级账户，在二级账户下再按材料品名、规格等开设明细账户。

总之，账户的开设应与会计科目一致。所以，在现实会计核算中，根据一级科目开设的账户称为一级账户或总分类账户。根据二级科目或三级科目开设的账户称为二级账户或三级账户，也统称为明细账户。不同等级的账户结合起来，能记录和反映经济业务的总括和详细情况，提供各类不同的核算资料。

4.2.2 账户的基本结构

账户的基本结构，是指在复式记账法下每个账户都必须具备的一般格式。为了核算和监督会计对象具体内容的数量增减变化及其结果，每个账户不但要有明确的核算内容，而且要有一定的结构形式。

各项经济业务发生后引起的资金变化是复杂的，但从数量上来看，对会计对象具体内容的影响不外乎增加和减少两种情况。因此，用来分类记录经济业务的账户，在结构上也要相应地分为两个基本部分，以分别用来记录各会计对象要素具体项目的增加和减少数。这样，账户的基本结构就分为左右两方，一方登记增加数，另一方登记减少数。各账户左右两方的金额加总、抵消，便可反映增减变动的结果。在实际工作中，账户的具体结构各式各样，但一般来说，任何一种账户的设计，都应包括以下内容：

（1）账户的名称；

（2）日期和凭证号数；

（3）摘要；

（4）增加和减少的金额；

（5）余额。

在这里账户的名称即会计科目，日期为经济业务发生的日期，凭证号数为经济业务发生后所取得与登记的会计凭证的编号，摘要用来简明扼要地说明经济业务的内容，增加额减去减少额即为余额。

账户的基本结构如图表 4-3 所示。

图表 4-3

账户的基本结构图

账户名称：（会计科目）

年		凭证号数	摘要	增加额	减少额	余额
月	日					

为了便于说明，往往把上列账户有关栏次略去，把账户简化成"T"形，如图表 4-4 所示。

图表 4-4

账户名称（会计科目）

左方   右方

特别提示

在账户的左右两方中，究竟哪一方登记增加数，哪一方登记减少数，这要取决于所采用的记账方法和各账户所记录的经济业务内容。

上列账户格式就是账户的基本结构。一定日期内，在账户中所登记的金额，应提供以下四个指标。

（1）本期增加发生额。本期增加发生额是指本月、本季或本年内账户所登记的增加金额的合计数。

（2）本期减少发生额。本期减少发生额是指本月、本季或本年内账户所登记的减少金额的合计数。

（3）期末余额。期末余额是指根据期初余额加本期增加发生额减本期减少发生额计算出的数额。即月末、季末或年末计算出的账户余额。

（4）期初余额。期初余额是指由上期期末余额结转到本期期初的数额。

以上四个指标的关系，可用下列等式表示：

$$期初余额 + 本期增加发生额 - 本期减少发生额 = 期末余额$$

4.3　借贷记账法

账户只是记录经济业务的工具，要通过账户来反映特定会计主体经济活动的增减变动过程及结果，还必须运用科学的记账方法。所谓记账方法，是指按照一定的规则，使用一定的符号，在账户中登记各项经济业务的技术方法。会计上的记账方法，最初是单式记账法，随着社会经济的发展和人们的实践与总结，单式记账法逐步改进，从而演变为复式记账法。

4.3.1　单式记账法

单式记账法是一种比较简单的记账方法。这种方法的主要特征是：对于每项经济业务，通常只登记现金和银行存款的收付业务，以及应收、应付款的结算业务，而不登记实物的收付业务；除了对于有关应收、应付款的现金收付业务，需要用两个或两个以上账户分别进行登记外（账户记录之间没有联系），其他业务只在一个账户中登记或不予登记。例如，企业购买办公用品支出 800 元。在单式记账法下，只在现金账户中登记减少 800 元，至于费用的发生情况，则不予反映。又如，企业向某厂购入一批材料价值 6 000 元，材料已验收入库，货款尚未支付。对于这笔经济业务，如果采用单式记账法，就只在债务结算的账户中登记增加 6 000 元，而材料的增加，则不予登记。

由此可见，在单式记账法下，对支付费用以及采用现金或赊购方式购买实物性资产的经济业务，只核算现金的减少或债务的增加，而对费用的发生或实物性资产的取得，一般不设置账户进行核算。实物性资产的结存数额，只能从定期的实地盘存得到。而经营损益则是把前后两期财产结存数进行比较求得，即期末资产结存大于期初资产结存的数额为利润；反之，则为亏损。

单式记账法的优点是记账手续比较简单。然而由于其账户的设置不完整，各个账户之间又互不联系，所以无法全面反映各项经济业务的来龙去脉，也不能正确核算成本和盈亏，更不便于检查账户记录的正确性，只适用于经济业务非常简单的单位，目前企业已很少采用。

4.3.2 复式记账法

复式记账法，是指对任何一项经济业务，都必须用相等的金额在两个或两个以上的有关账户中相互联系地进行登记，借以反映经济业务来龙去脉的一种记账方法。下面仍以单式记账法的举例说明其主要特征。企业以现金 800 元购买办公用品。在复式记账法下，这项经济业务除了要在库存现金账户中登记减少 800 元外，还要在有关费用账户中登记增加 800 元。登记结果会非常清晰地表明，企业现金的付出同费用的增加两者之间是相互联系的；企业向某单位购入一批材料，计价 6 000 元，货款尚未支付。采用复式记账法，这项经济业务除了要在结算账户中登记增加 6 000 元的负债外，还要在有关材料账户中登记增加 6 000 元。使得债务的发生同材料的购进两者之间的关系一目了然。

在复式记账法下需要设置完整的账户体系。除了库存现金、银行存款账户外，还要设置实物性资产及收入、费用和各种权益类账户，不仅记录货币资金的收付和债权债务的发生，而且要对所有财产和全部权益的增减变化，以及经营过程中所发生的费用和获得的收入进行全面、系统的反映。对每项经济业务，都要在两个或两个以上的账户中进行双重登记，以便反映其来龙去脉，根据会计等式的平衡关系，可以对一定时期所发生的全部经济业务进行综合的试算平衡，以检查账户记录的正确性。

4.3.3 借贷记账法概述

借贷记账法是借贷复式记账方法的简称，起源于 13—14 世纪资本主义开始萌芽的意大利，15 世纪逐步发展成为一种比较完备的复式记账法。1494 年卢卡·帕乔利在其出版的《算术、几何、比与比例概要》一书中对其作了详细的介绍。这种记账法首先在西欧广泛传播和运用，继而流传至世界各地，在日本明治维新时代传入日本，20 世纪初从日本传入我国。借贷记账法以其科学性和广泛的适用性为世界各国会计所采纳，可以说是会计核算的国际语言。

知识窗

公元 13 世纪意大利的海边城市威尼斯、热那亚、佛罗伦萨等海上贸易非常发达，这些地方出现了一些专门从事借贷业务、货币兑换业务及转账业务的金融机构。它们将收进的存款记在"贷主"名下，付出的存款记在"借主"名下，用借、贷来表示债权债务的变化，后来记录的对象逐步扩展，演变为专门的记账符号。1905 年借贷记账法传入我国。

借贷记账法是以"资产 = 负债 + 所有者权益"为理论依据，以"借""贷"作为记账符号，按照"有借必有贷、借贷必相等"的记账规则，对发生的每笔经济业务在两个或两个以上相互联系的账户进行记录的一种复式记账方法。

1. 借贷记账法的特点

(1) 以"借"和"贷"作为记账符号，这里的"借"和"贷"只是单纯的记账符号，用以表示记账的方向。在借贷记账法下，用"借"表示资产和成本、费用类账户的增加，负债、所有者权益和利润、收入类账户的减少；以"贷"表示负债、所有者权益和收入类账户的增加，资产和成本、费用类账户的减少。

（2）以"有借必有贷，借贷必相等"作为记账规则。采用借贷记账法，对于每项经济业务，都要在记入账户借方的同时，记入另一个或几个账户的贷方；或者在记入账户贷方的同时，记入另一个或几个账户的借方。而且记入账户借方的金额必须等于记入贷方的金额。

（3）对账户不要求固定分类。在借贷记账法下，按照资产等于权益的平衡关系，可固定划分为资产类账户和权益类账户，还可设置既反映资产又反映权益的双重性质的账户。如企业根据经济业务需要设置的"清算资金往来"账户。发生的应收清算款业务，可在该账户的借方反映，发生的应付清算款业务，可在该账户的贷方反映。期末结账，该账户如为借方余额，则属于资产类账户；若为贷方余额，则属于负债类账户。双重性质的账户，应根据它们的期末余额的方向来确定其性质。

（4）以"借方金额合计等于贷方金额合计"作为试算平衡公式。借贷记账法对每项经济业务都以相等的金额在相互对应账户的借方和贷方进行登记，这就保证了每一笔经济业务借、贷双方的平衡。因此，在一个会计期间内发生的经济业务全部登记入账后，所有账户的本期借方发生额合计数与所有账户的本期贷方发生额合计数必然相等，所有账户借方期末余额合计数与所有账户贷方期末余额合计数也必然相等。用等式表示如下：

全部账户本期借方发生额合计 = 全部账户本期贷方发生额合计

全部账户期末借方余额合计 = 全部账户期末贷方余额合计

2. 借贷记账法下的账户结构

在借贷记账法下，任何账户都分为借方和贷方两个基本部分，账户的一般格式可用"T"形表示。通常 T 形账户的左方为借方，右方为贷方。如图表 4-5 所示。

图表 4-5

账户名称（会计科目）

借方	贷方

在借贷记账法下，所有账户的借方和贷方都要按相反的方向记录，即一方登记增加金额，一方登记减少金额。但是究竟哪一方登记增加金额，哪一方登记减少金额，则取决于该账户所要反映的经济内容。这是因为"借"和"贷"两个记账符号，对于资产类（包括费用、成本）账户和权益类（包括负债、所有者权益、收入）账户表示的增减含义是相反的。下面分别加以说明。

1）资产类账户结构

对于资产类账户，借方登记增加金额，贷方登记减少金额，如期末有余额，一般为借方余额（与登记增加金额在同一方向），表示期末资产实存额。

资产类账户的基本结构，如图表4-6所示。

图表4-6

资产类账户

借方	贷方
期初余额（资产余额）×××	
（1）本期增加金额×××	（1）本期减少金额×××
（2）本期增加金额×××	（2）本期减少金额×××
本期发生额（1）＋（2）×××	本期发生额（1）＋（2）×××
期末余额（资产余额）×××	

资产类账户的期末余额计算公式如下：

$$\text{期末余额（借方）} = \text{期初余额（借方）} + \text{本期借方发生额} - \text{本期贷方发生额}$$

2）负债类账户结构

对于负债类账户，贷方登记增加金额，借方登记减少金额，如期末有余额，一般为贷方余额（与登记增加金额在同一方向），表示期末负债余额。

负债类账户的基本结构，如图表4-7所示。

图表4-7

负债类账户

借方	贷方
	期初余额（负债余额）×××
（1）本期减少额×××	（1）本期增加额×××
（2）本期减少额×××	（2）本期增加额×××
本期发生额（1）＋（2）×××	本期发生额（1）＋（2）×××
	期末余额（负债余额）×××

负债类账户的期末余额计算公式如下：

$$\text{期末余额（贷方）} = \text{期初余额（贷方）} + \text{本期贷方发生额} - \text{本期借方发生额}$$

3）所有者权益类账户结构

对于所有者权益类账户，其结构与负债类账户的结构相同。即贷方登记增加金额，借方登记减少金额，如期末有余额，一般为贷方余额（与登记增加金额在同一方向），表示期末所有者权益余额。

所有者权益类账户的基本结构，如图表4-8所示。

图表 4-8

所有者权益类账户

借方	贷方
	期初余额（所有者权益余额）×××
（1）本期减少额×××	（1）本期增加额×××
（2）本期减少额×××	（2）本期增加额×××
本期发生额（1）＋（2）×××	本期发生额（1）＋（2）×××
	期末余额（所有者权益余额）×××

所有者权益类账户的期末余额计算公式与负债类账户完全相同。

4）成本类账户结构

成本类账户的结构与资产类账户的结构基本相同。即借方记录成本费用的增加金额，贷方记录成本费用的减少金额或转销额，期末经转销后一般无余额。在期末如有尚未完工的在产品，一定有期末借方余额，表示在产品成本。其期末余额的计算公式与资产类账户相同。成本类账户的基本结构，如图表 4-9 所示。

图表 4-9

成本类账户

借方	贷方
期初余额×××	
本期增加金额×××	本期减少金额或转销额×××
×××	
本期发生额×××	本期发生额×××
期末余额×××	

5）损益类账户结构

损益作为企业最终的财务成果，是企业取得的收入和发生的与之配比的费用相抵后的差额。因此，损益类账户可分为收入类账户和费用类账户。

（1）收入类账户的结构。收入类账户的结构和负债及所有者权益类账户相类似，账户的贷方登记收入的增加金额，借方登记收入的减少金额或转销额；由于贷方登记的收入增加金额一般要通过借方转出，所以这类账户通常没有期末余额。收入类账户的基本结构，如图表 4-10 所示。

图表 4-10

收入类账户

借方	贷方
本期减少金额或转销额×××	本期增加金额×××
本期发生额×××	本期发生额×××

（2）费用类账户的结构。企业在生产经营中所发生的各种耗费，在抵消收入之前，可将其

视为一种资产。所以，费用类账户的结构与资产类账户的结构基本相同，账户的借方登记费用的增加金额，贷方登记费用的减少金额或转销额。由于借方登记的费用增加金额一般要通过贷方转出，所以该类账户通常没有期末余额。费用类账户的简化结构，如图表4-11所示。

图表4-11

费用类账户

借方	贷方
本期增加金额×××	本期减少金额或转销额×××
本期发生额×××	本期发生额×××

将账户基本结构进行分类，主要是便于初学者掌握，但对账户分类的理解不要绝对化。如在资产类账户中，同样存在着余额在贷方的账户如"累计折旧"等，实质上是资产类账户的抵减性质的账户，余额应在贷方。还有"应收账款"账户，本身是资产类账户，但如果根据经济业务的需要多收了对方的款项，多收部分就会转化为需要以资产或劳务来偿还的负债。因此，"应收账款"账户的余额也有可能出现在贷方。

4.3.4　借贷记账法的运用

在运用借贷记账法进行记账时，首先必须弄清楚经济业务所涉及的账户之间的依存关系，严格遵守"有借必有贷，借贷必相等"的记账规则，进行会计记录。

1. 账户的对应关系和会计分录

运用借贷记账法处理经济业务，一笔业务所涉及的两个或两个以上账户之间必然存在着某种相互依存的对应关系，这种关系称为账户对应关系。存在着对应关系的账户称为对应账户。由于账户的对应关系，反映了每项经济业务的内容，以及由此而引起的资金运动的来龙去脉，因此，在采用借贷记账法登记某项业务时，应先通过编制会计分录来确定其所涉及的账户及其对应关系，从而保证账户记录的正确性。所谓会计分录（简称分录），是指预先确定每笔经济业务所涉及的账户名称，以及记入账户的方向和金额的一种记录。它是会计语言的表达方式。

编制会计分录是会计工作的初始阶段，在实际工作中，这项工作一般是通过编制记账凭证或登记日记账来完成的。编制会计分录，就意味着对经济业务进行会计确认，为经济业务数据记入账户提供依据。所以，为了确保账户的真实和正确，就必须严格把好会计分录这一关。现以3.3节所列举和平公司3月份发生的经济业务为例，运用借贷记账法记账规则，编制会计分录如下。

（1）企业购入生产用甲材料22 000元，货款未付，材料验收入库。

借：原材料　　　　　　　　　　　　　　　　　　22 000

　　贷：应付账款　　　　　　　　　　　　　　　　　22 000

（2）收到国家投资转入固定资产设备一台，价值25 000元。

借：固定资产　　　　　　　　　　　　　　　　　25 000

　　贷：实收资本　　　　　　　　　　　　　　　　　25 000

（3）企业用银行存款10 000元，偿还前欠新华公司材料款。

借：应付账款　　　　　　　　　　　　　　　　10 000

　　贷：银行存款　　　　　　　　　　　　　　　　　10 000

（4）因合作期满，企业按规定以银行存款40 000元退还凤阳公司投资。

借：实收资本　　　　　　　　　　　　　　　　40 000

　　贷：银行存款　　　　　　　　　　　　　　　　　40 000

（5）企业收到客户归还前欠货款8 000元，存入银行。

借：银行存款　　　　　　　　　　　　　　　　8 000

　　贷：应收账款　　　　　　　　　　　　　　　　　8 000

（6）企业从银行取得短期借款12 000元，直接归还前欠客户货款。

借：应付账款　　　　　　　　　　　　　　　　12 000

　　贷：短期借款　　　　　　　　　　　　　　　　　12 000

（7）经决定，企业将盈余公积20 000元转作资本金。

借：盈余公积　　　　　　　　　　　　　　　　20 000

　　贷：实收资本　　　　　　　　　　　　　　　　　20 000

（8）企业决定用盈余公积金向投资者发放现金股利10 000元，同时已办理有关手续，但企业尚未还该笔款项。

借：盈余公积　　　　　　　　　　　　　　　　10 000

　　贷：应付股利　　　　　　　　　　　　　　　　　10 000

（9）宏光公司代本企业偿还20 000元的长期银行借款，并同意作为其对本企业的追加投资，已办理有关手续。

借：长期借款　　　　　　　　　　　　　　　　20 000

　　贷：实收资本　　　　　　　　　　　　　　　　　20 000

从以上九种类型的经济业务中可以看出，每项经济业务的发生，都要在两个相关的账户中进行登记，以相等的金额记入一个账户的借方和另一个账户的贷方，即一借一贷，金额相等。

在实际工作中，有些比较复杂的经济业务，往往会涉及两个以上的账户，或是一个账户的借方、两个或两个以上账户的贷方；或是一个账户的贷方、两个或两个以上账户的借方。即一借多贷或一贷多借，但借贷金额仍然是相等的。有的甚至还会出现一笔业务需编制多借多贷的会计分录，同时在多个账户的借方及贷方进行等金额登记。现举例进一步说明如下。

（10）本月发出材料12 000元，其中用于产品生产10 000元，厂部行政部门2 000元。

借：生产成本　　　　　　　　　　　　　　　　10 000

　　管理费用　　　　　　　　　　　　　　　　2 000

　　贷：原材料　　　　　　　　　　　　　　　　　12 000

（11）购进材料5 000元，其中以银行存款支付货款4 000元，其余暂欠。

借：原材料　　　　　　　　　　　　　　　　　5 000

　　贷：银行存款　　　　　　　　　　　　　　　　　4 000

　　　　应付账款　　　　　　　　　　　　　　　　　1 000

根据以上例（1）至例（11）会计分录，登记有关账户见图表4-12。登账前将3.3节所假设的该企业3月初余额先记入账户。本期没有发生额的账户略列。

图表 4-12

银行存款

借方	贷方
期初余额 58 000	(3) 10 000
(5) 8 000	(4) 40 000
	(11) 4 000
本期发生额 8 000	本期发生额 54 000
期末余额 12 000	

应收账款

借方	贷方
期初余额 13 900	
	(5) 8 000
本期发生额 0	本期发生额 8 000
期末余额 5 900	

原材料

借方	贷方
期初余额 60 000	
(1) 22 000	(10) 12 000
(11) 5 000	
本期发生额 27 000	本期发生额 12 000
期末余额 75 000	

生产成本

借方	贷方
期初余额 20 000	
(10) 10 000	
本期发生额 10 000	本期发生额 0
期末余额 30 000	

库存商品

借方	贷方
期初余额 90 000	
本期发生额 0	本期发生额 0
期末余额 90 000	

固定资产

借方	贷方
期初余额 320 000	
(2) 25 000	
本期发生额 25 000	本期发生额 0
期末余额 345 000	

应付账款

借方	贷方
	期初余额 32 100
(3) 10 000	(1) 22 000
(6) 12 000	(11) 1 000
本期发生额 22 000	本期发生额 23 000
	期末余额 33 100

短期借款

借方	贷方
	期初余额 18 000
	(6) 12 000
本期发生额 0	本期发生额 12 000
	期末余额 30 000

应付股利

借方	贷方
	期初余额 0
	（8）10 000
本期发生额 0	本期发生额 10 000
	期末余额 10 000

实收资本

借方	贷方
	期初余额 420 000
	（2）25 000
（4）40 000	（7）20 000
	（9）20 000
本期发生额 40 000	本期发生额 65 000
	期末余额 445 000

长期借款

借方	贷方
	期初余额 32 000
（9）20 000	
本期发生额 20 000	本期发生额 0
	期末余额 12 000

管理费用

借方	贷方
（10）2 000	
本期发生额 2 000	本期发生额 0

盈余公积

借方	贷方
	期初余额 53 300
（7）20 000	
（8）10 000	
本期发生额 30 000	本期发生额 0
	期末余额 23 300

2. 借贷记账法的试算平衡

试算平衡，就是根据会计等式的平衡原理，按照借贷记账法的记账规则，通过汇总、计算和比较，检查会计记录是否正确，以保证会计核算质量。这是会计核算的重要环节。

会计上的试算平衡，主要是指发生额平衡（动态平衡）和余额平衡（静态平衡）两个方面。它是运用一定的公式，采用一定的表格来进行的。

在借贷记账法下，由于以"资产＝负债＋所有者权益"为理论依据，并按照"有借必有贷，借贷必相等"的记账规则来记账，这就保证了无论是每项经济业务的发生额，还是全部经济业务在一定期间（如月、季、年）的累计发生额，以及账户期末余额，借贷双方都能从头到尾地全部自动平衡。其试算平衡公式如下。

（1）发生额平衡公式。

全部账户借方发生额合计＝全部账户贷方发生额合计

（2）余额平衡公式。

全部账户借方余额合计＝全部账户贷方余额合计

发生额平衡公式通常用来检查每笔会计分录和全部总分类账户的发生额是否平衡；余额平衡公式通常用来检查一定时期（如月、季、年）末全部总分类账户的余额是否平衡。

在实际工作中，总分类账户的本期发生额和余额的试算平衡，一般是在期末通过编制"总分类账户本期发生额及余额试算平衡表"进行的。现还以前例和平公司20××年3月份的账户资料（见图表4-12）编制试算平衡表，如图表4-13所示。

图表4-13

总分类账户本期发生额及余额试算平衡表

（20××年3月）

金额单位：元

账户名称	期初余额		本期发生额		期末余额	
	借方	贷方	借方	贷方	借方	贷方
库存现金	1 500				1 500	
银行存款	58 000		8 000	54 000	12 000	
应收账款	13 900			8 000	5 900	
原材料	60 000		27 000	12 000	75 000	
生产成本	20 000		10 000		30 000	
库存商品	90 000				90 000	
管理费用			2 000		2 000	
固定资产	320 000		25 000		345 000	
短期借款		18 000		12 000		30 000
应付账款		32 100	22 000	23 000		33 100
应交税费		8 000				8 000
应付股利				10 000		10 000
长期借款		32 000	20 000			12 000
实收资本		430 000	40 000	65 000		445 000
盈余公积		53 300	30 000			23 300
合计	563 400	563 400	184 000	184 000	561 400	561 400

特别提示

试算平衡表只是通过借贷金额是否平衡来检查账户的记录是否正确。如果借贷不平衡，可以肯定账户记录或计算有错误。如果借贷平衡，可以大体上推断总分类账户的记录是正确的，但不能绝对肯定记账没有错误。因为有许多错误对于借贷双方的平衡并不发生影响，如漏记或者重记某项经济业务、借贷记账方向彼此颠倒或者方向正确但记错了账户等，都不能通过试算平衡发现。所以试算平衡方法不是绝对的，还应通过其他方法来发现错误，这些将会在以后的章节中介绍。

中英文专业术语

会计科目	accounting subject
账户	account
单式记账法	single - entry bookkeeping
复式记账法	double - entry bookkeeping
借贷记账法	debit - credit bookkeeping
记账规则	recording rules

试算平衡	trial balance
会计分录	accounting entry

复习思考题

1. 什么是会计科目？设置会计科目应遵循哪些原则？

2. 什么是账户？简述账户结构。账户与会计科目的关系如何？

3. 什么是复式记账？简述其特点。

4. 什么是借贷记账法？归纳借贷记账法的记账规则。

5. 什么是会计分录？如何编制？

6. 简述借贷记账法的试算平衡。

练习题

一、单项选择题

1. 会计科目是（　　　）。

　　A. 记账的依据　　　　B. 账户的名称　　　　C. 会计要素　　　　D. 资产负债的项目

2. 账户是根据（　　　）开设的。

　　A. 管理者需要　　　　B. 企业需要　　　　C. 会计科目　　　　D. 上级规定

3. 一级会计科目、二级会计科目和明细分类科目之间有密切关系，从性质上说是（　　　）的关系。

　　A. 相等　　　　　　　B. 隶属　　　　　　　C. 统辖和从属　　　D. 相辅相成

4. 下列科目中属于负债类会计科目的是（　　　）。

　　A. 预付账款　　　　　B. 资本公积　　　　　C. 待处理财产损溢　　D. 预收账款

5. 明细科目设置的多少，主要取决于（　　　）的需要。

　　A. 一级科目　　　　　　　　　　　　　B. 企业效益

　　C. 企业经营管理的需要　　　　　　　　D. 领导意图

6. 复式记账法是对每笔经济业务都有相等的金额，在（　　　）中同时登记。

　　A. 一个账户　　　　　　　　　　　　　B. 两个账户

　　C. 全部账户　　　　　　　　　　　　　D. 两个或两个以上账户

7. 应付账款账户的期初余额为 8 000 元，本期增加金额为 12 000 元，期末余额为 6 000 元，则该账户的本期减少金额为（　　　）元。

　　A. 10 000　　　　　　B. 4 000　　　　　　C. 2 000　　　　　　D. 14 000

8. 借贷记账法下，账户的借方登记（　　　）。

　　A. 负债的增加　　　　　　　　　　　　B. 资产的增加

　　C. 收入的增加　　　　　　　　　　　　D. 所有者权益的增加

9. 负债类账户的期末余额一般在（　　　）。

　　A. 借方　　　　　　　B. 贷方　　　　　　　C. 借方或贷方　　　D. 借方和贷方

10. 收入类账户的账户结构与所有者权益类账户的账户结构（　　　）。

A. 完全一致   B. 基本相同   C. 相反   D. 无关

11. 存在着对应关系的账户，称为（　　　）。

    A. 平衡账户   B. 对应账户   C. 关系账户   D. 恒等账户

12. 账户余额一般与（　　　）方向相同。

    A. 借方发生额   B. 贷方发生额   C. 增加金额   D. 减少金额

二、多项选择题

1. 会计科目按照提供核算指标的详细程度，可分为（　　　）。

    A. 总分类科目   B. 明细分类科目   C. 主要科目   D. 次要科目

2. 资产类会计科目包括（　　　）。

    A. 应收账款   B. 原材料   C. 累计折旧   D. 预收账款

3. 成本类会计科目包括（　　　）。

    A. 应付职工薪酬   B. 生产成本   C. 制造费用   D. 材料采购

4. 下列方法被称为复式记账方法的有（　　　）。

    A. 收付记账法   B. 增减记账法   C. 借贷记账法   D. 单式记账法

5. 所有者权益类会计科目包括（　　　）。

    A. 本年利润   B. 实收资本   C. 利润分配   D. 营业外收入

6. 记账符号"借"表示（　　　）。

    A. 资产的增加   B. 负债的减少

    C. 成本费用的减少   D. 收益的转销

7. 下列（　　　）账户余额一般在贷方。

    A. 资产类   B. 负债类

    C. 所有者权益类   D. 收入类

8. 每笔会计分录应包括的内容有（　　　）。

    A. 账户名称   B. 记账符号

    C. 记账金额   D. 业务发生的时间

9. 在借贷记账法下，试算平衡的公式为（　　　）。

    A. 全部账户本期借方发生额合计 = 全部账户本期贷方发生额合计

    B. 借方期末余额 = 借方期初余额 + 本期借方发生额 − 本期贷方发生额

    C. 贷方期末余额 = 贷方期初余额 + 本期贷方发生额 − 本期借方发生额

    D. 全部账户期末借方余额合计 = 全部账户期末贷方余额合计

10. 下列错误（　　　）无法通过试算平衡查找。

    A. 漏记某项经济业务   B. 重记某项经济业务

    C. 借贷方向彼此颠倒   D. 方向正确但错记账户

三、判断题

1. 每个企业总分类账户、明细分类账户都必须开设账页，以对有关经济业务进行记录。
（　　　）

2. 在所有的账户中，左方均登记增加数，右方均登记减少数。（　　　）

3. 企业使用的会计科目，应由国家统一规定，企业不得自行增设、合并。（　　　）

4. 所有账户都是根据会计科目开设的。（　　　）

5. 单式记账法的账户之间不存在对应关系。（　　）

6. 复式记账法是指对企业发生的每项经济业务都要在两个或两个以上相互联系的账户中进行同时登记，以反映经济业务的来龙去脉。（　　）

7. 在借贷记账法下，借、贷二字不仅作为记账符号，其本身的含义也应考虑。（　　）

8. 在借贷记账法下，一个账户记借方，其贷方必定有一个或几个账户与之相对应。（　　）

9. 如果期末账户余额在借方，一定是资产类账户。（　　）

10. 成本费用类账户期末无余额。（　　）

11. 一个复合会计分录可以根据经济业务的内容分解为几个简单会计分录。（　　）

12. 账户试算平衡后，表明账户记录一定正确。（　　）

四、业务练习题

习　题　一

一、目的：熟悉会计科目的内容及其按经济内容分类。

二、资料：有关经济业务事项如下图表所示。

经济业务事项	所属会计科目	按经济内容分类
库 存 商 品		
生产用设备		
企业在银行的存款		
销售产品取得的收入		
投资者投入的资本		
应收销货款		
存放在财务部门的现金		
从银行借入的款项		
应付供应单位的购买材料款		
支付的广告费		
应上交国家的税金		
应付给投资者的利润		
办公室支付的业务招待费		
尚未完工的产品		
车间管理人员的工资		

三、要求：根据所表述的经济业务事项，说明所属会计科目，并按经济内容归类。

习　题　二

一、目的：熟悉 T 形账户的结构。

二、资料库存：山花公司有关账户本期发生额及余额情况如下列 T 形账户所示。

库存现金			
借方		贷方	
期初余额 1 000			
(1) 300		(3) _____	
(2) 500			
本期发生额 800		本期发生额 600	
期末余额 _____			

银行存款			
借方		贷方	
期初余额_____		(3) 60 000	
(1)		(4) 100 000	
(2) 80 000			
本期发生额 200 000		本期发生额_____	
期末余额 85 000			

应付账款			
借方		贷方	
(2) 4 500		期初余额 6 000	
(3) _____		(1) 2 000	
本期发生额 7 000		本期发生额 2 000	
		期末余额_____	

主营业务收入			
借方		贷方	
		(1) 12 000	
(4) 60 000		(2) 28 000	
		(3) _____	
本期发生额_____		本期发生额_____	

应收账款			
借方		贷方	
期初余额 8 000			
(1) 3 000		(3) _____	
(2) 4 500			
本期发生额_____		本期发生额_____	
期末余额 6 000			

管理费用			
借方		贷方	
(1) 500			
(2) 700		(4) _____	
(3) 450			
本期发生额_____		本期发生额_____	

习 题 三

一、目的：练习会计分录的编制。

二、资料：东风公司 11 月份有关经济业务如下。

1. 3 日，从一二九工厂购进原材料价值 20 000 元，已验收入库，货款尚未支付。

2. 7 日，以银行存款支付前欠宏达公司材料款 35 100 元。

3. 10 日，收到东方公司投入资金 500 000 元，存入银行。

4. 12 日，从银行提取现金 2 000 元备用。

5. 15 日，采购员出差回来报销差旅费 700 元，退回多余现金 100 元，以结清预支款。

6. 18 日，收到黄浦公司付来前欠货款 16 000 元，存入银行。

7. 20 日，从长城公司购进设备一台，价值 200 000 元，设备已验收交付使用，款项尚未支付。

8. 23 日，从银行取得长期借款 200 000 元，已划入企业存款账户。

9. 28 日，签发一张 4 个月期，面值为 200 000 元的商业汇票，用以抵偿上述设备价款。

10. 31 日，按法定程序，将盈余公积金 300 000 元转增资本。

三、要求：根据上述业务，编制会计分录。

习 题 四

一、目的：练习借贷记账法的试算平衡。

二、资料：

1. 东风公司 20××年 9 月 30 日资产、负债和所有者权益有关账户期末余额如下图表所示。

有关账户余额表

20××年 9 月 30 日　　　　金额单位：元

账 户 名 称	借方余额	账 户 名 称	贷方余额
库存现金	1 300	短期借款	20 000
银行存款	260 000	应付账款	24 000
应收账款	26 000	应交税金	6 000
其他应收款	700	实收资本	2 670 000
原材料	42 000	盈余公积	800 000
库存商品	30 000		
固定资产	3160 000		
合计	3 520 000	合计	3 520 000

2. 该企业 10 月份发生下列经济业务。

（1）1 日，企业购入生产用 A 材料 65 000 元，货款未付，材料验收入库。

（2）6 日，企业收到甲企业归还前欠货款 35 000 元，存入银行。

（3）9 日，企业收到国家投资转入汽车 2 辆，价值 280 000 元。

（4）10 日，企业用银行存款 11 000 元，偿还前欠乙企业材料款。

（5）12 日，企业按规定以银行存款 50 000 元退还某企业对本单位的投入资本。

（6）21 日，从银行借入长期借款 60 000 元，退还甲企业对本企业的投资。

（7）13 日，企业从银行取得短期借款 5 000 元，直接归还前丙企业货款。

（8）15 日，购进材料 85 200 元，其中以银行存款支付 85 000 元，其余 200 元以现金支付。材料已验收入库。

（9）20 日，仓库发出材料 5 000 元，其中用于甲产品生产 3 000 元，车间一般耗用 2 000 元。

（10）18 日，经决定，企业将盈余公积 200 000 元，转作资本金。

三、要求：

1. 根据资料 1 开设 T 形总分类账户，并登记期初余额。

2. 根据资料 2 用借贷记账法编制会计分录。

3. 根据会计分录逐笔登记总分类账户，没有开设的账户应补开。

4. 月末计算各账户的本期发生额和期末余额，并编制试算平衡表。

综合能力训练

案　例

王玲从本市财经学院财务会计专业毕业,应聘成为开元公司的会计员。刚上班的第一天,正赶上月末结账,财务部的同事们忙得不可开交。"我能做些什么呢?"她看到大家那么忙,觉得过意不去,主动向财务主管请求任务。财务主管也想检验一下她的工作能力,便让她做一张本月的试算平衡表。王玲很自然地答应下来。主管给了她相关资料,就忙去了。王玲静下心来,认真仔细工作,用了一上午的时间,一张"总分类账户发生额及余额试算平衡表"就完整地编制出来了。看到表格上那三组相互平衡的数据,她激动得难以言表。

"呀,昨天销售的那批产品凭证刚到,没有入账,现在得赶快入账。"登记销售账的会计员说。还没等缓过神来,会计员李芳又拿着一些会计凭证过来。主管说:"这笔账我又仔细核对了一下,应记入'应交税费'和'银行存款'账户的金额是 10 530 元,而不是 9 700元,这笔账记错了,得重新更正。"

"试算不是平衡了吗?怎么还有错误呢?"王玲认真思考着。

要求:你帮王玲想一下,到底为什么会出现这种情况。

第**5**章

企业基本经济业务的核算

本章导读

所谓企业是从事生产、流通或服务性经济活动，实行独立核算，以营利为目的而成立的经济组织。按照行业分类标准，企业可分为制造企业、商品流通企业和服务企业。企业要从事正常的生产经营活动，首先必须拥有一定量的货币资金。资金筹集是企业生产经营活动的起点。企业资金筹集的渠道主要有投资者投入的资金和从银行等金融机构借入的款项。从经营过程看，依次经过供应过程、生产过程和销售过程；从资金运动看，企业资金的占用形态依次从货币资金转化为储备资金、生产资金、成品资金，最后又回到货币资金，从而完成一次资金循环。在资金循环过程中，不同的经营过程会发生不同的经济业务。制造企业的经济业务主要包括资金筹集、生产准备、产品生产、产品销售及利润的形成与分配等业务。本章我们将以制造企业为例，较为详细地阐述账户和复式记账法原理的应用。

知识目标

1. 进一步了解账户结构
2. 掌握企业资金筹集、生产准备、产品生产、产品销售、利润形成与分配等业务的基本核算
3. 掌握常用账户的性质、用途及主要账户的对应关系

能力目标

1. 能够进行企业资金筹集业务的核算
2. 能够进行企业生产准备业务的核算
3. 能够进行企业产品生产业务的核算
4. 能够进行企业产品销售业务的核算
5. 能够进行企业利润的形成与分配业务的核算

5.1 资金筹集业务的核算

每个企业要从事生产经营活动都必须拥有一定数量的资金，它是企业进行生产经营活动的物质基础。企业的资金来源主要有两大部分：一是所有者投入的资金，具体包括投资者投入的资本金，以及企业在生产经营过程中形成的资本公积、盈余公积和未分配利润等；二是企业借入的资金，具体包括向金融机构的借款、企业发行的债券及往来结算过程中形成的应付未付的款项等。

5.1.1 投入资本的核算

投入资本按照投资主体的不同，可分为国家投入资本、企业投入资本、个人投入资本和外商投入资本。它们反映了不同的产权关系，表明不同所有者对企业应享有的权利和应承担的义务。企业筹集资金应根据国家有关法规的规定，采用多种方式进行，可以直接吸收货币资金或对外发行股票，也可以采取吸收实物、无形资产（专利权、商标权、非专利技术）等形式筹集。

投入资本应当以实际投资数额入账。以货币资金投资的，应按实际收到款项作为投资者的投资入账；以购买本企业股票形式投入的资金，按实际收到的金额作为投资者的投资入账价值；以实物形式投资的，应当进行合理的估价，按照双方协商的估价作为投资者的投资额入账。投资者投入企业的资本金应当保全，在生产经营期间内，除依法转让外，一般不得以任何方式抽出投入资本。

1. 账户设置

为了核算和监督企业投资者投入资本的变动情况，应设置"实收资本"（在股份制企业应设置"股本"账户）、"资本公积"、"库存现金"、"银行存款"、"固定资产"和"无形资产"等账户进行总分类核算。

"实收资本"账户，属于所有者权益类账户，用来核算投资者投入资本的增减变动情况及其结果。它的贷方登记企业收到投资者投入的资本额，借方登记按规定程序减少的投入资本额，余额在贷方，表示期末投资者投资的实际数额。该账户按投资者不同设立明细账，进行明细分类核算。

特别提示

实收资本是投资者投入企业的注册资本金，在企业财务制度中，设定了专门的资本保全原则，资本金除依法转让外，不得以任何方式收回。

"库存现金"账户，属于资产类账户，用来核算企业库存现金的增减变动情况。它的借方登记企业库存现金的增加额，贷方登记库存现金的减少额，余额在借方，表示期末企业库存现金的结余额。该账户可按币种不同设置日记账，进行序时明细核算。

"银行存款"账户，属于资产类账户，用来核算企业存入银行或其他金融机构的各种存款。它的借方登记银行存款的增加额，贷方登记银行存款的减少额，余额在借方，表示期末企业银行存款的结余额。该账户按币种分设日记账，进行序时明细核算。

"固定资产"账户,属于资产类账户,用来核算企业固定资产的原始价值。它的借方登记增加的固定资产的原始成本,贷方登记减少的固定资产的原始成本,余额在借方,表示期末企业拥有的固定资产的原始成本。该账户应按固定资产的种类设置明细账,进行明细分类核算。

"无形资产"账户属于资产类账户,用来核算企业无形资产的增减变动情况及其结果。它的借方登记无形资产的增加额,贷方登记无形资产的减少额,余额在借方,表示期末无形资产的结余额。该账户按无形资产类别设置明细账,进行明细分类核算。

2. 投入资本的核算

1)接受货币资金的投资

[**例5-1**]　企业收到国家投资1 000 000元,款项存入银行。

这笔经济业务的发生,引起资产和所有者权益同时增加。由于接受投资,一方面企业的银行存款增加1 000 000元,应记入"银行存款"账户的借方,另一方面国家对企业的投资增加1 000 000元,应记入"实收资本"账户的贷方。编制会计分录如下:

借:银行存款　　　　　　　　　　　　　　　　　1 000 000
　　贷:实收资本——国家资本金　　　　　　　　　　　　1 000 000

2)接受实物投资

企业接受实物投资,在办妥实物转移手续后,按照评估确认或双方协商的价值作为投资者投入数额入账。

[**例5-2**]　企业收到甲公司投入的机器设备一台,双方协商作价600 000元。

这笔经济业务的发生,一方面使企业的固定资产增加600 000元,应记入"固定资产"账户的借方,另一方面甲公司对本企业的投资增加600 000元,应记入"实收资本"账户的贷方。编制会计分录如下:

借:固定资产　　　　　　　　　　　　　　　　　600 000
　　贷:实收资本——法人资本金(甲公司)　　　　　　　600 000

3)接受无形资产投资

企业收到无形资产投资,按照合同协议在移交了有关凭证之后,按照确定的无形资产的价值,借记"无形资产",贷记"实收资本"。

[**例5-3**]　乙公司以一项专利技术向企业投资,协议价值为200 000元。

这笔经济业务的发生,一方面使企业的无形资产增加200 000元,应记入"无形资产"账户的借方,另一方面乙公司对本企业的投资增加200 000元,应记入"实收资本"账户的贷方。编制会计分录如下:

借:无形资产　　　　　　　　　　　　　　　　　200 000
　　贷:实收资本——法人资本金(乙公司)　　　　　　　200 000

3. 资本公积的核算

资本公积是企业在筹集资本金过程中,投资者缴付的出资额超出其在注册资本或股本中所占的份额、转增资本等原因致使资本公积发生增减变动及其结果。资本公积归属于全体投资者。资本公积按规定,可以转增资本金。

1)账户设置

"资本公积"账户,属于所有者权益类账户,用来核算资本公积的增减变动及其结果。

当企业形成资本公积时，记入该账户的贷方，当按规定将资本公积转增资本金时，应从该账户的借方转入到"实收资本"账户的贷方。

2）资本公积的核算

[例5-4] 企业与丙公司合作，共同开发新项目。注册资金为 2 000 000 元，经商定投资比例各为 50%，今收到银行收款通知，收到丙公司款项 1 050 000 元。

这笔经济业务的发生，一方面使企业的银行存款增加 1 050 000 元，另一方面根据投资比例本企业应接受丙公司的投资额为 1 000 000 元，实际收到超出应出资额的差额 50 000 元应记入"资本公积"账户。根据有关凭证，编制会计分录如下：

借：银行存款   1 050 000
 贷：实收资本——法人资本（丙公司）   1 000 000
  资本公积——资本溢价   50 000

5.1.2 借入资金的核算

借入资金是指企业向银行或其他金融机构借入的资金。按偿还期限的不同分为"短期借款"和"长期借款"。为了核算和监督各项借款的增减变动情况，企业应设置"短期借款""长期借款""应付利息""财务费用"等账户。

1. 短期借款的核算

短期借款是指企业在日常生产经营活动中，为了满足生产经营所需要资金，向银行或其他金融机构等借入期限在 1 年以内的资金。短期借款账户可按债权人或借款种类设立明细账户，进行明细分类核算。短期借款利息，一般以权责发生制作为计量基础，分期计入财务费用，按照季度结算或最终一次结算。

1）账户设置

"短期借款"账户，属于负债类账户，用来核算企业借入的期限在 1 年以内（含 1 年）的各种借款。贷方登记借入各种借款，借方登记归还的借款，期末余额在贷方，表示期末尚未归还的短期借款。

"财务费用"账户，属于损益类账户，用来核算企业为筹集生产经营所需要资金等而发生的各种费用，包括筹资费和使用期间所发生的利息。它的借方登记为筹集资金而发生的各种费用，包括利息支出、手续费等，贷方登记利息收入和月末转入"本年利润"账户的财务费用，期末无余额。本账户可按费用项目设置明细账，进行明细核算。

"应付利息"账户，属于负债类账户，用来核算企业按照合同规定应支付的利息，包括吸收存款、分期付息到期还本的长期借款、发行企业债券等应支付的利息。其贷方登记期末计入各项成本费用的利息额，借方登记实际支付的利息额，期末余额在贷方，表示应付但尚未支付的费用。本账户可按存款人或者债权人设置明细账，进行明细分类核算。

2）短期借款的核算

[例5-5] 企业本月初向开户银行借入短期借款 20 000 元，并存入开设的银行账户中，年利率 6%，6 个月后一次还本付息。

这项经济业务的发生，一方面引起短期借款（负债）增加，另一方面使银行存款同时也增加。涉及"短期借款"与"银行存款"两个账户。根据有关凭证，编制会计分录如下：

借：银行存款   20 000

贷：短期借款　　　　　　　　　　　　　　　　　　　　　　　20 000

　　[例5-6]　月末结转本月应付银行借款利息100元（20 000×6%×1/12）。

　　企业从银行取得短期借款利息一般采用按季度结算的办法。按照权责发生制的要求，利息支出按月预提计入各月费用，季末一次支付。这项经济业务的发生，一方面使企业本月的财务费用增加了100元，应记入"财务费用"账户借方，另一方面使本月应付未付的利息增加100元，记入"应付利息"账户的贷方。根据有关凭证，编制会计分录如下：

　　　　借：财务费用——利息费用　　　　　　　　　　　　　　　100
　　　　　　贷：应付利息　　　　　　　　　　　　　　　　　　　　　　　100

第2~6月会计处理同上。

　　[例5-7]　借款到期，企业用银行存款还本付息共计20 600元。

　　该项经济业务涉及"银行存款"、"应付利息"和"短期借款"三个账户。由于归还本金，企业的负债减少，记入"短期借款"账户的借方；归还利息使企业的另一项负债减少，记入"应付利息"账户的借方；本金与利息是用银行存款支付的，所以企业的银行存款减少，记入该账户的贷方。根据有关凭证，编制会计分录如下：

还本：

　　　　借：短期借款　　　　　　　　　　　　　　　　　　　　　　　20 000
　　　　　　贷：银行存款　　　　　　　　　　　　　　　　　　　　　　　20 000

付息：

　　　　借：应付利息　　　　　　　　　　　　　　　　　　　　　　　600
　　　　　　贷：银行存款　　　　　　　　　　　　　　　　　　　　　　　600

也可只结转5个月的借款利息，6月末账务处理如下：

还本金：

　　　　借：短期借款　　　　　　　　　　　　　　　　　　　　　　　20 000
　　　　　　贷：银行存款　　　　　　　　　　　　　　　　　　　　　　　20 000

付息：

　　　　借：财务费用　　　　　　　　　　　　　　　　　　　　　　　100
　　　　　　应付利息　　　　　　　　　　　　　　　　　　　　　　　500
　　　　　　贷：银行存款　　　　　　　　　　　　　　　　　　　　　　　600

2. 长期借款的核算

　　长期借款是指企业向银行举借的、偿还期限超过1年以上（不含1年）的各项借款。长期借款的账务处理主要包括借入长期借款、结算利息和长期借款的归还。

　　1）账户设置

　　为了核算和监督企业长期借款的借入本金、利息及本金利息的归还情况，需设置"长期借款"账户，该账户属于负债类账户。它的贷方登记借入的长期借款，借方登记归还的长期借款，余额在贷方，表示尚未归还的长期借款。

　　2）长期借款的核算

　　（1）取得借款的核算。

　　[例5-8]　企业向银行借入资金60 000元，存入在银行开设的账户。期限为两年，年利率10%，用于企业生产周转。利息按单利计算，该笔借款的本金到期偿还，利息在每年

年末支付。

　　这笔经济业务的发生涉及"长期借款"与"银行存款"两个账户，一方面由于借款使企业的长期负债增加，记入"长期借款"账户的贷方，另一方面借入的款项存入银行使企业的银行存款增加，记入"银行存款"账户的借方。根据有关凭证，编制会计分录如下：

　　　　借：银行存款　　　　　　　　　　　　　　　　　　　　　　　60 000
　　　　　　贷：长期借款　　　　　　　　　　　　　　　　　　　　　　　　60 000

　　（2）计算每年年末偿还的金额并偿还。编制会计分录依次为：

　　每月结转的利息额：60 000 × 10% × 1/12 = 500（元）

　　每月结转的利息一方面记入"财务费用"账户的借方，另一方面记入"应付利息"账户的贷方。编制会计分录如下：

　　　　借：财务费用　　　　　　　　　　　　　　　　　　　　　　　　500
　　　　　　贷：应付利息　　　　　　　　　　　　　　　　　　　　　　　　　500

　　其余每月账务处理同上。

　　第一年年末归还利息 [500 × 12 = 6 000（元）]，编制会计分录如下：

　　　　借：应付利息　　　　　　　　　　　　　　　　　　　　　　　6 000
　　　　　　贷：银行存款　　　　　　　　　　　　　　　　　　　　　　　　6 000

　　第二年年末归还本金及最后一年利息：

　　　　借：长期借款　　　　　　　　　　　　　　　　　　　　　　　60 000
　　　　　　应付利息　　　　　　　　　　　　　　　　　　　　　　　　6 000
　　　　　　贷：银行存款　　　　　　　　　　　　　　　　　　　　　　　66 000

　　资金筹集业务主要账务处理如图表5-1所示。

图表5-1

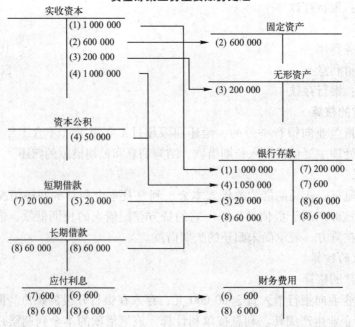

资金筹集业务主要账务处理

5.2　生产准备业务的核算

商品生产企业为了开展正常的生产经营活动就必须拥有一定的物资，生产准备阶段其主要经济业务有两方面：一是购建厂房建筑物和机器设备等固定资产，二是采购生产经营所需要的各种材料作为生产储备。这两方面构成生产准备业务的主要内容。

5.2.1　固定资产购建业务的核算

固定资产是指企业为生产商品、提供劳务、出租或经营管理而持有的、使用寿命超过一个会计期间的劳动资料。在取得固定资产时的一切合理支出，包括买价、运杂费、包装费、安装调试费等，都应计入固定资产的成本。在购置固定资产时产生的增值税作为价外税计入应交税费。

1．账户设置

在固定资产核算中除设置"固定资产""银行存款"等账户外，需要建设、安装固定资产时还应设置"在建工程"账户进行核算。

"在建工程"账户，属于资产类账户，用来核算和监督企业在建造固定资产过程中所发生的一切费用。该账户的借方登记企业在购建固定资产时支付的买价、运杂费、建筑安装费、调试费等各项费用，待固定资产达到预计可使用状态后，再将其全部转出，即从"在建工程"的贷方转入"固定资产"账户的借方，构成固定资产的原始价值。在购置固定资产时发生的增值税作为价外税计入"应交税费"账户。为简化核算，我们只在材料采购中体现。

2．固定资产购建业务的核算

[例5-9]　企业购入不需要安装的设备一台，买价为 25 000 元（增值税暂不考虑），款项通过银行支付。

这项经济业务的发生，一方面使企业的固定资产增加了 25 000 元，应记入"固定资产"账户的借方，另一方面使企业的银行存款减少了 25 000 元，记入"银行存款"账户的贷方。编制会计分录如下：

　　借：固定资产　　　　　　　　　　　　　　　　　　25 000
　　　　贷：银行存款　　　　　　　　　　　　　　　　　　　　25 000

[例5-10]　企业购入需要安装的设备一台，买价 30 000 元（增值税暂不考虑），全部款项以银行存款支付。企业外部技术人员对其进行安装，发生劳务报酬 1 000 元，以现金支付。安装完毕，经验收合格，交付使用。具体会计处理如下。

（1）购入设备业务。由于该设备需要安装，因此，一方面应将在购买过程中发生的买价支出 30 000 元记入"在建工程"账户的借方，另一方面减少的银行存款记入"银行存款"账户的贷方。编制会计分录如下：

　　借：在建工程　　　　　　　　　　　　　　　　　　30 000
　　　　贷：银行存款　　　　　　　　　　　　　　　　　　　　30 000

（2）设备安装业务。安装过程中发生的工资费用记入"在建工程"账户的借方，支付的现金记入"库存现金"账户的贷方。编制会计分录如下：

借：在建工程   1 000
    贷：库存现金   1 000

（3）设备安装完毕交付使用。将"在建工程"账户借方的全部费用通过其贷方转入"固定资产"账户的借方。编制会计分录如下：

借：固定资产   31 000
    贷：在建工程   31 000

5.2.2 材料采购业务的核算

材料采购通常是指材料采购开始到验收入库为止的整个过程。在材料采购过程中，企业应按规定与供货方办理结算手续，支付材料货款，并支付运输费、装卸费等各项采购成本。因此，其主要核算业务就包括两方面：一是取得材料物资，计算材料物资采购成本并进行材料验收入库，以备生产领用；二是与材料供应单位或提供相关服务的单位办理款项结算业务。

1. 账户设置

为了做好材料采购业务和货款结算业务的核算工作，企业应设置"在途物资""原材料""应付账款""应交税费"等账户。

"在途物资"账户，属于资产类账户，用来核算和监督企业采用实际成本进行材料等物资的日常核算、货款已付但尚未入库的材料采购成本。"在途物资"账户的借方登记购入材料的买价及相关费用，如材料买价、运费、装卸费、包装费、仓储费、保险费、运输途中的合理损耗、入库前的挑选整理费及按规定计入成本的税金等，即登记采购材料的各项实际支出，贷方登记入库材料的实际成本，期末如有余额一般在借方，表示尚未验收入库的在途材料的实际成本。为了具体核算各种材料的实际采购成本，应按购入材料的品种、规格分别设置采购材料的明细账，进行明细分类核算。

"原材料"账户，属于资产类账户，用来核算和监督企业库存材料的增加、减少和结存情况，促使企业对材料的妥善保管和合理使用。借方登记由"在途物资"账户转入的、已经验收入库的材料的实际成本，贷方登记日常领用的材料，期末余额一般在借方，表示库存材料的实际成本。为了详细核算和监督库存材料增减变动和结存情况，应按材料品种、规格设置明细账，进行材料的明细分类核算。如果企业材料的收发领用按计划成本核算，则该账户登记材料的计划成本，实际成本和计划成本的差额通过"材料成本差异"账户结转。

"应付账款"账户，属于负债类账户，用来核算和监督企业因采购材料物资或接受劳务等而应付给供应单位的款项。贷方登记购入材料物资或接受劳务应付的款项，借方登记偿还的款项，期末余额一般在贷方，表示尚未偿还的款项。该账户按供应单位设置明细账，进行明细分类核算。

"应交税费"账户，属于负债类账户，用来核算企业应交的各种税费。它的贷方登记应交纳的各种税费，借方登记交纳的税费，期末贷方余额反映企业尚未交纳的税费，如为借方余额，则表示多交或尚未抵扣的税费。

知识窗

在材料物资采购业务中设置"应交税费"账户主要是核算增值税。增值税是对纳税人在生产经营活动中的营业额计算税款，并实行税款抵扣制的一种流转税。增值税是对商品生产或流通各个环节的新增价值或商品附加值进行征税，所以称为增值税。它是一种价外税，采取两段征收法，分为增值税进项税额和销项税额。

当期应纳税额 ＝ 当期销项税额 － 当期进项税额

其中销项税额是指纳税人销售货物或提供应税劳务，按照销售额或提供应税劳务价款和规定的税率计算并向购买方或接受劳务方收取的增值税额。

销项税额 ＝ 销售额（或提供劳务价款）× 增值税税率

进项税额是指纳税人购进货物或接受应税劳务所支付的增值税额。

进项税额 ＝ 购进货物（或接受劳务）价款 × 增值税税率

增值税的进项税额与销项税额是相对应的，销售方的销项税额就是购买方的进项税额。

增值税纳税分为一般纳税人和小规模纳税人，本书只按一般纳税人处理。

因增值税不同行业税率不同，计算也较为复杂，除采购材料和销售商品在本教学用书中体现增值税外，其他费用如运费、广告费等均不体现增值税内容。教师可根据需要补充。

2. 材料采购业务的核算

[**例5-11**]　企业向明华公司购入甲材料100吨，每吨200元，共计20 000元。增值税率为16%，运费1 000元，货款及运杂费通过银行支付。

这项经济业务的发生，一方面要反映材料采购成本的增加，包括买价和运杂费，应记入"在途物资"账户的借方，同时计算应交纳的增值税进项税额3 200元（20 000×16%），记入"应交税费"账户的借方。另一方面还要反映银行存款的减少，记入"银行存款"账户的贷方。编制会计分录如下：

借：在途物资——甲材料　　　　　　　　　　　　　21 000

应交税费——应交增值税（进项税额）　　　　 3 200

贷：银行存款　　　　　　　　　　　　　　　　 24 200

[**例5-12**]　企业向诚意公司购入乙材料10吨，每吨1 000元，计10 000元；购入丙材料20吨，每吨600元，计12 000元，增值税率为16%。对方垫付运杂费1 500元，货款及运杂费尚未支付。

企业于同一地点同时购入两种或两种以上的材料所发生的运杂费等各项采购费用，如在发生时不能分清各种材料应负担的费用额，为了准确计算各种材料的采购成本，应采用一定的分配方法，按一定的分配标准在所采购的各种材料之间进行分配。常用的分配标准有材料的买价和所采购的材料的重量。一般情况下，当材料的计量单位一致时，则采用重量标准进行分配；当材料和计量单位不一致时，则采用材料的买价标准进行费用的分配。

$$采购费用分配率 = \frac{实际发生的采购费用}{材料的重量或买价}$$

某种材料应分担的采购费用 ＝ 该材料的重量或买价 × 采购费用分配率

对于例5-12中所发生的经济业务，首先将乙、丙材料共同发生的运杂费1 500元在乙、丙两种材料中进行分配，然后再编制会计分录。

假定本例采用材料的重量标准进行分配，具体计算过程如下：

$$运杂费分配率 = \frac{1500}{10 + 20} = 50(元/吨)$$

$$乙材料应分担的运杂费 = 10 \times 50 = 500(元)$$

$$丙材料应分担的运杂费 = 20 \times 50 = 1\,000(元)$$

通过上述计算，应计入乙材料的采购成本为 10 500 元，丙材料为 13 000 元。编制会计分录如下：

借：在途物资——乙材料	10 500
——丙材料	13 000
应交税费——应交增值税（进项税额）	3 520
贷：应付账款——诚意公司	27 020

[例 5-13]　企业购入的甲、乙、丙三种材料全部运到，并已验收入库。

这项经济业务的发生，一方面使企业库存材料增加，应记入"原材料"账户的借方，另一方面材料采购成本转出，记入"在途物资"账户的贷方。编制会计分录如下：

借：原材料——甲材料	21 000
——乙材料	10 500
——丙材料	13 000
贷：在途物资——甲材料	21 000
——乙材料	10 500
——丙材料	13 000

[例 5-14]　企业用银行存款归还前欠诚意公司货款 27 020 元。

这项经济业务的发生，一方面使企业的银行存款减少 27 020 元，记入"银行存款"账户的贷方，另一方面使应付账款减少 27 020 元，记入"应付账款"账户的借方。编制会计分录如下：

借：应付账款——诚意公司	27 020
贷：银行存款	27 020

在材料采购过程中有时也涉及预付购货款的核算。为了反映和监督企业向供应单位预付款项而发生的与供应单位债权结算的增减变动及其余额的情况，应设置"预付账款"账户。

"预付账款"账户，属于资产类账户，用来核算企业按照合同规定预付给供货单位的款项。它的借方登记企业按照合同规定预付给供货单位的款项及结算货款时补付给供货单位的款项，贷方登记企业预付货款中收到材料物资结算的款项及收到供货单位退回的预付货款，期末余额如果在借方，反映企业实际预付的款项，期末余额如果在贷方，表示企业尚未补付的款项。该账户按供应单位设置明细账，进行明细分类核算。

[例 5-15]　企业以银行存款 20 000 元预付诚信公司购买丁材料采购款。

这项经济业务的发生，一方面使企业的银行存款减少 20 000 元，记入"银行存款"账户的贷方，另一方面使预付账款增加了 20 000 元，记入"预付账款"账户的借方。编制会计分录如下：

借：预付账款——诚信公司	20 000
贷：银行存款	20 000

[**例 5-16**]　企业收到诚信公司发运来的丁材料 40 吨清单，共计价款 20 000 元，增值税进项税额 3 200 元，除冲销原预付账款 20 000 元外，其余 3 200 元用银行存款支付。

这项经济业务发生，一方面使企业材料采购成本增加 20 000 元，增值税进项税额增加 3 200 元，记入"在途物资"和"应交税费"账户的借方，另一方面使预付账款减少 20 000 元，记入"预付账款"账户的贷方，同时银行存款减少 3 200 元，记入"银行存款"账户的贷方。编制会计分录如下：

借：在途物资——丁材料　　　　　　　　　　　　　　20 000
　　应交税费——应交增值税（进项税额）　　　　　　 3 200
　　　贷：预付账款——诚信公司　　　　　　　　　　　　　23 200

同时补付剩余货款：

借：预付账款　　　　　　　　　　　　　　　　　　　 3 200
　　　贷：银行存款　　　　　　　　　　　　　　　　　　　 3 200

特别说明

在材料采购核算中，如材料按计划成本核算，应设置"材料采购"账户，其借方登记材料采购的实际成本，贷方登记验收入库的材料计划成本，实际成本与计划成本的差额记入"材料成本差异"账户。此时，"原材料"账户核算入库和领用材料的计划成本。具体核算内容将在财务会计中详细介绍。

另外，在实际工作中，为了简化核算，对于某些本应计入材料采购成本的采购费用，如采购人员的差旅费、采购材料的市内运杂费（大宗材料的市内运杂费除外）、专设采购机构的经费等，可不计入材料成本。

材料采购核算主要账务处理如图表 5-2 所示。

图表 5-2

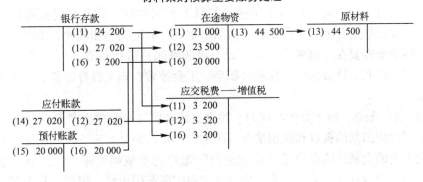

材料采购核算主要账务处理

5.3　产品生产业务的核算

生产过程是指生产企业从投入材料进行生产开始，到产品完工入库为止的全部过程。产品的生产过程，是企业生产经营活动的中心环节，同时又是各种费用的发生过程。企业为了生产产品，要消耗各种材料、支付职工薪酬，发生固定资产磨损和一些其他相关费用。产品生产过程所发生的各种费用，称为生产费用。企业的生产费用，不论发生在何处，都要归集、分配到一定种类的产品上，形成各种产品成本。处在生产过程的某个阶段末最后完工的产品，称为在产品或在制品。随着产品的完工入库，企业的在产品即转化为产成品。此外，在生产费用发生的过程中还会引起企业与其他单位、与内部职能部门、与企业职工的结算关系。

5.3.1 产品生产业务核算

产品生产业务核算的过程是对企业生产过程中费用的归集和分配过程，因此，在生产费用的发生、归集和分配构成生产过程核算的主要内容。

1. 账户设置

为了反映和控制生产过程中各项费用的发生、归集和分配的情况，应设置"生产成本"和"制造费用"两个成本账户；同时，生产业务的核算还要涉及"应付职工薪酬""累计折旧""库存商品"等有关账户。

"生产成本"账户，属于成本类账户。用来反映和监督企业生产过程为生产产品而发生的各项费用。借方登记生产产品所发生的直接材料费用、直接人工费用及从"制造费用"账户转入的间接费用；贷方登记已完工产品的实际生产成本；余额在借方，表示期末尚未完工产品（在产品）的实际成本。该账户可按成本计算对象（如产品品种）设置明细分类账户，进行明细分类核算。

"制造费用"账户，属于成本类账户。用来反映和监督企业生产车间为生产产品和提供劳务而发生的各项间接费用，包括车间管理人员的薪酬、折旧费、办公费、水电费、劳动保护费等。借方登记企业发生的各项制造费用；贷方将本期发生的制造费用按成本核算对象进行分配，转入"生产成本"账户的借方；月末经分配结转后无余额。该账户应按生产车间设置明细账，并在账内按费用项目设置专项栏目，进行明细分类核算。

"应付职工薪酬"账户，属于负债类账户。用来反映和监督企业应付给职工的各种薪酬。贷方登记已分配记入有关成本费用项目的职工薪酬数额；借方登记实际发放的薪酬数额。该账户应按照短期薪酬、带薪缺勤、离职后福利、辞退福利和其他长期职工福利，并可根据企业实际业务需要在二级账户下再开设三级明细账户进行核算，如在"短期薪酬"下设置工资、职工福利、社会保险、住房公积金、工会经费、职工教育经费、非货币性福利等三级明细账。

"累计折旧"账户，属于资产类账户。用来反映和监督企业在生产经营过程中所使用的所有固定资产的折旧额的提取和注销情况。固定资产折旧额是固定资产因使用而转移到企业成本、费用中去的金额。该账户是"固定资产"账户的抵减调整账户，其贷方登记固定资产损耗的价值，即按月提取的折旧数；借方登记固定资产因出售、毁损、报废等原因减少时应注销的该项固定资产累计折旧额；期末余额在贷方，表示企业现有固定资产已提取的累计折旧额。将"累计折旧"账户的贷方余额从"固定资产"账户的借方余额中减去，即求得该项固定资产的净值。

"库存商品"账户，属于资产类账户，用来反映和监督企业库存的各种产成品的实际成本。借方登记生产完工验收入库的产成品的实际成本；贷方登记出库产成品的实际成本；余额在借方，表示库存产成品的实际成本。本账户可按产品的种类和规格设置明细分类账户，进行明细分类核算。

2. 产品生产业务的核算

假定本企业生产 A、B 两种产品，耗用甲、乙、丙三种材料。

［例 5-17］　月末，根据企业仓库发出材料汇总表，生产 A、B 产品及车间一般消耗领用材料的具体资料如下：

项　目	甲材料	乙材料	丙材料	合　计
A 产品领料（元）	10 000	50 000		60 000
B 产品领料（元）	2 000	18 000		20 000
车间一般耗用（元）			3 000	3 000
合　计	12 000	68 000	3 000	83 000

这项经济业务的发生，一方面使生产过程中消耗的材料费用增加了 83 000 元，直接用于生产 A、B 产品的材料 80 000 元，可直接记入"生产成本"账户的借方，车间一般消耗的材料 3 000 元，作为间接费用记入"制造费用"账户的借方；另一方面使库存材料减少了 83 000 元，应记入"原材料"账户的贷方。编制会计分录如下：

借：生产成本——A 产品 　　　　　　　　　　　　　　60 000

　　　　　　——B 产品 　　　　　　　　　　　　　　20 000

　　制造费用 　　　　　　　　　　　　　　　　　　 3 000

　贷：原材料——甲材料 　　　　　　　　　　　　　　　　12 000

　　　　　　——乙材料 　　　　　　　　　　　　　　　　68 000

　　　　　　——丙材料 　　　　　　　　　　　　　　　　 3 000

［例 5-18］　月末，根据本月薪酬汇总表，企业计算出应付给生产工人和车间管理人员的薪酬共计 60 000 元，其中生产 A 产品的生产工人的薪酬 30 000 元，生产 B 产品的生产工人的薪酬 20 000 元，车间管理人员的薪酬 4 000 元，厂部管理人员的薪酬 6 000 元。

这项经济业务的发生，一方面使企业本月份应付给职工的薪酬增加了 60 000 元，应记入"应付职工薪酬"账户的贷方，另一方面使企业生产 A 产品成本增加了 30 000 元，B 产品成本增加了 20 000 元，应记入"生产成本"账户的借方，车间管理人员的薪酬 4 000 元，记入"制造费用"账户的借方，厂部管理人员的薪酬 6 000 元，记入"管理费用"账户的借方。

"管理费用"账户，属于损益类账户。借方登记企业管理部门为组织和管理生产所发生的一切费用，如厂部管理人员的薪酬、办公用品费、水电费、业务招待费、厂部固定资产计提的折旧费用等，贷方登记转入"本年利润"账户的管理费用。

编制会计分录如下：

借：生产成本——A 产品 　　　　　　　　　　　　　　30 000

　　　　　　——B 产品 　　　　　　　　　　　　　　20 000

　　制造费用 　　　　　　　　　　　　　　　　　　 4 000

　　管理费用 　　　　　　　　　　　　　　　　　　 6 000

　贷：应付职工薪酬 　　　　　　　　　　　　　　　　　　60 000

［例 5-19］　企业用银行转账形式发放职工薪酬 60 000 元。

这项经济业务的发生，一方面使企业的应付职工薪酬减少了 60 000 元，应记入"应付职工薪酬"账户的借方，另一方面使企业的银行存款减少了 60 000 元，应记入"银行存款"账户的贷方。编制会计分录如下：

  借：应付职工薪酬   60 000
    贷：银行存款   60 000

[例 5-20] 月末，企业计提固定资产折旧 28 000 元。其中生产车间用固定资产折旧 20 000 元，厂部管理部门用固定资产折旧 8 000 元。

这项经济业务，一方面使折旧费用增加了 28 000 元，应记入"累计折旧"账户的贷方，另一方面生产车间固定资产计提的折旧费用，应记入"制造费用"账户的借方，厂部管理部门固定资产的折旧费用，应记入"管理费用"账户的借方。编制会计分录如下：

  借：制造费用   20 000
    管理费用   8 000
    贷：累计折旧   28 000

[例 5-21] 企业以银行存款 3 000 元支付本月车间水电费。

这项经济业务的发生，一方面车间用水电费使企业的制造费用增加了 3 000 元，记入"制造费用"账户的借方，另一方面使企业的银行存款减少了 3 000 元，应记入"银行存款"账户的贷方。编制会计分录如下：

  借：制造费用   3 000
    贷：银行存款   3 000

[例 5-22] 月末，企业将本月发生的制造费用 30 000 元分配计入 A、B 两种产品成本。其中，A 产品成本应负担 18 000 元，B 产品应负担 12 000 元（具体分配方法在成本计算中介绍）。

这项经济业务的发生，一方面使企业的生产成本增加了 30 000 元，生产成本的增加记入"生产成本"账户的借方；另一方面分配转出制造费用使制造费用减少 30 000 元，应记入"制造费用"账户的贷方。编制会计分录如下：

  借：生产成本——A 产品   18 000
      ——B 产品   12 000
    贷：制造费用   30 000

[例 5-23] 月末，本月投产的 A 产品 2 000 件，成本总额为 108 000 元，B 产品 1 000 件，成本总额为 52 000 元，全部完工并已验收入库。结转已验收入库的 A、B 产品的成本。

这项经济业务的发生，一方面使企业库存的 A 产品增加了 108 000 元，B 产品增加了 52 000 元，库存产品的增加，应记入"库存商品"账户的借方，另一方面产品生产完工，使生产成本减少了 160 000 元，转出的完工产品的成本，是生产过程中生产成本的减少，应记入"生产成本"账户的贷方。编制会计分录如下：

  借：库存商品   160 000
    贷：生产成本——A 产品   108 000
        ——B 产品   52 000

生产业务的主要账务处理如图表 5-3 所示。

图表5-3

生产业务的主要账务处理

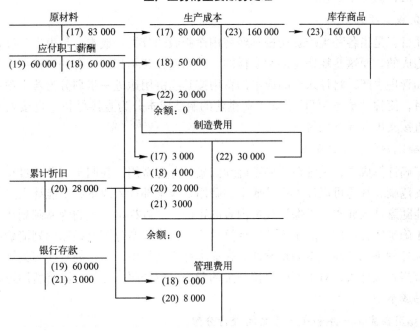

5.3.2 产品生产成本的计算

成本计算就是将生产经营过程中发生的各项费用，在各个成本对象之间进行归集和分配，计算出各个对象的总成本和单位成本。

商品生产企业生产经营过程一般分为供应、生产、销售三个阶段，在这三个阶段中，各个阶段都会发生各种耗费，取得一定的成果，因此，都需要进行成本计算，即供应阶段计算材料采购成本；生产阶段计算产品的生产成本；销售阶段计算产品的销售成本。所以，又可以将成本计算概述为企业在供应、生产、销售阶段所发生的各种耗费，按各种不同的对象进行归集和分配，用以计算出各对象的总成本和单位成本的一种专门的方法。由于生产阶段生产耗费的多样性和生产过程的复杂性，使生产成本的计算较之其他两个阶段的成本计算要复杂得多，因此，典型的成本计算是指产品成本的计算。

1. 成本计算的内容和程序

1）确定成本计算对象

成本计算对象，就是指以什么为对象归集其发生的生产费用和计算其实际成本。也是设置产品成本明细账和进行成本计算的前提。只有确定成本对象之后才能按成本计算对象归集分配生产费用、计算该对象的总成本和单位成本。例如，产品生产成本应以产品的品种、批别或加工步骤作为成本计算对象。

2）确定成本计算期

成本计算期是成本计算的间隔期，即多长时间计算一次成本。一般来说，产品生产成本每月计算一次。但应根据企业生产组织特点来具体确定其成本计算期。例如，在大量大批生产的企业里，一般是每月计算一次成本。而小批生产、单件生产的情况下，其成本计算期就不是一月一次，而是不定期的。

3）确定成本项目

成本项目，是指各种生产费用按其经济用途所做的分类。成本，是由生产经营过程中发生的耗费构成的。而这些耗费是多种多样的，其用途也各不相同，有的直接用于生产，有的用于组织和管理生产，将计入产品成本的费用按其经济用途进一步划分为若干项目，即为产品成本项目，简称"成本项目"。如工业企业的制造成本分为直接材料、直接人工、制造费用、其他直接支出等成本项目。

4）正确地归集、分配费用

为了正确计算成本，关键在于要正确地归集、分配费用。在归集、分配过程中，必须遵守成本开支范围，凡是可以计入产品成本的费用，应全部计入成本，不能计入产品成本的费用，则不能随意计入成本，以保证成本内容的正确性。以权责发生制为基础划清费用的受益期，以便正确确定各期成本的正确性以计算盈亏。按照成本分配受益原则划清费用的受益对象，以保证各种不同产品成本的正确性。在成本计算过程中，对于能直接归集计入产品成本的费用，应当直接计入；对于不能直接归集的费用，应按照一定的方法将费用进行分配后计入各项产品成本中。

5）将费用在完工产品和在产品之间进行分配

企业的成本计算期如果与生产周期正好一致的情况下，则期末所有产品都是完工产品，不存在完工产品与在产品之间的费用分配问题。企业的成本计算期如果与生产周期不一致时，则生产费用需要在完工产品与在产品之间进行分配。

完工产品与期末在产品之间的关系如下公式所示：

期初在产品成本 + 本期生产费用 = 本期完工产品的成本 + 期末在产品成本

本期完工产品成本 = 期初在产品成本 + 本期生产费用 − 期末在产品成本

期末在产品成本 = 期初在产品成本 + 本期生产费用 − 本期完工产品成本

6）编制成本计算表

为了计算成本，需要按成本计算对象设置成本明细账（即成本计算单），各项费用发生后需逐笔登记入账，然后根据成本明细的资料，编制各种成本计算表，以确定各种产品总成本和单位成本。

2. 产品生产成本的计算

产品生产成本的计算，就是将企业在生产过程中发生的各项费用，按照产品的品种等加以归集，并按成本项目计算产品的总成本和单位成本。在具体计算产品成本时，应通过各种产品生产明细分类账户的借方进行归集。

各种生产明细分类账户借方发生额按成本项目开设栏目。产品的生产成本项目主要有以下几项。

（1）直接材料：企业在生产经营过程中实际消耗的原材料、辅助材料、备品备件等。

（2）直接人工：企业直接从事产品生产人员的薪酬等。

（3）制造费用：企业各个生产单位（如车间）为组织和管理生产所发生的各项间接费用。

在计算产品生产成本时,应分清直接费用和间接费用。对于直接材料、直接人工等能够明确归属到成本计算对象上的直接费用,应直接计入各种产品生产成本;对于制造费用这种不能分清成本计算对象的间接费用,必须按一定的分配标准,在各种产品之间进行分配。合理分配制造费用的重要环节是要正确选择分配标准,常用的分配标准有生产工人工时、生产工人工资、机器工时、有关消耗定额等。

[例5-24] 现以例5-17至例5-23生产过程核算为例,说明产品生产成本的计算方法。

某企业A、B两种产品所发生的各项生产费用按成本项目归集如图表5-4所示。

图表5-4

生产费用明细资料

产品名称	产品完工数量/件	直接材料/元	直接人工/元	制造费用/元
A产品	2 000	60 000	30 000	
				30 000
B产品	1 000	20 000	20 000	
合 计		80 000	50 000	30 000

从图表5-4可以看出,直接材料和直接人工属于直接费用,可以直接计入A、B产品的生产成本。制造费用,应采用一定的分配标准在A、B产品之间进行分配。即当企业在同一月份同一生产车间同时加工生产两种或两种以上的产品时,对于本月发生的制造费用,应在所加工生产的各种产品之间,选用一定的分配标准进行分配。常用的分配标准有生产工时和生产工人的工资。具体计算公式如下:

$$制造费用分配率 = \frac{制造费用总额}{生产产品工时(或生产工人工资)总额}$$

某产品应分担的制造费用 = 该产品生产工时或生产工人工资 × 制造费用分配率

上述制造费用的分配采用生产工时作为分配标准。假设生产A、B产品的生产工时分别为9 000工时和6 000工时。计算如下:

$$制造费用分配率 = \frac{30\ 000}{9\ 000 + 6\ 000} = 2\ (元/时)$$

$$A产品应分摊的制造费用 = 9\ 000 × 2 = 18\ 000(元)$$

$$B产品应分摊的制造费用 = 6\ 000 × 2 = 12\ 000(元)$$

在实际工作中,制造费用的分配通常采用编制制造费用分配表的形式来完成,具体如图表5-5所示。

图表5-5

制造费用分配表　　　　　　　　　　　　　　　　　　金额单位:元

产品名称	费用分配率	分配标准 (生产工人工时)	分配金额
A产品	2	9 000	18 000
B产品	2	6 000	12 000
合 计		15 000	30 000

制造费用分配后，应将A、B产品各分摊的费用记入"生产成本"明细账的借方。经过上述计算过程，将A产品的各成本项目所归集的费用相加，就可求出A产品的完工产品成本；将B产品的各成本项目所归集的费用相加，就可求出B产品的在产品成本。

生产成本明细账如图表5-6和图表5-7所示。

图表5-6

生产成本明细账

产品名称：A产品   金额单位：元

| ××年 | | 凭证号数 | 摘　要 | 借　方 | | | | 贷　方 | 余　额 |
月	日			直接材料	直接人工	制造费用	合计		
略	略	略	领用材料 生产工人薪酬 分配的制造费用 结转完工产品成本	60 000	30 000	18 000	60 000 30 000 18 000	108 000	60 000 90 000 108 000 0
			本期发生额及余额	60 000	30 000	18 000	108 000	108 000	0

图表5-7

生产成本明细账

产品名称：B产品   金额单位：元

| ××年 | | 凭证号数 | 摘　要 | 借　方 | | | | 贷　方 | 余　额 |
月	日			直接材料	直接人工	制造费用	合计		
略	略	略	领用材料 生产工人工资 分配的制造费用 结转完工产品成本	20 000	20 000	12 000	20 000 20 000 12 000	52 000	20 000 40 000 52 000 0
			本期发生额及余额	20 000	20 000	12 000	52 000	52 000	0

最后，根据A产品明细账的资料，编制产品生产成本计算表，计算已完工A产品的总成本和单位成本。产品生产成本计算表的格式及编制方法如图表5-8所示。

图表5-8

产品生产成本计算表

| 成本项目 | A产品（2 000件） | | B产品（1 000件） | |
	总成本/元	单位成本/（元/件）	总成本/元	单位成本/（元/件）
直接材料	60 000	30	20 000	20
直接人工	30 000	15	20 000	20
制造费用	18 000	9	12 000	12
产品成本	108 000	54	52 000	52

从图表5-8可看出，A产品的总成本为108 000元，单位成本为54元/件；B产品的总

成本为 52 000 元，单位成本为 52 元/件。

5.4 企业销售业务的核算

销售过程，是企业生产经营过程的最后阶段。在这一过程中，企业在从事对外销售商品、提供劳务以及提供他人使用本企业资产等日常经营活动中必定会形成企业的收入，但为获取一定的收入，企业首先要为取得产品、商品、劳务成本付出代价，同时，还必须交纳各种税费和发生销售费用等。因此，销售过程的主要会计业务不仅包括收入的确认和核算，还包括为实现收入而发生的成本、税金及相关费用等的确定和核算。通过销售，企业一方面向购货单位提供其满足需要的产品，另一方面按照售价向购买单位收取货款，使企业在生产经营过程中发生的各项耗费得到补偿，并获取一定的收益。

5.4.1 营业收入的确认

我国《企业会计准则第 14 号——收入》对企业销售商品收入、提供劳务收入、让渡资产使用权收入分别做出了规定。

1. 销售商品收入确认

销售商品收入确认，必须同时满足以下五个条件：①企业已将商品所有权的主要风险和报酬转移给购货方；②企业既没有保留通常与所有权联系的继续管理权，也没有对已售出的商品实施有效的控制；③收入的金额能够可靠计量；④与交易相关的经济利益很可能流入企业；⑤相关的已发生或将发生的成本能够可靠计量。

2. 提供劳务收入确认

提供劳务收入确认，应按完工百分比法（即劳务交易的完工进度）确认提供劳务收入。应同时具备以下四个条件：①收入的金额能够可靠计量；②相关的经济利益很可能流入企业；③交易的完工进度能够可靠确定；④交易中已发生的和将发生的成本能够可靠计量。企业确定提供劳务交易的完工进度，可以选用下列方法：①已完工作的计量；②已经提供的劳务占应提供劳务的总量的比例；③已经发生的成本占估计总成本的比例。

3. 让渡资产使用权收入确认

让渡资产使用权收入确认，必须满足两个条件：①与交易相关的经济利益很可能流入企业；②收入的金额能够可靠地计量。让渡资产使用权收入包括利息收入、使用费收入和现金股利收入。

5.4.2 成本费用的计量

企业在销售商品过程中所发生的成本费用主要有以下几方面内容。

1. 营业成本

营业成本是指企业为取得收入所发生的已销商品、劳务等销售成本，是企业在取得收入过程中所必须付出的代价。按取得收入性质的不同，销售成本可分为主营业务成本和其他业务支出。

2. 税金及附加

税金及附加是指企业在取得收入的同时按规定的税种和税率向国家缴纳的税金及附加，包括消费税、资源税、城市维护建设税、印花税、房产税、车船税、土地使用税、教育费附加等。这些税金及附加一般根据当月销售额或税额，按规定的税率计算，作为收入的减项，于下月初缴纳。

3. 期间费用

期间费用是指企业当期发生的不计入产品成本，必须从当期收入中得到补偿的费用。具体包括销售费用、管理费用和财务费用。

销售费用是指企业在销售产品、自制半成品和提供劳务过程中发生的各项费用及专设销售机构的各项经费，包括包装费、运输费、装卸费、保险费、展览费、广告费、租赁费（不包括融资租赁费），以及企业为销售本企业产品而专设的销售机构的费用（包括机构职工工资、福利费、差旅费、办公费、折旧费、修理费、物料消耗和其他经费）。

管理费用是指企业行政管理部门为组织和管理生产经营而发生的各种费用。具体包括工会经费、职工教育经费、业务招待费、技术转让费、无形资产摊销、咨询费、诉讼费、开办费摊销、坏账损失、公司经费、上缴上级管理费、劳动保护费、待业保险费、董事会会费及其他管理费用。其中公司经费是指总部管理人员工资、职工福利费、差旅费、办公费、折旧费、修理费、物料消耗、周转材料摊销及其他办公经费等。

财务费用是指企业筹集生产经营所需要资金而发生的费用。具体包括利息支出（减利息收入后的支出）、汇兑净损失（减汇兑收益后的损失）、金融机构手续费及筹集生产经营资金发生的其他费用等。

企业一定时期内的营业收入减去为获取该收入所发生的成本、费用、税金后的差额即为营业利润。计算公式如下：

$$营业利润 = 营业收入 - 营业成本 - 税金及附加 - 期间费用$$

5.4.3 销售产品业务的核算

销售产品业务不仅包括产品销售收入的核算，还包括为实现收入而发生的成本、税金及相关费用等的确认和核算。

1. 账户设置

销售产品业务的核算属于企业的主营业务，需要设置"主营业务收入""主营业务成本""税金及附加""销售费用""应交税费""应收账款""预收账款"等账户。

"主营业务收入"账户，属于损益类账户。用来核算和监督企业销售产品、商品、提供劳务等取得收入。贷方登记本期销售产品、提供劳务取得的收入，借方登记销售退回、折让发生额和期末转入"本年利润"账户的数额，期末结转后无余额。在生产企业该账户可按照产品类别设置明细账，进行明细分类核算。

"主营业务成本"账户，属于损益类账户。用来核算企业销售产品、商品、提供劳务等所发生的已售产品、商品或已提供劳务等的实际成本。借方登记本期已为取得收入已发生的成本，贷方登记转入"本年利润"的成本数额，期末结转后无余额。在生产企业该账户可按产品类别设置明细账，进行明细核算。

"税金及附加"账户，属于损益类账户。用来核算和监督企业销售产品、提供劳务等按规定计算应缴纳的各种税金及附加。借方登记应缴纳的产品销售所产生的税金及附加，贷方登记期末转入"本年利润"账户的税金数额，期末结转后无余额。该账户应按照税种设置明细账，进行明细分类核算。

"销售费用"账户，属于损益类账户。用来核算和监督企业在销售产品、商品、提供劳务过程中发生的各种费用及专设销售机构的经费。借方登记本期发生的各种销售费用，贷方登记期末转入"本年利润"账户的费用数额，期末结转后无余额。该账户应按照费用项目设置明细账，进行明细分类核算。

"应收账款"账户，属于资产类账户。用来核算和监督企业因销售产品、商品、提供劳务等应向购货单位或接受劳务单位收取的款项。借方登记应收的款项，贷方登记应收款的收回或因故确认为坏账转销的应收账款，期末余额在借方，表示尚未收回的款项。该账户应按照不同的应收款单位设置明细账，进行明细分类核算。

"预收账款"账户，属于负债类账户。用来核算和监督企业销售产品、商品、提供劳务等预收购买单位款项的发生和偿付情况。贷方登记预收的款项，借方登记销售单位以提供商品或劳务的方式冲销的预收款，该账户的期末余额在贷方，表示企业尚未用商品或劳务偿付的预收款项。该账户应按购买单位名称设置明细账，进行明细分类核算。

2. 销售过程的核算

［例 5-25］ 企业向远方公司销售 A 产品 500 件，每件售价 100 元，价款共计 50 000元，增值税销项税额 8 000 元，款项全部收到并存入银行。

这项经济业务的发生，一方面使企业的银行存款增加了 58 000 元（50 000 + 8 000），应记入"银行存款"账户的借方，另一方面使企业的销售收入增加了 50 000 元，应记入"主营业务收入"账户的贷方，收取的销项税额 8 000 元，记入"应交税费"账户的贷方。编制会计分录如下：

借：银行存款	58 000
贷：主营业务收入	50 000
应交税费——应交增值税（销项税额）	8 000

［例 5-26］ 企业向瑞丰公司销售 A 产品 800 件，每件售价 100 元，B 产品 800 件，每件售价 90 元，价款共计 152 000 元，增值税销项税额 24 320 元，款项尚未收到。

这项经济业务的发生，一方面使企业的应收账款增加了 176 320 元（152 000 + 24 320），应收账款的增加应记入"应收账款"账户的借方，另一方面使企业的销售收入增加了 152 000元，应记入"主营业务收入"账户的贷方，增值税销项税额 24 320 元，记入"应交税费"账户的贷方。编制会计分录如下：

借：应收账款 ——瑞丰公司	176 320
贷：主营业务收入	152 000
应交税费——应交增值税（销项税额）	24 320

［例 5-27］ 企业以银行存款 3 000 元支付本月广告费。

这项经济业务的发生，一方面使企业的销售费用增加了 3 000 元，销售费用的增加应记入"销售费用"的借方，另一方面使企业的银行存款减少了 3 000 元，银行存款的减少应记入"银行存款"账户的贷方。编制会计分录如下：

借：销售费用	3 000
贷：银行存款	3 000

［例 5-28］ 企业向阳光公司发出 A 产品 300 件，每件售价 100 元，增值税销项税额4 800 元，除冲销上月的预收款 20 000 元外，又向阳光公司收取 14 800 元，款项已存入

银行。

这项经济业务的发生，一方面使企业实现了 30 000 元的销售收入，应记入"主营业务收入"的贷方，销项税额增加了 4 800 元，记入"应交税费"账户的贷方，另一方面抵消了预收阳光公司的货款 20 000 元，记入"预收账款"账户的借方，收到银行存款 14 800 元，记入"银行存款"账户的借方。编制会计分录如下：

借：银行存款   14 800

  预收账款   20 000

 贷：主营业务收入   30 000

   应交税费——应交增值税（销项税额）   4 800

[例5-29] 企业收到瑞丰公司前欠的货款 176 320 元，已存入银行。

这项经济业务的发生，一方面使企业的银行存款增加了 176 320 元，记入"银行存款"账户的借方，另一方面使企业的应收账款减少了 176 320 元，应记入"应收账款"账户的贷方。编制会计分录如下：

借：银行存款   176 320

 贷：应收账款——瑞丰公司   176 320

[例5-30] 月末，结转本月已售 A、B 产品的成本，按本月产品单位成本结转。本月销售 A 产品 1 600 件，单位成本为 54 元，总成本为 86 400 元；B 产品 800 件，单位成本 52 元，总成本 41 600 元。

这项经济业务的发生，一方面使企业库存的 A 产品减少了 86 400 元，B 产品减少了 41 600 元，应记入"库存商品"账户的贷方，另一方面使企业 A 产品营业成本增加了 86 400 元，B 产品增加了 41 600 元，营业成本的增加应记入"主营业务成本"账户的借方。编制会计分录如下：

借：主营业务成本 ——A 产品   86 400

      ——B 产品   41 600

 贷：库存商品——A 产品   86 400

     ——B 产品   41 600

[例5-31] 月末，按本月纳增值税额的 7% 和 3% 计算并结转本月应交的城市维护建设税和教育费附加。

这项经济业务首先要根据国家税法的有关规定，计算本月应缴纳的增值税额（销项税额 – 进项税额）作为应交的城市维护建设税和教育费附加的依据，根据前述经济业务，企业的进项税额为 9 920 元，销项税额为 37 120 元。

$$计税依据 = 37 120 – 9 920 = 27 200（元）$$

$$应交城市维护建设税 = 27 200 × 7\% = 1 904（元）$$

$$应交教育费附加 = 27 200 × 3\% = 816（元）$$

这项经济业务的发生，一方面使企业的税金及附加增加了 2 720 元（1 904 + 816），应记入"税金及附加"账户的借方，另一方面使企业已结出但尚未交纳的税金及附加增加了 2 720元。应交城市维护建设税和教育费附加（税务机关代教育部门收取的教育经费），应记入"应交税费"账户的贷方。编制会计分录如下：

借：税金及附加　　　　　　　　　　　　　　　　　2 720
　　贷：应交税费——城市维护建设税　　　　　　　　　　1 904
　　　　　　　　——教育费附加　　　　　　　　　　　　 816

（其他税金举例略）

产品销售业务核算的主要账务处理如图表 5-9 所示。

图表 5-9

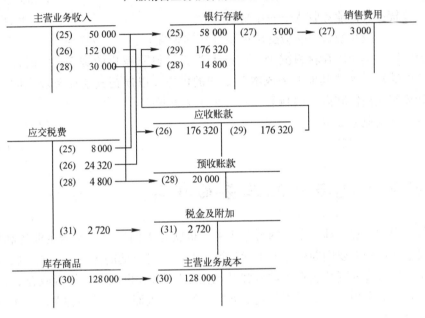

产品销售业务核算的主要账务处理

5.4.4　其他业务收支的核算

其他业务收支是指企业除产品销售以外，所发生的其他销售业务所实现的收入和发生的支出。主要包括：材料销售、转让无形资产的使用权、固定资产出租、运输等非工业性劳务。

1. 账户设置

在会计核算中是通过"其他业务收入""其他业务成本"两个账户进行核算。

"其他业务收入"账户，属于损益类账户。用来核算和监督企业除产品销售以外的其他销售或其他业务收入。账户贷方登记进行其他业务所取得收入；借方登记期末转入"本年利润"账户的数额；期末结转后无余额。该账户应按其他业务的种类设置明细账，进行明细核算。

"其他业务成本"账户，属于损益类账户。用来核算和监督企业除产品销售以外的其他销售或其他业务所发生的支出。账户借方登记销售成本、费用、税金及附加等；贷方登记期末转入"本年利润"账户的数额；期末结转后无余额。该账户同样按其他业务的种类设置明细账，进行明细核算。

2. 其他业务收支的核算

［例 5-32］　企业销售不需用甲材料一批，开具增值税专用发票，注明价款 8 000 元。

销项税额 1 280 元，货款已通过银行转账收讫。该批材料的实际成本为 7 000 元。

这笔经济业务应编制两笔会计分录予以反映。第一笔核算收入的取得，第二笔核算材料实际成本的结转。

企业销售材料后，一方面企业的其他业务收入增加 8 000 元，应记入"其他业务收入"账户的贷方，增值税销项税额增加 1 280 元，记入"应交税费"账户的贷方。另一方面企业的银行存款增加，应记入"银行存款"账户的借方，编制的第一笔会计分录如下：

  借：银行存款   9 280
    贷：其他业务收入——甲材料   8 000
      应交税费——应交增值税（销项税额）   1 280

材料销售后，企业库存材料减少，应记入"原材料"账户的贷方，同时该批材料的实际成本应予以结转记入"其他业务成本"账户的借方，以便把其他业务收入同其他业务成本相比较计算其他销售利润。编制第二笔会计分录如下：

  借：其他业务成本   7 000
    贷：原材料   7 000

5.5　利润形成与分配业务的核算

收入与费用的差额，即为企业的财务成果，也就是人们日常所说的企业的利润或亏损。进行财务成果核算的首要问题就是要正确计算企业在一定时期的盈亏。企业的收入，广义上说，不仅包括经营收入（主营业务收入和其他业务收入），也应包括投资收益、营业外收入等。同理，企业的费用广义上说不仅包括为取得经营收入而发生的各种费用，也应包括营业外支出以及缴纳的所得税等。

5.5.1　利润构成及计算

利润是企业在一定会计期间的经营成果，包括营业利润、利润总额和净利润三个层次。对利润进行核算，可以及时反映企业在一定会计期间的经营业绩，反映企业的投入产出的效果和获得的经济效益，有助于企业投资者、管理者及债权人等据此进行企业未来盈利能力的预测，由此做出正确决策。

1. 营业利润

营业利润是企业利润的主要来源，它等于营业收入减去营业成本、税金及附加、销售费用、管理费用、财务费用、资产减值损失，再加上公允价值变动净收益、投资净收益。用公式表示如下：

    营业利润 = 营业收入 − 营业成本 − 税金及附加 − 销售费用 − 管理费用 −
      财务费用 − 资产减值损失 + 公允价值变动净收益 + 投资净收益
    营业收入 = 主营业务收入 + 其他业务收入
    营业成本 = 主营业务成本 + 其他业务成本
    税金及附加 = 企业经营业务所应承担的各项价内税金及附加

公允价值变动净收益是按照会计准则规定应当计入当期损益的资产或负债公允价值变动

产生的净收益。如为净损失，则应减去。

投资净收益是指企业对外投资所取得的收益减去发生的投资损失后的余额。

2. 利润总额

企业的利润总额是指营业利润加上营业外收入，减去营业外支出后的余额。用公式表示如下：

$$利润总额 = 营业利润 + 营业外收入 - 营业外支出$$

营业外收入是指企业发生的与其生产经营活动没有直接关系的各项收入。营业外收入包括固定资产盘盈、处置固定资产净收益、出售无形资产收益、赔偿收入、政府补助利得等。

营业外支出是指企业发生的与其生产经营活动没有直接关系的各项支出。营业外支出包括固定资产盘亏、处置固定资产净损失、出售无形资产净损失、罚款支出、捐赠支出、非常损失、政府补助返还等。

3. 净利润

净利润是指企业当期利润总额减去所得税费用后的金额，即企业的税后利润。用公式表示如下：

$$净利润 = 利润总额 - 所得税费用$$

所得税是盈利企业的一项费用。企业应计入当前损益的所得税费用，会计上一般根据利润总额及所得税率预先计算缴纳，年末再根据税法规定的应税收入和准予扣除的费用项目计算出应纳税所得额进行所得税汇算清缴。

5.5.2　利润形成的核算

企业进行财务成果核算的关键就是要正确计算企业在一定时期的盈利或亏损。利润是收入和费用相抵之后的差额。

1. 账户的设置

在利润形成核算的过程中，除需设置前已述及的收入与费用账户外，还应设置以下账户。

"营业外收入"账户，属于损益类账户。用来核算和监督企业所取得的与生产经营活动无直接关系的各项收入。贷方登记本期发生的各项营业外收入，借方登记期末转入"本年利润"账户的数额；期末结转后无余额。该账户可按照收入项目设置明细账，进行明细核算。

"营业外支出"账户，属于损益类账户。用来核算企业与生产经营活动无直接关系的各种支出。借方登记发生的各项营业外支出，贷方登记期末转入"本年利润"账户的数额；期末结转后无余额。该账户可按照费用项目设置明细账进行明细核算。

"本年利润"账户，属于所有者权益类账户。用来核算和监督企业在本年度实现利润（或亏损）总额。贷方登记从有关账户转入的企业取得的各项收入数额，借方登记从有关账户转入的企业发生的各项费用数额。若余额在贷方，表示本期实现的利润总额，余额在借方，则表示本期发生的亏损总额。年终，将本年利润或亏损转入"利润分配"账户，结转后没有余额。

2. 利润形成的核算

［例5-33］ 企业收到政府补助款20 000元，存入银行。

这项经济业务的发生，一方面使企业的银行存款增加了20 000元，应记入"银行存款"账户的借方，另一方面使企业的营业外收入增加了20 000元，应记入"营业外收入"账户的贷方。编制会计分录如下：

　　　借：银行存款　　　　　　　　　　　　　　　　　　　　　20 000
　　　　　贷：营业外收入　　　　　　　　　　　　　　　　　　　　　　　20 000

［例5-34］ 企业用银行存款1 200元支付税收滞纳金。

税收滞纳金属于营业外支出项目。这项经济业务的发生，一方面使企业的营业外支出增加了1 200元，应记入"营业外支出"账户的借方，另一方面使企业的银行存款减少了1 200元，应记入"银行存款"账户的贷方。编制会计分录如下：

　　　借：营业外支出　　　　　　　　　　　　　　　　　　　　　1 200
　　　　　贷：银行存款　　　　　　　　　　　　　　　　　　　　　　　　1 200

［例5-35］ 企业购买办公用品2 000元，以银行存款支付。

这项经济业务的发生，一方面使企业的管理费用增加了2 000元，应记入"管理费用"账户的借方，另一方面使银行存款减少了2 000元，记入"银行存款"账户的贷方。编制会计分录如下：

　　　借：管理费用　　　　　　　　　　　　　　　　　　　　　　2 000
　　　　　贷：银行存款　　　　　　　　　　　　　　　　　　　　　　　　2 000

本月的经济业务，全部收入与成本费用账户发生额汇总如图表5-10所示。

图表5-10

本月收入与成本费用账户发生额汇总表　　　　　　　　金额单位：元

账户名称	借方余额	贷方余额
主营业务收入		232 000
其他业务收入		8 000
营业外收入		20 000
主营业务成本	128 000	
税金及附加	2 720	
销售费用	3 000	
管理费用	16 000	
财务费用	600	
其他业务成本	7 000	
营业外支出	1 200	
合　　　计	158 520	260 000

［例5-36］ 月末，将各项收入从各有关收入账户的借方转入"本年利润"账户的贷方。编制的会计分录如下：

　　　借：主营业务收入　　　　　　　　　　　　　　　　　　　232 000
　　　　　其他业务收入　　　　　　　　　　　　　　　　　　　　　8 000
　　　　　营业外收入　　　　　　　　　　　　　　　　　　　　　20 000

贷：本年利润　　　　　　　　　　　　　　　　　　　　　　260 000

　　[**例 5-37**]　月末，将各项成本、费用支出从各有关账户贷方转入"本年利润"账户的借方。编制会计分录如下：

　　　　借：本年利润　　　　　　　　　　　　　　　　　　　158 520

　　　　　　贷：主营业务成本　　　　　　　　　　　　　　　128 000

　　　　　　　　税金及附加　　　　　　　　　　　　　　　　　2 720

　　　　　　　　销售费用　　　　　　　　　　　　　　　　　　3 000

　　　　　　　　管理费用　　　　　　　　　　　　　　　　　16 000

　　　　　　　　财务费用　　　　　　　　　　　　　　　　　　　600

　　　　　　　　其他业务成本　　　　　　　　　　　　　　　　7 000

　　　　　　　　营业外支出　　　　　　　　　　　　　　　　　1 200

　　以上会计期间利润核算的方法是"账结法"，另外一种计算会计期间利润的方法是"表结法"。在"表结法"下，每年 1—11 月份均不结转损益类账户，各损益类账户均保持有月末余额（即累计发生额）。只有在 12 月末结账时，才将各损益类账户的全部累计数一次性转入"本年利润"账户。

　　利润形成核算的主要账务处理如图表 5-11 所示。

　　图表 5-11

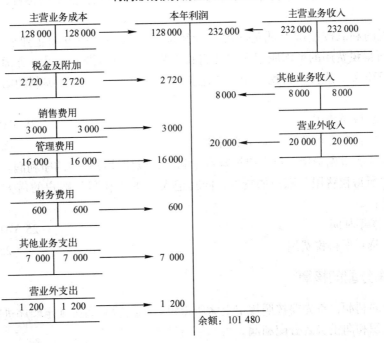

利润形成核算的主要账务处理

3. 净利润的核算

　　净利润是企业将一定时期内实现的利润总额扣除所得税费用后的余额。企业所得税按年计征，按期预缴，计税依据是在利润总额的基础上，根据税法规定作必要的调整。企业应交所得税的计算公式为：

$$应交所得税 = 应纳税所得额 \times 所得税率$$

应纳税所得额是在企业利润基础上调整确定的。用公式表示如下：

$$应纳税所得额 = 会计利润 + 纳税调整增加额 - 纳税调整减少额$$

纳税调整增加额主要包括税法规定允许扣除项目中，企业已计入当期费用但超过税法规定扣除标准的金额（如超过税法规定标准的薪酬支出、业务招待费等），以及企业已计入当期费用但税法规定不允许扣除的金额（如税收滞纳金、罚金等）。

纳税调整减少额主要包括按税法规定允许弥补的亏损和准予免税的项目，如前五年内的未弥补亏损和国库券利息收入等。

净利润的核算要设置"所得税费用"账户。

"所得税费用"账户，属于损益类账户。用来核算和监督企业按规定从本期损益中扣除的所得税费用。借方登记期末根据应税利润和所得税率计算的应计入本期损益的所得税费用，贷方登记转入"本年利润"的所得税。该账户期末结转后无余额。

所得税费用核算在企业经济业务复杂的背景下核算也相对复杂，在财务会计中再作详细介绍。

[例5-38] 假定本期为12月份，企业本年1—11月份已实现利润1 038 520元，年实现利润总额1 140 000元，无其他纳税调整项目，即利润总额与应纳税所得额一致，所得税税率为25%。本期根据所得税率计算应纳所得税为：

$$应交所得税 = 101\ 480 \times 25\% = 25\ 370(元)$$

这项经济业务应编制两笔会计分录予以反映：第一笔反映应交的所得税；第二笔反映所得税的结转。

企业实现的利润按照国家规定的税率计算应纳所得税。一方面企业所得税费用增加25 370元，所得税费用的增加应记入"所得税费用"账户的借方，另一方面企业的应交税费增加了25 370元，应交所得税应记入"应交税费"账户的贷方。编制的第一笔会计分录如下：

借：所得税费用   25 370
  贷：应交税费——应交所得税   25 370

对于发生的所得税费用，年末应抵减本年利润，以便计算企业的净利润。对于转销的所得税应记入"所得税费用"账户的贷方，同时记入"本年利润"账户的借方。编制第二笔会计分录如下：

借：本年利润   25 370
  贷：所得税费用   25 370

5.5.3 利润分配的核算

企业实现的利润，首先要按照规定上缴所得税。其税后利润按规定顺序进行分配。主要有提取盈余公积和向投资者分配利润。

1. 账户设置

企业进行利润分配的核算应设置"利润分配""盈余公积""应付股利"等账户。

"利润分配"账户，属于所有者权益类账户。用来核算企业利润的分配和历年分配后的结存余额。借方登记已分配的利润，如提取盈余公积，应付给投资者的利润等，贷方登记从"本年利润"账户中转入的本年度内实现的净利润，余额在贷方，表示未分配利润。本账户一般设置"提取盈余公积""应付股利""未分配利润"等明细账户,进行明细核算。

年终,企业将全年实现的净利润,从"本年利润"账户转入"利润分配"账户的贷方,同时,将本账户的其他明细账户的余额转入"未分配利润"明细账户的借方,经过结转后,除未分配利润明细账外,其他明细账户应无余额。也可把"未分配利润"作为一级账户进行核算。

"盈余公积"账户,属于所有者权益类账户。用来核算盈余公积的提取、使用、结存情况。盈余公积是按规定从利润中提取的,盈余公积可用来转增资本金和弥补亏损。贷方登记提取的盈余公积,借方登记盈余公积的减少,如转增资本金、弥补亏损等,期末余额在贷方,表示期末结存的盈余公积数额。

"应付股利"账户,属于负债类账户。用来核算企业应付给投资者的股利,包括应付给国家、其他单位或个人投资者的股利。账户的贷方登记应付给投资者的股利,借方登记支付的股利,期末余额在贷方,表示尚未支付的股利。

2. 利润分配的核算

[例 5-39]　企业本年税后净利润为 855 000 元。按照税后利润的 10%,提取盈余公积 85 500 元。

这项经济业务的发生,一方面使企业的留存收益(盈余公积)增加了 85 500 元,应记入"盈余公积"账户的贷方,另一方面使企业由于分配而使未分配利润减少了 85 500 元,应记入"利润分配"账户的借方。编制会计分录如下:

　　借:利润分配——提盈余公积　　　　　　　　　85 500
　　　　贷:盈余公积　　　　　　　　　　　　　　　　　　85 500

[例 5-40]　本年末,企业决定向投资者分配股利 300 000 元。

这项经济业务的发生,一方面使企业的应付利润增加 300 000 元,应记入"应付股利"账户的贷方,另一方面由于利润分配使企业未分配利润减少 300 000 元,应记入"利润分配"账户的借方。编制会计分录如下:

　　借:利润分配——应付现金股利　　　　　　　　300 000
　　　　贷:应付股利　　　　　　　　　　　　　　　　　　300 000

[例 5-41]　企业将全部实现的净利润 855 000 元从"本年利润"账户转入"利润分配"账户。

这项经济业务的发生,一方面使企业"利润分配——未分配利润"账户增加了 855 000 元,应记入"利润分配"账户的贷方,另一方面净利润从"本年利润"账户中转出,使企业"本年利润"账户减少了 855 000 元,应记入"本年利润"账户的借方。编制会计分录如下:

　　借:本年利润　　　　　　　　　　　　　　　　855 000
　　　　贷:利润分配——未分配利润　　　　　　　　　855 000

[例 5-42]　将"利润分配"账户下的其他明细账户的期末余额转入"利润分配——未分配利润"账户。

本年已分配的利润记在"利润分配"账户所属的"提取盈余公积""应付现金股利"等明细账户的借方,年末结账时应从这些账户的贷方转入"未分配利润"明细账户的借方,结转后,"利润分配"账户除"未分配利润"明细账户外,其他明细账户结平,年末无余额。编制会计分录如下：

借：利润分配——未分配利润　　　　　　　　　　　　　385 500

贷：利润分配——提取盈余公积　　　　　　　　　　　　　　85 500

利润分配——应付现金股利　　　　　　　　　　　　300 000

经过结转后，"利润分配——未分配利润"账户的年末余额 385 500 元，表示未分配的利润。利润分配的主要账务处理如图表 5-12 所示。

图表 5-12

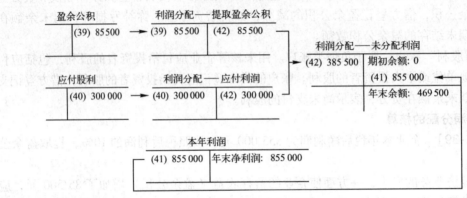

利润分配的主要账务处理

中英文专业术语

实收资本	paid – in capital
短期借款	short – term loans
固定资产	fixed assets
材料采购成本	cost of processed materials purchased
直接材料	direct material
直接人工	direct labor
制造费用	manufacturing overhead
营业利润	operating profit
利润总额	total profit
净利润	net profit
利润分配	distribution of profits

复习思考题

1. 企业的生产经营过程主要划分为几个阶段？每个阶段的主要经济业务有哪些？

2. 资金筹集业务通常需要设置哪些账户？如何核算？

3. 材料采购成本如何计算？设置"在途物资"账户有何意义？

4. 生产业务通常用哪些账户核算？为什么对生产费用要设置"生产成本"和"制造费用"两个账户进行核算？

5. 产品生产成本包括哪些内容？如何计算产品生产成本？

6. 销售收入和费用如何确认与计量？简述营业利润的形成。

7. 利润总额如何计算？

8. 利润形成和利润分配主要包括哪些经济业务？利用哪些账户进行核算？

练习题

一、单项选择题

1. 为反映企业投资人投入资本的增减变动情况，应设置（　　　）账户。

A. 银行存款　　　　B. 实收资本　　　　C. 长期借款　　　　D. 投资收益

2. 企业购入材料入库前的整理挑选费用应计入（　　　）。

A. 材料采购成本　　B. 管理费用　　　　C. 期间费用　　　　D. 生产成本

3. 购进材料物资货款未付时，材料物资应作为企业的（　　　）确认。

A. 资产　　　　　　B. 负债　　　　　　C. 销售收入　　　　D. 费用

4. "生产成本"账户的期末余额表示（　　　）。

A. 应在下期分配的制造费用　　　　　　B. 生产过程中尚未完工的在产品成本

C. 生产过程中未完工产品的材料费用　　D. 生产过程中未完工产品的人工费用

5. （　　　）不应计入产品成本而应作为期间费用处理。

A. 直接从事产品生产的材料费用　　　　B. 直接从事产品生产的人工费用

C. 车间管理人员的薪酬　　　　　　　　D. 企业行政管理部门人员的薪酬

6. 结转完工入库产品时，应借方记（　　　）。

A. 库存商品　　　　B. 生产成本　　　　C. 制造费用　　　　D. 主营业务收入

7. 企业出售 A 产品给甲单位，金额 10 万元，收到甲单位签发的转账支票金额为 13 万元，其中 3 万元为对方预付货款，不考虑增值税。企业本期实现的销售收入为（　　　）。

A. 13 万元　　　　　B. 10 万元　　　　　C. 3 万元　　　　　D. 7 万元、

8. 下列支出中，属于制造费用的是（　　　）。

A. 机器设备折旧费　　　　　　　　　　B. 利息支出

C. 企业财产保险费　　　　　　　　　　D. 广告费

9. 按照合同规定向购买单位预收的货款应确认为企业的（　　　）。

A. 资产　　　　　　B. 负债　　　　　　C. 销售收入　　　　D. 其他收入

10. 某企业销售产品 8 万元，购买单位支付货款 5 万元，余额暂欠，本期实现的销售收入是（　　　）。

A. 8 万元　　　　　　B. 5 万元　　　　　C. 3 万元　　　　　D. 13 万元

11. 与企业生产经营无直接联系的支出是（　　　）。

A. 营业外支出　　　　B. 财务费用　　　　C. 其他业务支出　　D. 销售费用

12. "利润分配"账户按其反映的经济内容应属于（　　　）账户。

A. 资产类　　　　　　B. 负债类　　　　　C. 所有者权益　　　D. 损益类

13. 本年企业营业利润 4 500 元，营业外收支净额 1 200 元，则利润总额为（　　　）。

A. 7 200 元　　　　　B. 5 700 元　　　　　C. 6 000 元　　　　　D. 4 500 元

14. "管理费用"账户分配结转后，该账户（　　　）。

A. 无余额   B. 余额在借方

    C. 余额在贷方   D. 余额方向不固定

15. 企业期末结转已销产品成本时，在贷方记（　　　　）。

    A. 生产成本   B. 库存商品   C. 本年利润   D. 利润分配

16. 期末，应将"其他业务收入"账户的余额结转到（　　　　）。

    A. 生产成本   B. 制造费用   C. 本年利润   D. 利润分配

17. "本年利润"账户的贷方余额表示（　　　　）。

    A. 利润总额   B. 未分配利润额

    C. 本期实现的净利润额   D. 亏损总额

18. 年末结转后，"利润分配"账户的贷方余额表示（　　　　）。

    A. 未分配利润   B. 利润分配额

    C. 为弥补亏损   D. 利润实现额

二、多项选择题

1. 下列账户中可以用来反映投资者对企业投入资本形式的账户有（　　　　）。

    A. 固定资产   B. 银行存款   C. 原材料   D. 应付账款

2. 企业向金融机构借款可能涉及的账户有（　　　　）。

    A. 短期借款   B. 长期借款

    C. 应付利息   D. 财务费用

3. 材料采购成本可包括的项目有（　　　　）。

    A. 买价   B. 运杂费

    C. 入库前的挑选整理费   D. 增值税

4. 下列应计入制造费用的项目包括（　　　　）。

    A. 生产车间办公费   B. 产品生产工人的薪酬

    C. 车间管理人员的薪酬   D. 车间固定资产折旧费

5. 下列应计入管理费用的项目包括（　　　　）。

    A. 开办费   B. 工会经费

    C. 技术转让费   D. 业务招待费

6. "应付职工薪酬"账户可按（　　　　）项目进行明细核算。

    A. 工资   B. 职工福利   C. 劳动保护费   D. 社会保险费

7. 下列费用中，能直接计入产品生产成本的有（　　　　）。

    A. 原材料   B. 生产工人工资

    C. 生产工人奖金   D. 车间购买办公用品

8. 下列费用中属于销售费用的有（　　　　）。

    A. 产品广告费   B. 咨询费   C. 排污费   D. 展览费

9. 下列账户中，期末结转后无余额的账户有（　　　　）。

    A. 生产成本   B. 制造费用   C. 财务费用   D. 管理费用

10. 材料领用的核算可能涉及的账户有（　　　　）。

    A. 原材料   B. 材料采购   C. 生产成本   D. 制造费用

11. 本期支付的下列费用中，不能计入本期产品生产成本的有（　　　　）。

A. 购置固定资产价款　　　　　　B. 广告费

    C. 生产工人薪酬　　　　　　　　D. 计提的固定资产折旧

12. 制造费用的分配标准有多种，一般可按（　　　）进行分配。

    A. 生产工人工时　　　　　　　　B. 生产工人工资

    C. 机器工时　　　　　　　　　　D. 有关消耗定额

三、判断题

1. "短期借款"账户用来核算和监督企业借入期限在 1 年以内的各种借款。（　　　）

2. 在材料采购过程中支付的各项采购费用，不构成材料采购成本，应将其列为期间费用处理。（　　　）

3. 企业采购材料时，只要支付或预付了款项，就应将其作为一项资产加以确认。（　　　）

4. 企业生产过程中生产产品发生的直接费用，可将其按实际发生额直接计入各种产品成本中。（　　　）

5. 在"生产成本"账户中归集的本期生产费用，构成了企业本期完工产品成本。（　　　）

6. "管理费用"账户的借方发生额，应于期末采用一定的方法计入产品生产成本。（　　　）

7. "主营业务收入"账户期末结转后的余额在贷方。（　　　）

8. 企业利润总额等于企业所有收入减去所有费用。（　　　）

9. 企业销售产品预收的销货款，可作为收入的实现进行账务处理。（　　　）

10. "利润分配"账户期末既可能出现贷方余额，又可能出现借方余额。（　　　）

四、业务练习题

习　题　一

一、目的：练习资金筹集业务和生产准备业务的核算。

二、资料：某工业企业本月发生下列业务。

1. 国家投资 500 000 元，其中包括全新设备一台，价值 400 000 元；货币资金 100 000 元，已存入银行。同时，一外商向企业捐赠款项 50 000 元已存入银行。

2. 企业月初向银行借入期限为 3 个月的借款 60 000 元，年利率 6%，款项已存入银行。月末计提本月银行借款利息。

3. 购入需安装设备一台，买价 60 000 元，增值税 9 600 元，以银行存款支付。在安装过程中支付现金 600 元。一天后安装完毕，交付使用。

4. 企业向 A 公司购入甲材料 40 吨，每吨 5 000 元，货款已由银行存款支付；购入丙材料 30 吨，每吨 40 000 元，货款尚未支付。发票注明增值税税率为 16%。

5. 企业以银行存款 6 000 元支付从 A 公司购入甲、丙两种材料的运杂费（运杂费按甲、丙两种材料的重量分配，列出计算过程）。上述两种材料均已验收入库。结转已验收入库的材料的实际采购成本。

6. 企业以银行存款 120 000 元偿还前欠 A 公司的丙材料的购货款。

三、要求：根据上述经济业务编制会计分录。

习 题 二

一、目的：练习产品生产业务的核算。

二、资料：某企业本月生产 A、B 产品共发生下列费用。

1. 本月车间领用材料共计 158 000 元，其中：生产 A 产品耗用 90 000 元；生产 B 产品耗用 60 000 元，车间一般耗用材料 8 000 元。

2. 本月应付车间职工工资共计 66 000 元，其中：生产 A 产品的生产工人工资 40 000 元，生产 B 产品的生产工人工资 18 000 元，车间管理人员工资 8 000 元。并按工资总额的 14% 计提车间生产工人和管理人员的福利费。

3. 本月应计提车间固定资产折旧 30 000 元。

4. 支付车间财产保险 1 000 元。

5. 月末，将本月发生的制造费用分配计入 A、B 两种产品成本（制造费用按生产工人工资的比例分配，精确到小数点后两位）。

6. 月末，本月投产的 A 产品 2 000 件，全部完工验收入库，B 产品尚未完工。计算 A 产品的总成本和单位成本，并结转已验收入库的 A 产品成本。

三、要求：

1. 根据上述经济业务编制会计分录。

2. 编制制造费用分配表和产品成本计算表。

习 题 三

一、目的：练习销售过程和经营成果的核算。

二、资料：某企业 12 月发生如下经济业务。

1. 企业销售 A 产品 2 000 件，单位售价 150 元，价款计 300 000 元，销项税额 48 000 元，款项收回存入银行。

2. 预收阳光公司产品定金 15 000 元，存入银行。

3. 企业以银行存款 8 000 元支付本月广告费用。

4. 为阳光公司提供产品 200 件，价款 30 000 元，增值税 4 800 元，除冲抵原预收的款项外，其余款项尚未收到。

5. 本月企业行政管理部门发生以下费用：发生行政管理人员的薪酬 12 000 元，计提固定资产折旧 8 000 元。

6. 月末，结转本月已售 A 产品的产品成本。本月共销售 A 产品 2 200 件，单位成本为 90 元。

7. 月末，企业按规定计算本月应交城市维护建设税 420 元，教育费附加 180 元。

8. 结转本月银行借款利息 600 元。

9. 月末，结转本月的主营业务收入到"本年利润"账户。

10. 月末，结转本月的主营业务成本、税金及附加、销售费用、管理费用、财务费用到"本年利润"账户。

11. 月末，计算并结转本月的所得税，所得税率为 25%。

12. 企业提取盈余公积金 7 755 元。

13. 企业结算应向投资者分配的利润 50 000 元。

三、要求：根据上述经济业务编制会计分录。

综合能力训练

一、目的：掌握会计分录的编制。

二、资料：诚信公司 12 月份发生下列经济业务。

1. 向海通公司购入材料，货款 80 000 元和发票上增值税额 12 800 元，先以银行存款支付一半。

2. 以现金支付上项材料的运杂费 400 元。

3. 上项材料验收入库，结转其采购成本。

4. 销售经理李凡出差预借差旅费 2 000 元，财务部门以现金付讫。

5. 从银行提取现金 50 000 元。

6. 以现金 50 000 元发放本月职工工资。

7. 领用材料 146 000 元，其中生产甲产品用 82 000 元，生产乙产品用 54 000 元，车间一般消耗用 6 400 元，行政管理部门消耗 3 600 元。

8. 销售甲产品 500 件，价款 120 000 元和发票上增值税额 19 200 元，款项收到存入银行。

9. 以银行存款支付本企业附属技校经费 30 000 元。

10. 以银行存款支付本月产品广告费用 2 800 元。

11. 以现金支付法律咨询费 300 元。

12. 销售给唐明超市乙产品 400 件，货款 60 000 元和发票上增值税额 9 600 元，款项尚未收到。

13. 以银行存款支付本月销售产品的包装费 2 000 元和增值税额 320 元。

14. 分配结转本月应付供电公司电费 7 500 元，其中生产甲产品用 3 000 元，生产乙产品用 2 500 元，车间一般用 1 200 元，企业行政管理部门用 800 元。增值税 1 200 元。

15. 分配结转本月职工薪酬 55 000 元，其中生产甲产品工人工资 25 000 元，生产乙产品工人工资 20 000 元，车间管理人员工资 6 300 元，工厂行政管理人员工资 3 700 元。

16. 计提本月固定资产折旧 8 000 元，其中生产车间固定资产计提折旧 6 000 元，行政管理部门计提折旧 2 000 元。

17. 以银行存款支付本月劳保费 1 000 元，其中计入本月制造费用 800 元，计入本月管理费用 200 元。

18. 结转应由本月负担的短期借款利息 200 元。

19. 根据甲、乙产品的生产工时比例分配本月发生的制造费用（本月甲产品耗用 6 000 工时，乙产品耗用 4 000 工时）。

20. 本月投产的甲产品 1 000 件和乙产品 1 000 件全部完工入库，结转其生产成本。

21. 结转本月销售甲产品 500 件的生产成本 60 000 元，销售乙产品 500 件的生产成本 40 000 元。

22. 将各收入和费用账户转入"本年利润"账户。（税金及附加略）

23. 按规定税率计算并结转应交所得税（税率 25%）。

24. 按税后利润的 10% 提取盈余公积。

25. 税后利润按投资比例应付给投资者的利润计 12 000 元。

26. 将本年实现的净利润转入"利润分配"账户。其中 1—11 月份实现利润 82 700 元。

三、要求：

1. 根据上述经济业务编制会计分录。

2. 编制制造费用分配表和产品成本计算表。

第**6**章

会 计 凭 证

本章导读

在会计核算工作中，每项经济业务发生以后，为了保证其真实性和可靠性，要求必须有根有据，所以首先要填制会计凭证，并加以审核确认，然后据以在有关账户中进行登记。因此，会计凭证既是会计核算的起点，又是会计核算的一种重要方法。会计凭证按填制的程序和用途不同，分为原始凭证和记账凭证，为了保证信息的真实性、准确性和完整性，会计主体发生的每一项经济业务都必须由有关经办人员或有关部门填制或取得能够证明经济业务发生的内容、数量和金额等的凭证，并在有关凭证上签名盖章，经过审核确认无误后记入有关账簿。不同企业由于经济业务和涉及的部门不同，会计凭证传递的程序和时间也不完全相同。每一会计期间终了，会计凭证应进行装订并作为重要的会计档案归档保管。本章主要介绍会计凭证的概念、分类、填制、审核、传递和保管等内容。

知识目标

1. 熟悉会计凭证的概念、种类
2. 掌握原始凭证的填制和审核方法
3. 掌握记账凭证的填制和审核方法
4. 掌握各类会计凭证填制的技能方法，从而真正理解会计分录的编制及作用

能力目标

1. 熟悉会计凭证填制、审核、传递和保管的基本流程
2. 了正确填制和审核会计凭证

6.1 会计凭证概述

会计凭证是具有一定格式，记录实际发生的经济业务，明确经济责任的书面证明，是登记账簿的依据。《企业会计准则》中明确规定：会计核算应当以实际发生的交易或事项为依

据，如实反映符合确认和计量要求的各项会计要素及其他相关信息，保证会计信息真实可靠、内容完整。企业在处理任何一项经济业务时，都必须及时取得或填制真实、准确的书面证明。通过书面形式明确记载经济业务发生或完成的时间、内容、涉及的有关单位和经办人员的签章，以此来保证账簿记录的真实性和正确性，并确定对此所承担的法律上和经济上的责任。填制和审核会计凭证是进行会计核算的一种专门方法，也是会计核算的起始环节。

6.1.1　会计凭证的意义

及时、准确地填制和审核会计凭证，对于保证会计核算的客观性、正确性和会计信息的质量，以及对企业经济活动进行有效的会计监督，都具有重要意义。

（1）及时、准确、真实地填制和审核会计凭证，是会计核算的基础，是保证会计核算资料的客观性、正确性的前提条件。

填制会计凭证是进行会计核算的第一步。会计凭证的真实直接影响到会计核算资料的质量。为保证会计核算资料的客观性、正确性，防止弄虚作假，杜绝经济犯罪，企业对发生的每项经济业务，都必须按照经济业务发生或完成的时间、地点及有关内容，及时、准确地反映到会计凭证上，并由经办该项经济业务的部门和人员签名盖章，同时必须经部门领导和有关人员对取得或填制的会计凭证进行认真、仔细的审核。会计人员再根据审核无误的会计凭证在有关账户中进行登记。没有会计凭证或会计凭证不符合规定的，不得以此作为登记账簿、进行会计核算的依据。

（2）通过会计凭证的填制和审核，可以监督、检查每项经济业务的合法性、真实性和正确性。

审核检查会计凭证是进行常规会计核算的前提。企业每发生一项经济业务，都必须通过会计凭证记录反映出来，会计人员在入账之前，必须严格、认真地对会计凭证进行逐项的审查、核对，检查经济业务内容及填制手续是否符合国家法律、法令的有关规定，是否在预算、计划的开列范围之内，有无违背财经纪律的内容。通过检查还可以及时发现企业在资金、人员等管理上存在的问题，便于采取有效措施，堵塞漏洞，严肃财经纪律、法规，保证资本的完整和有效利用，使企业的经济活动按正常秩序进行。

（3）通过填制和审核会计凭证，可以明确经办经济业务的部门和个人的经济责任，从而为加强财务管理提供可靠的原始资料。

企业每发生一项经济业务均由经办部门和人员按一定程序取得或填制会计凭证，并按照规定手续，严格认真地在会计凭证上进行签章，表明其应承担的法律责任和经济责任，促使经办部门和有关人员加强法律意识，照章办事，确保经济业务的记载真实可靠、准确无误。

另外，会计凭证还可以作为检查经济合同、处理经济纠纷的重要依据。由于会计凭证是执行经济合同的原始记录，不仅可以据以检查经济合同的执行情况，而且在出现经济纠纷时，它又是处理经济纠纷的具有法律效力的依据。

6.1.2　会计凭证的种类

在实际的经济业务中，会计凭证是多种多样的，为了便于区别使用，一般按照会计凭证的填制程序和用途的不同，分为原始凭证和记账凭证两大类。

1. 原始凭证

原始凭证是在经济业务发生时取得或填制，载明经济业务具体内容和完成情况、具有法律效力的书面证明。它是进行会计核算的原始资料和主要依据。

原始凭证按其来源不同,可分为自制原始凭证和外来原始凭证两种。

(1)自制原始凭证。自制原始凭证是由本单位经办业务的部门和人员在执行或完成某项经济业务时所填制的凭证。自制原始凭证按其填制手续和内容不同,又可分为一次凭证、累计凭证和汇总原始凭证三种。

一次凭证,亦称一次有效凭证,是指只记载一项经济业务或同时记载若干项同类经济业务,填制手续一次完成的凭证。例如,收料单、领料单(见图表6-1)、发票(见图表6-2)等都是一次凭证。一次凭证只能反映一笔业务的内容,使用方便灵活,但数量较多,核算较麻烦。

图表6-1

(企业名称)

领料单

领料单位:一车间　　　　　　　　　　　　　　　　　　　　　　编号:1206
用　途:生产产品　　　　　　　2018 年 5 月 20 日　　　　　　　仓库:二号库

材料编号	材料类别	材料名称	规格	计量单位	数量		单价	金额	备注
					请领	实发			
102002	原材料	圆钢	Φ20 mm	吨	5	5	4 000	20 000	
用途							合计	20 000	

财务主管:(签章)　　　记账:(签章)　　　发料:(签章)　　　领料单位负责人:(签章)　　　领料:(签章)

图表6-2

××省增值税专用发票

　1400162130　　　　　　　　　　　　　　　　　　　　No.03701759

开票日期:2018 年 5 月 26 日

购买方	名　　称:山西科达公司 纳税人识别号:914030005616141XP 地址、电话:横沟街道六约社区深峰路 15 号 03514563210 开户行及账号:中国工商银行国贸支行 4000022839200234578	密码区	
货物或应税劳务、服务名称	规格型号	单位	数量	单价	金额	税率	税率
车用油	92 号车用汽油	升	200	6.7	1 340	16%	214.4
合计					¥1 340		¥214.4
价税合计(大写)	壹仟伍佰陆拾肆元肆角		(小写)				¥1564.4
销售方	名　　称:中国石化销售有限公司太原石油分公司 纳税人识别号:9114010005616141XP 地址、电话:太原市滨河西路 1 号 0351-6064703 开户行及账号:中国工商银行太原市西山支行 05022839200234561	备注	

收款人:李蒙蒙　　　复核:刘丽玲　　　开票人:周琴　　　销售方(章)

累计凭证，亦称多次有效凭证，是指连续记载一定时期内不断重复发生的同类经济业务，填制手续是在一张凭证中多次进行才能完成的凭证。例如，限额领料单（见图表6-3）就是一种累计凭证。使用累计凭证由于平时随时登记发生的经济业务，并计算累计数，期末计算总数后作为记账的依据，所以能减少凭证数量，简化凭证填制手续。

图表6-3

（企业名称）
限额领料单

仓　　库：2号

领料单位：生产车间　　　　　　　　　　　　　　　　　　　　计划产量：100台

用途：制造甲产品　　　　　　　　　　　　　　　　　　　　单位消耗定额：0.5 吨/台

材　料 类　别	材　料 编　号	材料名称	规格	计量 单位	单价	领料限额	全月实领	
							数量	金额
原材料	1206	圆钢	Φ20 mm	吨	4 000	50	50	200 000

日 期	请　　领			实　　发		代 用 材 料			限额 节余
	数量	领料单位 负责人签章	领料人 签章	数量	发料人 签章	数量	单位	金额	
5	20	李明	赵一敏	20	李芳芬				30
15	15	李明	赵一敏	15	李芳芬				15
25	15	李明	赵一敏	15	李芳芬				0

仓库负责人：（签章）　　　　　　　　　　　　生产部门负责人：（签章）

汇总原始凭证（亦称原始凭证汇总表），是根据许多同类经济业务的原始凭证定期加以汇总而重新编制的凭证。例如，月末根据月份内所有领料单汇总编制的发料凭证汇总表，格式如图表6-4所示。汇总原始凭证可以简化编制记账凭证的手续，但它本身不具备法律效力。

图表6-4

（企业名称）
发料凭证汇总表
年　　月

用途（借方科目）	上　　旬	中　　旬	下　　旬	月　　计
生产成本				
甲产品				
乙产品				
制造费用				
管理费用				
在建工程				
本月领料合计				

编制：（签章）

（2）外来原始凭证。外来原始凭证是指在经济业务发生时，从其他单位或个人取得的凭证。例如，供货单位开来的发票、运输部门开来的运费收据、银行开来的收款或付款通知、单位人员出差所取得的车票和住宿发票等都属于外来原始凭证。外来原始凭证一般都是一次凭证。

2. 记账凭证

记账凭证是会计人员根据审核无误的原始凭证或原始凭证汇总表填制的，用以确定会计分录，作为直接记账依据的会计凭证。

由于原始凭证的内容和格式不一，数量又很多，直接根据原始凭证记账容易发生差错，所以会计人员在记账前，一般先要根据原始凭证或原始凭证汇总表编制记账凭证，在记账凭证中摘要栏说明经济业务的内容，指明所涉及会计科目名称、借贷方向及其金额，然后再据以记账。原始凭证或原始凭证汇总表则作为记账凭证的附件附在记账凭证后面。这样既便于记账，又可防止差错，保证账簿记录的正确性。

记账凭证按其反映内容和填制方法的不同，可分为单式记账凭证和复式记账凭证两种。

1）单式记账凭证

单式记账凭证是在一张凭证上只填写一个会计科目，一笔经济业务涉及几个会计科目，就填制几张记账凭证。根据复式记账原理，一笔经济业务必然涉及两个或两个以上会计科目，因此必须填制两张或两张以上单式记账凭证。填列借方科目的称为借项记账凭证，填列贷方科目的称为贷项记账凭证。设置单式记账凭证的目的，一是便于汇总，即每张凭证只汇总一次，可减少差错；二是为了实行会计部门的岗位责任制，即每个岗位人员都应对其有关的账户负责；三是有利于贯彻内部控制制度，防止差错和舞弊。但由于凭证张数多，不易保管，填制凭证的工作量较大，因此使用单位很少。单式记账凭证的一般格式，如图表6-5和图表6-6所示。

图表6-5

（企业名称）

借项记账凭证

对应科目：主营业务收入　　　　　　　2018 年 6 月 10 日　　　　　　　编号：$2\frac{1}{2}$

摘　要	一级科目	二级或明细科目	金　额							记账
			百	十	万	千	百	十	元	
销售商品	银行存款				3	0	0	0	0	

会计主管：（签章）　　　　记账：（签章）　　　　审核：（签章）　　　　制单：（签章）

图表6-6

（企业名称）

贷项记账凭证

对应科目：银行存款　　　　　　　2018 年 6 月 10 日　　　　　　　编号：$2\frac{2}{2}$

摘　要	一级科目	二级或明细科目	金　额							记账
			百	十	万	千	百	十	元	
销售商品	主营业务收入	甲产品			3	0	0	0	0	

会计主管：（签章）　　　　记账：（签章）　　　　审核：（签章）　　　　制单：（签章）

2）复式记账凭证

复式记账凭证是把一项经济业务所涉及的全部会计科目都集中填制在一张凭证上的记账凭证。按其格式的不同，又可分为复式专用记账凭证和复式通用记账凭证两种。

复式专用记账凭证，按其所记录的经济业务内容是否与现金和银行存款的收付有联系，可以再分为收款凭证、付款凭证和转账凭证三种。

收款凭证是用来反映现金或银行存款收入业务的凭证，它根据库存现金和银行存款收入业务的原始凭证编制，是登记现金和银行存款增加及其他有关账簿的依据。收款凭证的格式，如图表6-7所示。

图表6-7

收 款 凭 证

借方科目：银行存款　　　　　　　　2018 年 6 月 12 日　　　　　　　　收字第　2　号

对方单位	摘　要	贷 方 科 目		金　额							记账符号	
		总账科目	明细科目	万	千	百	十	元	角	分		
甲企业	销售商品	主营业务收入	略	3	0	0	0	0	0	0		附单3张
		应交税费	应交增值税		4	8	0	0	0	0		
	合　　计			3	4	8	0	0	0	0		

主管：（签章）　　会计：（签章）　　记账：（签章）　　　　审核：（签章）　　　　制单：（签章）

付款凭证是用来反映现金或银行存款付出业务的凭证，它根据库存现金和银行存款付出业务的原始凭证编制，是登记现金和银行存款减少及其他有关账簿的依据。付款凭证的格式，如图表6-8所示。

图表6-8

付 款 凭 证

贷方科目：银行存款　　　　　　　　2018 年 6 月 15 日　　　　　　　　付字第　8　号

对方单位	摘　要	借 方 科 目		金　额							记账符号	
		总账科目	明细科目	万	千	百	十	元	角	分		
百货大楼	购买办公用品	管理费用	办公费		1	2	0	0	0	0		附单2张
	合　　计				1	2	0	0	0	0		

会计主管：（签章）　　会计：（签章）　　记账：（签章）　　审核：（签章）　　制单：（签章）

转账凭证是用来反映不涉及现金和银行存款收付业务的凭证，它根据有关转账业务的原始凭证编制，是登记现金与银行存款以外的有关账簿的依据。转账凭证的格式，如图表6-9所示。

图表6-9

转 账 凭 证

2018 年 6 月 30 日　　　　　　　　　　　　字第　18　号

摘要	总账科目	明细科目	借 方 金 额							贷 方 金 额							附单1张
			万	千	百	十	元	角	分	万	千	百	十	元	角	分	
计提本月折旧	制造费用		8	0	0	0	0	0									
	管理费用		6	0	0	0	0	0									
	累计折旧									1	4	0	0	0	0	0	
合　计			1	4	0	0	0	0	0	1	4	0	0	0	0	0	

会计主管：（签章）　　主管会计：（签章）　　记账：（签章）　　审核：（签章）　　制单：（签章）

为了简化凭证种类，复式记账凭证也可以不分收款、付款和转账三类，而只设一种通用的记账凭证，既可用于反映收、付款业务，又可用于反映转账业务。记账凭证的格式，如图表6-10所示。

图表6-10

记 账 凭 证

年　　月　　日　　　　　　　　　　　　字第　　号

摘要	科目	子、细目及户名	借 方							贷 方							附单张
			万	千	百	十	元	角	分	万	千	百	十	元	角	分	

会计主管　　　　记账　　　　审核　　　　制证　　　　领（缴）款人

记账凭证按其包含的内容不同，可以分为单一记账凭证、汇总记账凭证和科目汇总表（亦称记账凭证汇总表）三类。

单一记账凭证是指只包括一笔会计分录的记账凭证。如上述的专用记账凭证和通用记账凭证。

汇总记账凭证是指根据一定时期内同类单一记账凭证定期加以汇总而重新编制的记账凭证。其目的是为了简化总分类账的登记手续。汇总记账凭证又可进一步分为汇总收款凭证、汇总付款凭证和汇总转账凭证。

科目汇总表是根据一定时期内所有的记账凭证定期加以汇总而重新编制的记账凭证。

综上所述，现将会计凭证的分类归纳如图表6-11所示。

图表 6-11

会计凭证分类

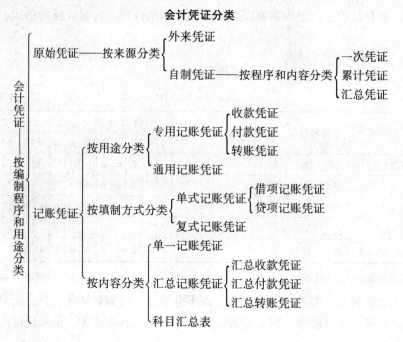

6.2 原始凭证

原始凭证是经济业务发生或完成的最初证明，是伴随着经济业务的发生和完成而取得或填制的，原始凭证是企业具有法律效力的证明文件或内部明确经济责任的有效证明。

6.2.1 原始凭证的基本内容

经济业务的内容是多种多样的，记录经济业务的原始凭证所包括的具体内容也各不相同。但每一种原始凭证都必须客观、真实地记录和反映经济业务的发生、完成情况，都必须明确有关单位、部门及人员的经济责任。这些共同的要求，决定了每种原始凭证都必须具备以下几方面的基本内容。

（1）原始凭证的名称。原始凭证的名称主要反映原始凭证的用途。如"增值税专用发票""收料单""领料单"等。

（2）填制凭证的日期及编号。原始凭证的日期一般是经济业务发生或完成的日期。如果在经济业务发生或完成时，因各种原因未能及时填制原始凭证的，应以实际填制日期为准。编号为各单位经济业务发生的序号。

（3）接受凭证的单位或个人的名称。

（4）经济业务的内容摘要。主要表明经济业务的项目、名称及有关说明。

（5）经济业务中的实物名称、数量、单价和金额。

（6）填制凭证单位的名称、公章和有关人员的签章。

有些原始凭证除了包括上述基本内容以外，为了满足计划、统计等其他业务工作的需要，还要列入一些补充内容。例如，注明与该笔经济业务有关的计划指标、预算项目和经济合同等。

各会计主体根据会计核算和管理的需要，按照原始凭证应具备的基本内容和补充内容，即可设计和印制适合本主体需要的各种原始凭证。但是，为了加强宏观管理，强化监督，堵塞偷税、漏税的漏洞，各有关主管部门应当为同类经济业务设计统一的原始凭证格式。例如，由中国人民银行设计的统一的分行汇票、本票、支票；由交通部门设计的统一的发货票、收款收据等。这样，不但可使反映同类经济业务的原始凭证内容在全国统一，便于加强监督管理，而且也可以节省各会计主体的印刷费用。

知识窗

原始凭证的补充内容可以是计划任务、工作指令、合同号、预算项目等。有些特殊原始凭证如有特殊标识，也可以不加盖公章。

6.2.2 原始凭证的填制方法

原始凭证按来源不同可分为自制原始凭证和外来原始凭证，其填制方法分述如下。

1. 自制原始凭证的填制

自制原始凭证的填制有三种形式。

（1）根据实际发生或完成的经济业务，由经办人员直接填制。如企业外购材料，都应履行入库手续，由仓库保管人员根据供应单位开来的发票账单，严格审核，对运达的材料认真计量，并按实际数量认真填制"收料单"。收料单一式三联，一联随发票账单送交会计部门记账，会计部门据以作材料增加的核算；一联留存仓库，用以登记材料明细分类账；一联交采购人员存查。"收料单"的格式及填制如图表 6-12 所示。

图表 6-12

收 料 单

供货单位名称：　　　　　　　　　　　　　　　　　　　　　　　凭证编号：2645

发票编号：0030　　　　　　　　　　2018 年 6 月 18 日　　　　　　收料仓库：3 号库

材料类别	材料编号	材料名称	规格	计量单位	数量		金额（元）			
					应收	实收	单价	买价	运杂费	合计
钢材	020110	圆钢	Φ20 mm	吨	20	20	4 000	80 000	1 400	81 400
备注							合计			81 400

财务主管：(签章)　　　记账：(签章)　　　保管部门主管：(签章)　　　验收：(签章)　　　制单：(签章)

（2）根据账簿记录对有关经济业务加以归类、整理填制，如月末编制的制造费用分配表、利润分配表等。

（3）根据若干张反映同类经济业务的原始凭证定期汇总填制，如各种汇总原始凭证等。

2. 外来原始凭证的填制

外来原始凭证，虽然是由其他单位或个人填制，但它同自制原始凭证一样，也必须具备为经济业务完成情况和明确经济责任所必需的内容。

6.2.3 原始凭证的填制要求

尽管各种原始凭证的具体填制依据的方法不尽一致，但就原始凭证应反映经济业务、明确经济责任而言，其填制的一般要求有以下几个方面。

1. 记录真实正确

凭证上记载的经济业务，必须与实际情况相符合，绝不允许有任何歪曲或弄虚作假。对于实物的数量、质量和金额，都要经过严格的审核，确保凭证内容真实可靠。从外单位取得的原始凭证如有丢失，应取得原签发单位盖有"财务专用章"的证明，并注明原始凭证的号码、所载金额等内容，由经办单位负责人批准后，可代作原始凭证；对于确实无法取得证明的，如火车票、轮船票、飞机票等，可由当事人写出详细情况，由经办单位负责人批准后，也可代作原始凭证。

2. 填制手续符合要求

凡是填有大写和小写金额的原始凭证，大写与小写金额必须相符；购买实物的原始凭证，必须有实物的验收证明；支付款项的原始凭证，必须有收款方的收款证明。一式几联的凭证，必须用双面复写纸套写，并连续编号（发票和收据本身具有复写功能的除外）。

特别说明

销货退回时，除填制退货发票外，必须取得对方的收款收据或开户行的汇款凭证，不得以退货发票代替收据；各种借出款项的收据，必须附在记账凭证上，收回借款时，应另开收据或退回收据副本，不得退回原始借款收据。经有关部门批准办理的某些特殊业务，应将批准文件作为原始凭证的附件或在凭证上注明批准机关名称、日期和文件字号。发票作废应加盖"作废"戳记，并同存根一起保存，不得撕毁。

3. 填制内容齐全

凭证中的基本内容和补充内容都要详尽地填写齐全，不得漏填或省略不填。如果项目填写不全，则不能作为经济业务的合法证明，也不能作为有效的会计凭证。为了明确经济责任，原始凭证必须由经办部门和人员盖章。从外单位取得的原始凭证，必须有填制单位的公章或财务专用章；从个人取得的原始凭证，必须有填制人员的签名或盖章。自制原始凭证必须有经办部门负责人或其指定人员的签名或盖章。对外开出的原始凭证，必须加盖本单位的公章或财务专用章。

4. 书写规范

原始凭证上的文字，要按规定书写，字迹要工整、清晰，易于辨认，不得使用未经国务院颁布的简化字。合计的小写金额前要冠以人民币符号"￥"（如用外币计价、结算的凭证，金额前要加注外币符号，如"＄"等），币值符号与阿拉伯数字之间不得留有空白；所有以元为单位的阿拉伯数字，除表示单价等情况外，一律填写到角、分，无角、分的要以"0"补位。汉字大写金额数字，一律用正楷字或行书字书写，如壹、贰、叁、肆、伍、陆、柒、捌、玖、拾、佰、仟、万、亿、元（圆）、角、分、零、整（正）。大写金额最后为"元"的应加写"整"（或"正"）字断尾。

阿拉伯金额数字中间有"0"时，汉字大写金额要写"零"字，如￥3 509.50，汉字大写金额应写成"人民币叁仟伍佰零玖元伍角"。阿拉伯金额数字中间连续有几个"0"时，汉字大写金额中可以只写一个"零"字，如￥8 007.15，汉字大写金额应写成"人民币捌仟零柒元壹角伍分"。阿拉伯金额数字万位或元位是"0",或者数字中间连续有几个"0",元位也是"0",但千位、角位不是"0"时,汉字大写金额中可只写一个"零"字,也可以不写"零"字,如￥1 580.32,应写"人民币壹仟伍佰捌拾元零叁角贰分",或者写成"人民币壹仟伍佰捌拾元叁角贰分";又如￥107 000.53,应写成"人民币壹拾万柒仟元零伍角叁分",或者写成"人民币壹拾万零柒仟元伍角叁分"。阿拉伯金额数字角位是"0",而分位不是"0"时,汉字大写金额"元"后面应写"零"字,如￥16 409.02,应写成"人民币壹万陆仟肆佰零玖元零贰分"。

原始凭证记载的各项内容均不得涂改。原始凭证有错误的应当由出具单位重开或者更正,更正处应当加盖出具单位印章。对于支票等重要的原始凭证若填写错误,一律不得在凭证上更正,应按规定的手续注销留存,另行重新填写。

5. 填制及时

每笔经济业务发生或完成后,经办业务的有关部门和人员必须及时填制原始凭证,做到不拖延、不积压,并要按规定的程序将其送交会计部门。

6.2.4 原始凭证的审核

原始凭证必须经过审核,才能作为记账凭证,这是保证会计记录真实和正确,充分发挥会计监督作用的重要环节。所以,原始凭证的审核是一项严肃、细致的工作,必须认真执行。审核原始凭证主要应从以下几方面进行。

1. 审核原始凭证的真实性

审核原始凭证的内容是否符合经济业务的实际情况,有无弄虚作假、营私舞弊、伪造涂改等行为。

2. 审核原始凭证的合理性和合法性

审核原始凭证中反映的经济业务内容,是否符合国家有关方针、政策、法令、制度及计划与合同的规定,是否符合审批权限和审批手续,有无滥用职权、违法乱纪、不遵守制度、不执行计划、违反经济合同及贪污浪费等情况。

3. 审核原始凭证的完整性

审核原始凭证的内容是否完备,应填写的项目是否填写齐全,有关经办人员是否签名盖章,有关主管人员是否都已审批同意。若发现手续不完备、内容不全的原始凭证,如果属于本单位填制的原始凭证,应退回填制部门进行更正、补填或注销重新填制;如果属于外单位的原始凭证,应拒绝接收,退回原单位。

特别说明

企业开具发票时,付款方必须写全称。没有开付款方全称的发票,不得允许纳税人用于税前扣除、抵扣税款、出口退税和财务报销。

4. 审核原始凭证的正确性

审核原始凭证的摘要和数字是否填写清楚、正确,数量、单位、金额、合计数等有无差错，大写与小写金额是否相符、正确等。

原始凭证的审核，对符合要求的，应及时办理会计手续，然后据以编制记账凭证和登记账户；对记载不正确、不完整、不符合规定的，应退还有关部门或人员补充或更正；对伪造、涂改或经济业务不合法的凭证，会计人员应拒绝受理，并及时上报领导处理。

审核原始凭证是一项技术性和政策性很强的工作。因此，要求会计人员既要熟悉国家有关方针、政策、法令、制度，又要掌握本单位的经营特点和计划情况，既要有较高的会计专业知识水平，又要熟知企业的全部经济活动情况；既要坚持原则，又要耐心地做好宣传和解释工作。只有这样，才能做好原始凭证的审核工作，实现有效的会计监督，为会计核算工作奠定坚实的基础。

6.3　记账凭证

当会计部门对原始凭证审核无误后，就应对原始凭证所涉及的内容进行分析，并做出相应的会计分录。在实际工作中，会计分录应填写在具有一定格式的记账凭证上。

6.3.1　记账凭证的内容

记账凭证虽然种类不一，编制依据各异，但各种记账凭证的主要作用都在于对原始凭证进行归类整理，运用账户和复式记账方法，编制会计分录，为登记账簿提供直接依据。

所有记账凭证都必须具备下列基本内容。

（1）记账凭证的名称。

（2）填制凭证的日期和凭证的编号。

（3）经济业务的内容摘要。

（4）记账符号、账户（包括一级、二级或明细账户）名称和金额。

（5）所附原始凭证的张数。

（6）填制单位的名称及有关人员的签章。

6.3.2　记账凭证的填制方法

采用专用记账凭证时，收款凭证和付款凭证是根据有关现金、银行存款和其他货币资金收付业务的原始凭证填制。涉及银行存款和其他货币资金的收付业务，一般应以经银行盖章的单据（如送款单、收款通知、付款通知等）作为原始凭证。这样做是为了保证收付业务的可靠性，也便于银行核对。对于现金、银行存款和其他货币资金之间的收付业务（亦称相互划转业务），如从银行提取现金、把现金送存银行、开设外埠存款账户等，为避免重复记账，一般只编制付款凭证，而不再填制收款凭证。出纳人员对于已经收讫的收款凭证和已经付款的付款凭证及其所附的各种原始凭证，都要加盖"收讫"和"付讫"的戳记，以免重收重付。

转账凭证除了根据有关转账业务的原始凭证填制外，有的是根据账簿记录填制，如本期计提固定资产折旧，将收入、费用类账户的月末余额转入"本年利润"账户，将"本年利润"账户的年末余额转入"利润分配"账户，以及更正账簿错误等。根据账簿记录编制的记账凭证一般没有原始凭证。

大中型企业经济业务繁杂，记账凭证数量较多，为了简化登记总分类账的手续，可以在月内分数次把记账凭证进行汇总，编制汇总记账凭证或科目汇总表，然后据以登记总分类账。

汇总记账凭证分为汇总收款凭证、汇总付款凭证和汇总转账凭证三种。汇总收款凭证是根据收款凭证分别按现金和银行存款账户的借方设置，并按对应的贷方账户归类汇总的。汇总付款凭证是根据付款凭证分别按现金和银行存款账户的贷方设置，并按对应的借方账户归类汇总的。汇总转账凭证是根据转账凭证按账户的贷方设置，并按对应的借方账户归类汇总的。这三种汇总记账凭证都应定期（如每五天或每旬）汇总一次，每月填制一张。为了便于汇总，对转账凭证的对应关系，要求保持一借一贷或一贷多借，而不宜采用一借多贷。汇总记账凭证可反映账户的对应关系，便于了解经济业务的来龙去脉，进而利于分析和检查。但是汇总的工作量也较繁重。汇总记账凭证的一般格式如图表 6-13、图表 6-14、图表 6-15 所示。

图表 6-13

汇总收款凭证

借方账户：　　　　　　　　　　　年　　月　　　　　　　　　　　第　　号

贷方账户	金　　额				记　　账	
	（1）	（2）	（3）	合　计	借　方	贷　方

附注：（1）自＿＿＿＿日至＿＿＿＿日　　　收款凭证共计＿＿＿＿张
　　　（2）自＿＿＿＿日至＿＿＿＿日　　　收款凭证共计＿＿＿＿张
　　　（3）自＿＿＿＿日至＿＿＿＿日　　　收款凭证共计＿＿＿＿张

图表 6-14

汇总付款凭证

贷方账户：　　　　　　　　　　　年　　月　　　　　　　　　　　第　　号

借方账户	金　　额				记　　账	
	（1）	（2）	（3）	合　计	借　方	贷　方

附注：（1）自＿＿＿＿日至＿＿＿＿日　　　付款凭证共计＿＿＿＿张
　　　（2）自＿＿＿＿日至＿＿＿＿日　　　付款凭证共计＿＿＿＿张
　　　（3）自＿＿＿＿日至＿＿＿＿日　　　付款凭证共计＿＿＿＿张

图表 6-15

汇总转账凭证

贷方账户：　　　　　　　　　　　　　　　年　　月　　　　　　　　　　　第　　号

借方账户	金　额				记　账	
	（1）	（2）	（3）	合　计	借　方	贷　方

附注：（1）自＿＿＿＿＿日至＿＿＿＿＿日　　转账凭证共计＿＿＿＿＿张

　　　　（2）自＿＿＿＿＿日至＿＿＿＿＿日　　转账凭证共计＿＿＿＿＿张

　　　　（3）自＿＿＿＿＿日至＿＿＿＿＿日　　转账凭证共计＿＿＿＿＿张

科目汇总表是根据收款凭证、付款凭证和转账凭证，按照相同的会计科目归类，定期（每五天或每旬）汇总填制。为了便于填制科目汇总表，所有记账凭证的账户对应关系应保持一借一贷，转账凭证在填制时最好复写两联，一联作为借方账户的转账凭证，另一联作为贷方账户的转账凭证。这样，就可简化汇总手续，也能减少差错。同汇总记账凭证相比较，科目汇总表既可简化总分类账的登记手续，又能起到全部账户发生额的试算平衡作用，汇总的工作比较简单，但它最大的缺点是无法反映账户的对应关系。科目汇总表的一般格式如图表 6-16 所示。

图表 6-16

科目汇总表

年　月　日至　日

账户名称	本　期　发　生　额		记账凭证起讫号数	总账页数
	借　方	贷　方		

主管：　　　　　　　　记账：　　　　　　　　　　制表：

6.3.3　记账凭证的填制要求

记账凭证是根据审核无误的原始凭证填制的，是登记账簿的直接依据。但记账凭证本身并不是原始凭证，它不完全具备法律效力，因此，一般不能用记账凭证来代替原始单据。记账凭证是进行下一步会计核算的依据，必须保证记账凭证的质量，以确保账簿记录的准确性。在填制记账凭证时，应注意以下几个方面。

1. 原始凭证是否符合要求

对经济业务发生后取得或填制的原始凭证进行认真严格的检查、审核，经确认其内容真实、准确无误后，方可依此填制相应的记账凭证。记账凭证可以根据每一张原始凭证填制，或者根据若干张同类原始凭证汇总表填制，也可以根据原始凭证汇总表填制。但不得将不同内容和类别的原始凭证汇总填制在一张记账凭证上。

2. 记账凭证编号顺序科学合理

记账凭证按月连续编号时，可以按经济业务发生时间的先后顺序统一编号，即从本月第一笔经济业务发生后填制的记账凭证第 1 号开始，至本月最后一张记账凭证第 N 号为止；也可以根据所使用的记账凭证的不同形式，采用分类统一编号，即按现金收款凭证、现金付款凭证，银行存款收款凭证、银行存款付款凭证，转账凭证分别进行编号，自成系统，如现收字第 1 号至现收字第 X 号，转字第 1 号至转字第 Y 号，等等。如果一笔经济业务需要编制两张以上记账凭证，可以采用"分数编号法"编号。即在原顺序编号后面，以分数形式表示该笔经济业务所编制的记账凭证的张数及该张的顺序号，如第八笔经济业务发生后，根据原始凭证需要编制三张记账凭证，按顺序该项经济业务的记账编号为 8，所需编制的三张记账凭证的编号分别为：第一张为第 $8\frac{1}{3}$ 号、第二张为第 $8\frac{2}{3}$ 号、第三张为第 $8\frac{3}{3}$ 号。月末，在最后一张记账凭证的编号旁边，注明"全"，表示本月编制的记账凭证到此全部结束。

3. 认真填写记账凭证的每个项目

摘要栏内容要真实、简明扼要，但又要完整地反映经济业务内容。对原始凭证的内容进行归类，正确填写所涉及的会计科目的名称（包括一级科目名称、子目或细目名称），会计科目应写全称，也可用会计科目戳记代替书写，但不能用会计科目的统一编号代替会计科目的名称。准确填写会计科目应借、应贷的方向及各自的金额，行次、栏次的内容要对应明确，金额栏按要求填写至"分"，金额栏中剩余的空行应画一斜线表示注销，在合计金额前标明人民币符号"￥"，合计金额要计算准确并保持借方与贷方之间的平衡。

记账凭证填制经济业务事项后，如有空行，应当自金额栏最后一笔金额数字下的空行处至合计数上的空行处画线注销。如果在填制记账凭证时发生错误，应当重新填制。

4. 在记账凭证上必须注明所附原始凭证的件（张）数

在记账凭证上，必须注明所附原始凭证的件（张）数，并将有关原始凭证整理后，附在该记账凭证后面，表明一笔经济业务发生后所涉及、填制的全部会计凭证。除结账和更正错误的记账凭证可以不附原始凭证外，其他记账凭证必须附有原始凭证。如果一张原始凭证涉及几张记账凭证，可以把原始凭证附在一张主要的记账凭证后面，并在其他记账凭证上注明附有该原始凭证的记账凭证的编号，或者附有原始凭证复印件。如果原始凭证须单独保存，应将其整理使用完毕后，妥善保管，并在有关的记账凭证上加以注明，以便查找、核对。

5. 填写内容完整

记账凭证填制完毕后，应进行复核与审查，并按所使用的记账方法进行试算平衡。有关人员均应签章，以明确经济责任。填制人员签章后，按照规定手续交由审核人员进行审核，其后交记账人员登记入账。对记账凭证的每一位经手人员，都要求签章，以利于加强内部的检查、监督。

6. 会计电算化下的记账凭证要规范

实行会计电算化的单位，记账凭证的填制也应符合记账凭证填制的一切要求。

6.3.4 记账凭证的审核

为了使记账凭证能够真实、准确地反映经济业务状况，保证账簿记录的质量，在依据记账凭证登记账簿之前，必须由有关人员对已填制完毕的记账凭证进行认真、严格的审核。审核记账凭证的主要内容如下。

（1）审核记账凭证是否附有原始凭证，所附原始凭证的张数与记账凭证上填写的附件张数是否一致，记账凭证上填写的经济业务内容与原始凭证上记载的经济业务内容是否相符，记账凭证上的金额与所附原始凭证上的金额是否相等。审核时，必须注意：没有附原始凭证的记账凭证无效（除特殊情况外），它不能作为登记账簿的依据。

（2）审核记账凭证中确定的会计分录是否正确。包括使用的会计科目是否准确，会计科目之间的对应关系是否清楚；借方金额与贷方金额的计算应准确无误，二者的合计必须保持平衡相等；一级科目的金额与其所属明细科目的金额之和必须相符。

（3）审核记账凭证中所列示的各个项目是否已经填写齐全、完整，有关经办人员是否按照规定的手续和程序在记账凭证上签章。

（4）在期末结算转账和更正错账等类型的业务中，所填制的记账凭证没有原始凭证作依据，会计主管人员必须在所填制的这些记账凭证上签章加以证明，然后才能作为登记账簿的依据。因此，还要审核记账凭证是否具备了规定的手续，并了解其是否真实。

在审核记账凭证的过程中，如果发现上面的记录有错误，应及时查明原因，并按照规定的更正错误的方法予以更正。只有审核无误的记账凭证才能作为登记账簿的依据。

6.4 会计凭证的传递与保管

会计凭证特别是原始凭证并非都在会计部门。当会计人员填制和办理凭证手续时，所有原始凭证都必须集中到会计部门来，由会计人员将其全部登记入账。会计凭证除了作为记账依据外，在企业组织经济活动，协调业务关系，强化企业内部控制，加强会计监督等方面都具有重要的作用。因此，企业会计部门必须认真做好会计凭证的传递与保管工作。

6.4.1 会计凭证的传递

会计凭证的传递是指从经济业务发生或完成时取得或填制原始凭证开始，直到会计凭证归档保管为止，会计凭证在本单位内部有关部门和人员之间，按照规定手续、时间和传递路线，进行处理、移交的程序。

由于各单位取得或填制的会计凭证的渠道不一，会计凭证所记录的经济业务内容不同，经办业务的部门和人员及办理的时间、手续等也不尽一致。因此，各单位应尽可能科学、合理地制定和组织会计凭证的传递时间和传递程序，以保证会计凭证能够经过必要的环节进行妥善的处理，提高会计核算的正确性和及时性。在设计会计传递程序上应注意以下两个方面。

（1）制定科学合理的传递程序。企业应根据自身的工作和所进行的经济活动的特点，并结合内部人员分工和管理制度，制定出会计凭证从取得或填制开始的整个传递程序及应经手的部门和人员。所设计的程序要合理、适用，前后要紧密衔接，便于各环节的有机联系和相互监督，要保证能及时进行核算，提高会计凭证的质量和整体管理水平。

（2）确定合理的停留处理时间。根据规定的办理经济业务的手续和要求，确定会计凭证在各环节的停留时间。时间要恰当，不宜过紧或过松，要能够保证各经办部门和人员正确、及时地进行填制和审核，并及时进行移交。

6.4.2 会计凭证的保管

会计凭证是各项经济活动的历史记录，是重要的经济档案。为了便于随时查阅利用，各种会计凭证在办理好各项业务手续，并据以记账后，应由会计部门加以整理、归类，并送交档案部门妥善保管。我国《会计法》明确规定："各单位对会计凭证、会计账簿、会计报告和其他会计资料应当建立档案，妥善保管。会计档案的保管期限和销毁办法，由国务院财政部门会同有关部门制定。"

1. 会计凭证的整理归类

会计部门在记账以后，应定期（一般为每月）将会计凭证加以归类整理，即把记账凭证及其所附的原始凭证，按记账凭证的编号顺序进行整理，在确保记账凭证及其所附的原始凭证完整无缺后，将其折叠整齐，加上封面、封底，装订成册，并在装订线上加贴封签，以防散失和任意拆装。在封面上要注明单位名称、凭证种类、所属年月、起讫日期、起讫号码、凭证张数等。会计主管或指定装订人员要在装订线封签处签名或盖章，然后入档保管。记账凭证封面如图表 6-17 所示，封底如图表 6-18 所示。

图表 6-17

记账凭证封面

年 月 日至 年 月 日 　　　　　　　　　　　编号

共 册 第 册

凭证种类	凭证起讫号码		凭证张数	备注
	自	至		
合 计				

财会主管 　　　　　　　　　复核 　　　　　　　　　装订

图表 6-18

抽出附件登记表（记账凭证封底）

抽出时间			原始凭证编号	抽出附件的详细名称	抽出理由	抽取人签章	会计主管签章	备注
年	月	日						

对于那些数量过多或各种随时需要查阅的原始凭证，可以单独装订保管，在封面上注明记账凭证的日期、编号、种类，同时在记账凭证上注明"附件另订"。各种经济合同和重要的涉外文件等凭证，应另编目录，单独登记保管，并在有关记账凭证和原始凭证上注明。

2. 会计凭证的造册归档

每年的会计凭证都应由会计部门按照归档要求，负责整理立卷或装订成册。当年的会计凭证，在会计年度终了后，可暂由会计部门保管一年，期满后，原则上应由会计部门编造清册移交本单位档案部门保管。档案部门接收的会计凭证，原则上要保持原卷册的封装，个别需要拆封重新整理的，应由会计部门和经办人员共同拆封整理，以明确责任。会计凭证必须做到妥善保管，存放有序，查找方便，并要严防毁损、丢失和泄密。

3. 会计凭证的借阅

会计凭证原则上不得借出，如有特殊需要，须报请批准，但不得拆散原卷册，并应限期归还。需要查阅已入档的会计凭证时，必须办理借阅手续。其他单位因特殊原因需要使用原始凭证时，经本单位负责人批准，可以复制。但向外单位提供的原始凭证复印件，应在专设的登记簿上登记，并由提供人员和收取人员共同签名或盖章。

4. 会计凭证的销毁

会计凭证的保管期限，一般为20年。保管期未满，任何人都不得随意销毁会计凭证。按规定销毁会计凭证时，必须开列清单，报经批准后，由档案部门和会计部门共同派员监销。在销毁会计凭证前，监督销毁人员应认真清点核对，对其未了结的债权债务的原始凭证，应单独抽出，另立卷宗，由档案部门保管到结清债权债务时止。建设单位在工程建设期间的会计档案，不得销毁。

会计凭证销毁后，经办人员在"销毁清册"上签名或盖章，注明"已销毁"字样和销毁日期，同时将监销情况写出书面报告，一式两份，一份报本单位负责人，一份归档备查。

特别提示

选择联系一家企业财务部门，根据课本和教师的讲解，观察会计凭证的填制、审核、传递、装订和保管，进一步熟悉会计凭证的相关内容，做到理论联系实际。

中英文专业术语

会计凭证	accounting document
原始凭证	original document
外来原始凭证	source document from outside
自制原始凭证	internal source document
一次凭证	single - record document
累计凭证	accumulative document
汇总凭证	summarized document
通用凭证	general voucher
专用凭证	special voucher
收款凭证	receipt voucher

付款凭证　　　　　　　　disbursement voucher

转账凭证　　　　　　　　transfer voucher

复习思考题

1. 什么是会计凭证？简述会计凭证的作用。

2. 简述原始凭证的种类及内容。

3. 简述记账凭证的种类及内容。

4. 会计凭证的填制应注意哪些方面？

5. 如何审核原始凭证及记账凭证？

6. 会计凭证的传递和保管应注意哪些方面？

练习题

一、单项选择题

1. 将会计凭证分为原始凭证和记账凭证两大类的依据是（　　　）。

　　A. 凭证填制的单位　　　　　　　B. 凭证填制的程序和用途

　　C. 凭证填制的方法　　　　　　　D. 凭证反映的经济内容

2. 用以载明经济业务的具体内容，记载业务发生或完成情况，明确有关经济责任的会计凭证是（　　　）。

　　A. 原始凭证　　　　　B. 记账凭证　　　　　C. 收款凭证　　　　　D. 付款凭证

3. 收付款凭证适用于（　　　）。

　　A. 转账业务　　　　　　　　　　B. 成本费用结转业务

　　C. 应收付款业务　　　　　　　　D. 货币资金的收付业务

4. "限额领料单"按其填制方法属于（　　　）。

　　A. 一次凭证　　　　B. 累计凭证　　　　C. 汇总凭证　　　　D. 账外凭证

5. 只涉及货币资金内部收付业务时，一般填制（　　　）。

　　A. 收款凭证　　　　　　　　　　B. 付款凭证

　　C. 转账凭证　　　　　　　　　　D. 收款凭证和付款凭证

6. 下列单证属于自制原始凭证的是（　　　）。

　　A. 供货单位填制的发票　　　　　B. 开户银行转来的银行对账单

　　C. 领料单　　　　　　　　　　　D. 运输部门填制的运杂费收据

7. 下列单证属于外来原始凭证的是（　　　）。

　　A. 入库单　　　　　　　　　　　B. 出库单

　　C. 银行收账通知单　　　　　　　D. 领料汇总表

8. 销售产品一批，部分货款收回存入银行，部分货款对方暂欠时，应填制的会计凭证是（　　　）。

　　A. 收款凭证和转账凭证　　　　　B. 付款凭证和转账凭证

　　C. 收款凭证和付款凭证　　　　　D. 两张转账凭证

9. 不能作为凭证依据的是 （   ）。

    A. 收料单　　　　　　　B. 领料单　　　　　　C. 入库单　　　　　　D. 经济合同

10. 填制汇总收款凭证时，应将汇总期内的全部收款凭证按 （   ） 加以分类汇总。

    A. 贷方科目设置　　　　　　　　　　　B. 借方科目设置

    C. 库存现金和银行存款的借方设置　　　D. 银行存款的借方设置

11. 收款凭证左上角的 "借方科目" 应填制 （   ） 科目。

    A. 银行存款　　　B. 材料采购　　　C. 主营业外收入　　　D. 财务费用

12. 销售产品一批，货款金额共计为叁万零捌元伍角，在填写发货票小写金额时，应书写为 （   ）。

    A. ￥30008.50 元　　　　　　　　　　B. 30008.50 元

    C. ￥30008.50　　　　　　　　　　　D. 30008.50

二、多项选择题

1. 下列单证属于原始凭证的有 （   ）。

    A. 收料单　　　　　　　B. 领料单　　　　　　C. 借款单　　　　　　D. 支票

2. 下列单证属于外来原始凭证的有 （   ）。

    A. 电费收据　　　　　　　　　　　　B. 工资结算单

    C. 差旅费报销单　　　　　　　　　　D. 供货单位填制的发票

3. 下列属于一次性原始凭证的有 （   ）。

    A. 领料单　　　　　B. 限额领料单　　　C. 领料汇总表　　　D. 发货票

4. 下列属于自制原始凭证的有 （   ）。

    A. 销售发票　　　　　　　　　　　　B. 制造费用分配表

    C. 固定资产折旧计算表　　　　　　　D. 限额领料单

5. 各种原始凭证须具备的基本内容包括 （   ）。

    A. 原始凭证的名称　　　　　　　　　B. 填制凭证的日期

    C. 经济业务的内容摘要　　　　　　　D. 经济业务的金额

6. 记账凭证的基本内容包括 （   ）。

    A. 经济业务的内容摘要　　　　　　　B. 经济业务的金额

    C. 应借应贷账户名称　　　　　　　　D. 所付原始凭证的张数

7. 付款凭证左上角的贷方科目可能是下列科目中的 （   ）。

    A. 库存现金　　　B. 银行存款　　　C. 应收账款　　　D. 应付账款

8. 记账凭证可以根据 （   ） 填制。

    A. 账簿提供的某些数字　　　　　　　B. 某一张原始凭证

    C. 原始凭证汇总表　　　　　　　　　D. 累计原始凭证

9. 某企业购入材料一批，已验收入库，货款已付，根据这项业务应填制的会计凭证为（   ）。

    A. 转账凭证　　　B. 付款凭证　　　C. 收料单　　　D. 发料单

10. 会计凭证的传递是指从原始凭证的填制或取得开始，经过 （   ） 的全过程。

    A. 填制　　　B. 审核　　　C. 整理　　　D. 归档保管

三、判断题

1. 所有的外来凭证都是一次性原始凭证。（　　　）

2. 所有的自制原始凭证都是一次性原始凭证。（　　　）

3. 限额领料单属于一次性凭证。（　　　）

4. 货币资金相互转化的业务，既要填制收款凭证，也要填制付款凭证。（　　　）

5. 记账凭证是由会计人员填制的，这是它和原始凭证的主要区别。（　　　）

6. 除结账和更正错误外，记账凭证必须附有原始凭证，并注明原始凭证的张数。（　　　）

7. 各种记账凭证都只能根据一张原始凭证逐一填制。（　　　）

8. 转账凭证只登记与货币资金收付无关的经济业务。（　　　）

9. 通用记账凭证的格式与填制方法，与转账凭证相同。（　　　）

10. 会计凭证按规定保管期满后，可以由财务人员自行销毁。（　　　）

四、业务练习题

习 题 一

一、目的：练习收款凭证和付款凭证的填制。

二、资料：某公司 7 月份有关现金和银行存款的收付发生如下经济业务。

1. 2 日，用银行存款 50 000 元偿还应付账款。

2. 3 日，销售产品取得价款 30 000 元，增值税额 5 100 元，存入银行。

3. 5 日，从银行提取现金 1 000 元。

4. 5 日，职工赵方预借差旅费 1 500 元。

5. 10 日，企业购买生产用材料价款 40 000 元，增值税额 6 400 元，以银行存款支付。

6. 18 日，用银行存款支付产品广告费 3 000 元。

7. 22 日，某投资者投入资金 50 000 元，存入银行。

8. 24 日，购买办公用品 210 元，用现金支付。

9. 30 日，用银行存款支付本月水电费 2 500 元。

10. 30 日，以银行存款 20 000 元归还短期借款。

三、要求：根据上述经济业务，编制收款和付款凭证。

习 题 二

一、目的：练习转账凭证的填制。

二、资料：某企业 7 月份发生下列有关业务。

1. 5 日，企业采购甲材料价款 10 000 元，增值税额 1 600 元，款项未付。

2. 8 日，企业销售 A 产品 200 件，单价 100 元，增值税额 3 200 元，款项尚未收到。

3. 31 日，汇总 A 产品耗用甲材料 58 400 元，B 产品耗用乙材料 36 000 元，生产车间一般性耗用甲材料 500 元。

4. 31 日，计提本月固定资产折旧费 18 000 元，其中生产车间折旧 12 000 元，管理部门 6 000 元。

5. 31 日，分配本月应付职工薪酬，其中制造 A 产品的工人薪酬 20 000 元，制造 B 产品的工人薪酬 12 000 元，车间管理人员薪酬 2 000 元，行政管理部门人员薪酬 3 200 元。

6. 31 日，按 A、B 两种产品的生产工人工资比例分配制造费用。

7. 31 日，本月投产的 A 产品全部完工入库。

8. 将"管理费用"账户金额 10 000 元，"销售费用"账户余额 15 000 元转入"本年利润"账户中。

三、要求：根据上述经济业务填制转账凭证。

综合能力训练

案　例

一、目的：掌握会计凭证的填制。

二、资料：第 5 章综合能力训练资料。

三、要求：

1. 根据经济业务内容确定所需填制的原始凭证并填制。

2. 根据原始凭证填制记账凭证。

第 **7** 章

会 计 账 簿

本章导读

我们已知道，每一会计主体对日常发生的经济业务必须取得和填制会计凭证。但会计凭证对经济业务的反映是分散、零星、片断的，不能全面、系统、连续地反映一个单位一定时期发生的经济业务，所以必须设置并登记会计账簿，以取得经营管理等方面所需的各种会计信息。登记账簿俗称记账，是会计核算的一个重要环节。为了保证账簿记录的正确性，应当建立定期对账制度，并在每一会计期末结出本期发生额和期末余额。在一个会计年度终了大多数账簿都要启用新账。在懂得会计凭证的填制和审核方法之后，就应该学习根据会计凭证登记账簿、对账和结账及账簿的启用、更换和保管等内容。

知识目标

1. 了解账簿的意义及分类
2. 掌握账簿设置、启用和登记的规则
3. 掌握对账、结账及更正错账的方法

能力目标

1. 能够正确合理设置总分类账和明细分类账
2. 能够熟练登记各种账簿
3. 能够对账、结账并进行错账更正

7.1 会计账簿概述

所谓会计账簿是指以会计凭证为依据，序时、连续、系统、全面地记录和反映企业、机关和事业单位等经济活动全部过程的簿籍。这种簿籍是由若干具有一定格式，又相互连接的账页组成的。账页一旦标明会计科目，这个账页就成为用来记录该科目所核算内容的账户。

也就是说，账页是账户的载体，账簿则是若干账页的集合。在会计核算工作中，每项经济业务发生以后，首先要取得或填制会计凭证，并加以审核确认，然后据以在有关账户中进行登记。而账户则是按照规定的会计科目在账簿中分别设立的，根据会计凭证把经济业务记入有关的账户，就是指把经济业务记入设立在会计账簿中的账户。根据会计凭证在有关账户中进行登记，就是指把会计凭证所反映的经济业务内容记入设立在账簿中的账户，即通常所说的登记账簿，俗称记账。

7.1.1 账簿的意义

由于账簿记录是对企业单位经济活动的全面反映，因此，可以认为账簿是积累、储存经济活动的数据库。设置和登记账簿是会计核算的重要环节，对于全面反映企业单位资产、负债和所有者权益的变动状况，提供真实、准确的会计核算资料，对加强企业经济管理，提高其经营管理水平，具有重要的意义。具体来说，包括以下几方面内容。

（1）通过设置和登记的账簿，可以全面、连续、系统地反映企业各项会计要素的变动情况，反映资产、权益的归属和结果。

（2）系统的账簿记录，可以保证企业正确地计算收入、费用、利润等指标，严格考核企业财务预算和计划完成情况及企业的经营成果，促使企业加强经济核算，提高经济效益。

（3）账簿记录资料的高质量，是企业及时编制会计报告和会计报告正确、真实的基本保障。企业的会计报告包括了各方面的情况，其中大部分项目、指标的数据来源于各种账簿记录。因此，账簿记录是否准确、完整、系统，直接影响着企业会计报告的质量。

（4）通过登记账簿，使零星分散的会计资料转化为系统的、连续的、全面的资料，为加强经济核算提供总括的及详细的资料信息，也便于进行各项指标的分析对比。

（5）通过登记账簿，可以随时了解和具体掌握各项财产物资的增减变化，将有关账簿的账面结存数额与对应的财产物资实存数额进行核对，可以监督检查账实是否相符，保证财产物资的安全完整。

7.1.2 账簿的分类

账簿种类繁多，不同的账簿，其用途、形式、内容、登记方法都各不相同。为了更好地了解和使用各种账簿，有必要对账簿进行分类。在实际工作中，人们使用最多的有以下几种分类方法。

1. 按账簿的用途分类

账簿按其用途分为序时账簿、分类账簿、备查账簿和联合账簿四类。

1）序时账簿

序时账簿，亦称日记账，是按照经济业务发生或完成的时间先后顺序，逐日逐笔登记经济业务的账簿。按其记录内容不同又分为普通日记账和特种日记账两种。

普通日记账，是用来登记全部经济业务发生情况的日记账。将每天所发生的全部经济业务，按照业务发生的先后顺序，编制成记账凭证，根据记账凭证逐笔登记到普通日记账中。如企业设置的日记总账就是普通日记账，也称"流水账"。

特种日记账，是用来登记某一类经济业务发生情况的日记账。将某一类经济业务，按其发生的先后顺序记入账簿中，反映某一特定项目的详细情况。如各经济单位为了对现金和银行存款加强管理，设置现金日记账和银行存款日记账，来记录现金和银行存款的收、付业务。为了加强企业采购和销售的管理，可设置购货业务和销货业务的日记账。我国企业会计制度要求必须设置现金日记账和银行存款日记账。

特别说明

在一般企业、单位，序时账簿只有现金和银行存款日记账。它必须以取得和填制的会计凭证按时间的先后顺序逐日逐笔进行登记，每天结出余额，以便及时、清楚地反映企业每日的现金和银行存款的收入、支出和结余情况。

2）分类账簿

分类账簿是指对全部经济业务事项按照会计要素的具体类别进行分类登记的账簿。在分类账簿中反映了资产、负债、所有者权益及费用、收入和利润等会计要素的增减变化的情况，是企业经营管理的重要资料来源。分类账簿有总分类账簿和明细分类账簿两种。按照总分类账户分类登记的账簿叫总分类账簿，它是用来核算经济业务的总括内容的账簿；按照明细分类账户分类登记的账簿叫明细分类账簿，它是用来核算经济业务的明细内容的账簿。总分类账簿的金额与其有关的明细分类账簿的金额之和相等，它们的作用虽各不相同，但互为补充。

3）备查账簿

备查账簿又称辅助账簿，是指对某些在日记账和分类账等主要账簿中未能记载的事项或记载不全的经济业务进行补充登记的账簿。所以备查账簿也叫补充登记簿。它可以对某些经济业务的内容提供必要的参考资料。备查账簿的设置应视实际需要而定，并非一定要设置，而且没有固定格式。如受托加工材料登记簿、租入固定资产登记簿等。

4）联合账簿

总分类账簿和明细分类账簿的结合形式称为联合账簿。日记总账账簿就是一种联合账簿。这种总账账簿既具有序时账簿的作用，同时又起着分类账簿的作用。它适合于规模很小的企业采用。

2. 按照账簿的外表形式分类

账簿按其外表形式的不同可以分为订本式账簿、活页式账簿、卡片式账簿和电子账等。

1）订本账

订本式账簿，简称订本账，是指账簿在启用前就将许多张账页装订成册并连续编号的账簿。其优点是能够避免账页散失和人为的抽换账页，保证账簿记录资料的安全性。缺点是必须事先估计每个账户所需要的账页张数，预留账页过多，会造成浪费，而预留账页太少又会影响账户的连续登记。因此，一般情况下，比较重要的、账户数量变化不大的账簿使用订本式，如总账、现金日记账和银行存款日记账。

2）活页账

活页式账簿，简称活页账，是指平时使用零散账页记录经济业务，将已使用的账页用账夹夹起来，年末将本年度所登记的账页装订成册并连续编号的账簿。其优点是便于记账分工，节省账页，且登记方便。缺点是账页容易散失和被人为抽换。

3）卡片账

卡片式账簿，简称卡片账，是指用印有记账格式的卡片登记经济业务的账簿。卡片账是一种特殊的活页式账簿，对某些可以跨年度使用，无须经常更换的明细账，如固定资产明细账，可采用卡片式账簿。为了保证账簿安全完整，经久耐用，可以用有一定格式的硬纸卡组成账簿，装置在卡片箱内保管和使用。卡片账使用比较灵活，保管比较方便，有利于详细记录经济业务的具体内容。

4）电子账

电子账是指在会计电算化环境下，直接在计算机中进行的会计业务记录。现在大多数企业在采用手工记账的同时，也采用会计电算化方式记录其发生的经济业务。其优点是节省账页，便于保管。缺点是要注意其保密性，防止人为的破坏和修改。

3. 按账簿账页格式分类

账簿按其账页格式的不同，可以分为三栏式账簿、金额多栏式账簿和数量金额式账簿等。

1）三栏式账簿

三栏式账簿是指将账页中登记金额的部分分为三个栏目，即借方、贷方和余额三栏。这种格式适用于只提供价值核算信息，不需要提供数量核算信息的账簿，如总分类账、现金日记账、银行存款日记账、债权债务类明细账等。

2）金额多栏式账簿

金额多栏式账簿是指在借方和贷方的某一方或两方下面分设若干栏目，详细反映借、贷金额的组成情况。这种格式适用于核算项目较多，且管理上要求提供各核算项目详细信息的账簿，如成本、费用等明细账。

3）数量金额式账簿

数量金额式账簿是指在借方、贷方和余额栏下分设三个栏目，用以登记财产物资的数量、单价和总金额。这种格式适用于既需要提供价值信息，又需要提供实物数量信息的账簿，如材料明细账和产成品明细账等。

7.1.3 账簿的基本结构

账簿形式不同、用途不同，记录的经济业务内容也不相同，但各种主要账簿都具备以下基本内容。

1）封面

即账簿的封皮，在上面标明账簿和记账单位的名称。

2）扉页

即账簿的说明页，在上面填列账簿的启用日期、页数、册次、经管账簿人员一览表和签章、会计主管人员签章、账户目录等内容。账簿启用和经管人员一览表如图表7-1所示。账户目录如图表7-2所示。

图表 7-1

账簿启用和经管人员一览表

使用单位名称			本账页数		共 页		
账簿名称			启用截止日期		年 月 日起至 年 月 日		
经管本账簿人员一览表							
职别	姓名	交 出			盖章	接 管			盖章	财务主管	

图表 7-2

账户目录（科目索引）

科目编号	账户名称	账目		科目编号	账户名称	账目	
		起页	止页			起页	止页

　　账户目录是由记账人员在账簿中开设户头后，按顺序将每个账户名称和页数进行登记的，便于查阅账簿中的登记内容。对于活页式账簿，由于在账簿启用时无法确定页数，可先将账户名称填写好，待年终装订归档时，再填写页数（即连续编号）。对于明细分类账，还可以将明细账户的名称编入账户目录。

　　3）账页

　　账簿是由若干张账页组成的，账页的格式，虽然因记录的经济业务的内容不同而有所不同，但不同格式的账页应具备的基本内容却是相同的。账页的基本内容应如下。

　　（1）账户的名称。包括总账科目、二级或三级明细科目名称。

　　（2）登账日期栏（年月日）。

　　（3）凭证种类和号数栏。

　　（4）摘要栏。记录经济业务内容的简要说明，与记账凭证摘要栏内容一致。

　　（5）金额栏。包括借方金额、贷方金额、记账方向及余额。用来记录账户的增减变动情况及结果。

　　（6）总账页次和明细账页次。

7.2 账簿的设置与登记

依法设置会计账簿，是企业单位进行会计核算的基本要求。各单位必须按照国家统一的会计制度规定，结合本企业会计业务的需要设置和登记账簿，以保证会计信息资料的真实和完整。

7.2.1 账簿设置与登记的基本要求

账簿种类繁多，其结构及登记方法也各不相同。各单位的账簿设置，应按照经济业务的特点及会计核算的基本要求，结合经济业务的需要来确定。账簿的设置与登记应做到以下基本要求。

（1）账簿的设置要确保全面、连续、系统地核算和监督各项经济业务，为企业经营管理和编制会计报表提供系统和分类的核算资料。

（2）在满足实际需要的前提下，尽量考虑人力和物力的节约，避免出现疏漏和重复记账。

（3）在账簿的选用格式上，要从所要核算的经济业务的内容和需要提供的核算指标的详细程度出发，力求简明实用，以提高会计工作效率。

7.2.2 序时账簿的设置与登记

序时账簿是指按时间的先后顺序设置和登记的账簿，一般称为日记账。日记账按照设置和登记的要求不同，可分为普通日记账和特种日记账。

1. 普通日记账的设置与登记

设置普通日记账的企业，一般规模很小、经济业务量少。这些企业不必再使用记账凭证，而是在经济业务发生后，根据原始凭证或汇总原始凭证，登记普通日记账。普通日记账的账页格式如图表7-3所示。

图表7-3

普通日记账

2018年 月	2018年 日	原始凭证	摘要	会计科目	借方	贷方	核对
6	1	现金支票	提取现金	库存现金	3 000		
	3			银行存款		3 000	
	3	借款单	王明预借差旅费	其他应收款	500		
				库存现金		500	
	6	进账单	将现金存入银行	银行存款	8 000		
				库存现金		8 000	
		购货发票	采购材料	材料采购	6 000		
				应付账款		6 000	
⋮	⋮	⋮	⋮		⋮	⋮	
			本月合计		151 000	151 000	

经济业务发生后，应根据原始凭证或汇总原始凭证，登记普通日记账，将经济业务发生的时间登记在"日期"栏内；在"摘要"栏填写经济业务的内容；将应借应贷会计科目填写在"会计科目"栏内，先填写借方科目，后填写贷方科目；将应借金额记入"借方"栏内，将应贷金额记入"贷方"栏内。这种日记账具有全面反映经济业务的发生情况及对应关系的优点。但是，对于企业经济活动中某些经常重复发生的业务，如采购材料、商品销售等，最好采用多栏式普通日记账进行登记。多栏式日记账的格式如图表7-4所示。

图表7-4

多栏式日记账

年		原始凭证	摘要	现　金		银行存款		…		过账
月	日			借方	贷方	借方	贷方	借方	贷方	

由于普通日记账具备了会计分录的三要素，所以也将其称为"分录簿"。因普通日记账有不便于登账和登账工作量较大的缺陷，在会计核算中一般不使用普通日记账。现在随着电子计算技术在会计上的应用，可以解决普通日记账在手工记账下的缺陷，普通日记账的应用也许会日趋广泛。

2．特种日记账的设置与登记

特种日记账是普通日记账的进一步发展，它是因企业某一类业务发生频繁，从原来的一本日记账中专门分离出来，由专人进行登记的一种日记账。常用的特种日记账主要有现金和银行存款日记账，其账页格式又分为三栏式和多栏式两种，一般采用三栏式的账簿。如果某些现金和银行存款的收付业务比较多，而且与"库存现金""银行存款"账户对应的账户不多和比较固定的情况下，为既反映每一笔收支业务的来龙去脉，又便于分析和汇总对应账户的发生额，以减少登记总分类账的工作量，也可采用多栏式日记账。

1）现金日记账（三栏式）

现金日记账是由出纳人员根据现金收款凭证、现金付款凭证和银行存款付款凭证，按经济业务发生的时间先后顺序逐日逐笔进行登记的一种特种日记账。现金日记账一般格式如图表7-5所示。

现金日记账（三栏式）的登记方法如下。

（1）日期和凭证栏是指现金实际收、付日期和凭证的种类，如"现金收（付）款凭证"，简写为"现收（付）"，"银行存款收（付）款凭证"，简写为"银收（付）"，对于从银行提取现金的收入数，根据银行存款付款凭证登记现金日记账。凭证栏还应登记凭证的编号数，以便于查账和核对。

（2）摘要栏是摘要说明登记入账的经济业务的内容。文字要简练，说明要清楚。

图表 7-5

现金日记账（三栏式）

2018 年		凭 证		摘 要	对 方 科 目	收 入 （借方）	支 出 （贷方）	结 余 （余额）
月	日	字	号					
6	1			上年结余				3 000
	4	现付	1	付购入材料运费	物资采购		600	2 400
	4	现收	2	李明报销差旅费	其他应收款	200		2 600
	4	现付	3	王力预借差旅费	其他应收款		600	2 000
	4			本日合计		200	1 200	2 000
⋮	⋮	⋮	⋮	⋮	⋮	⋮	⋮	⋮
	30			本月合计		26 500	25 600	3 900

（3）对方科目栏是指现金收入的来源科目或支出的用途科目。如从银行提取现金，其来源科目（即对应科目）为"银行存款"。其作用在于了解经济业务的来龙去脉。

（4）收入、支出栏是指现金实际收、付的金额。每日终了，应分别计算现金收入和支出的合计数，结出余额，其计算公式为：

$$日余额 = 上日余额 + 本日收入额 - 本日支出额$$

同时将余额与出纳员的库存现金核对，即通常所说的"日清"。如账款不符应查明原因，并记录备案。月终同样要计算现金收、付和结存的合计数，通常称为"月结"。

2）银行存款日记账（三栏式）

银行存款日记账是由出纳员根据银行存款收、付款凭证和现金付款凭证（记录将现金存入银行业务）逐日逐笔按经济业务发生的先后顺序进行登记的。银行存款日记账一般格式如图表 7-6 所示。

图表 7-6

银行存款日记账（三栏式）

2018 年		凭 证		摘 要	结算凭证		对 方 科 目	收 入 （借方）	支 出 （贷方）	结 余 （余额）
月	日	字	号		种类	号数				
6	1			上年结余						20 000
	2	银付	01	提取现金	现金支票	0476	库存现金		200	
	2	银付	02	支付购货款	转账支票	1512	物资采购		600	
	2	银收	01	收到货款			应收账款	2 000		
	2			本日合计				2 000	800	21 200
⋮	⋮	⋮	⋮	⋮	⋮	⋮	⋮	⋮	⋮	⋮
	30			本月合计				132 000	124 000	28 000

银行存款日记账的登记方法与现金日记账的登记方法和要求基本相同：由出纳员根据审核无误的银行存款收、付款凭证及一部分现金付款凭证（将现金存入银行），按银行存款收付业务的先后顺序，逐日逐笔进行登记；每日终了，应分别计算银行存款收入、支出的合计数，并要定期与开户银行的对账单进行核对。需要说明的是，在银行存款日记账中，还需填列所采用的银行结算凭证的种类和号数。

多栏式特种日记账是在三栏式特种日记账的基础上，将经常重复发生的货币资金收支业务在一张账页上分别按库存现金（银行存款）借方（收入栏）和贷方（支出栏），按照对方科目设置相应的多个金额专栏进行登记的日记账。登记多栏式日记账时，由于其账页较长，应注意将业务金额准确记入相应金额栏内，防止串行或串栏，为避免这种错误的发生和便于账簿的保管，通常将多栏式日记账按收入、支出一分为二。因此，多栏式特种日记账的设置方法有两种：一种是分设多栏式现金日记账和多栏式银行存款日记账；另一种是分设多栏式现金收入日记账、多栏式现金支出日记账和多栏式银行存款收入日记账、多栏式银行存款支出日记账。多栏式特种日记账的格式分别如图表 7-7 至图表 7-9 所示。

图表 7-7

现金（或银行存款）日记账（多栏式）

年		凭证字号	摘　要	收　入		支　出		余　额
月	日			贷方科目	合　计	借方科目	合　计	

图表 7-8

现金（或银行存款）收入日记账（多栏式）

年		凭证字号	摘　要	贷方科目			支出合计	余额
月	日					收入合计		

图表 7-9

现金（或银行存款）支出日记账（多栏式）

年		凭证字号	摘　要	借方科目			
月	日						支出合计

7.2.3 分类账簿的格式设置与登记

分类账是对经济业务进行分类登记的账簿。按其反映内容的详细程度不同，又分为总分类账和明细分类账。两者的结构与登记方法也有所不同。

1. 总分类账的结构与登记方法

总分类账也称"总账"，是按照总分类账户分类登记全部经济业务的账簿。它能全面、总括地反映经济活动情况，并为编制会计报表提供依据，因此，任何单位都应设置总分类账簿。

总分类账一般采用订本式账簿形式。在总分类账中，应按会计科目的编码顺序分别开设账户。总分类账按一级会计科目设置，只能用货币作为计量单位。总分类账的账页格式一般有三栏式和多栏式两种。

1）三栏式总分类账

总分类账最常用的格式为三栏式，即分为借方金额、贷方金额、余额三栏。总分类账可以按记账凭证逐笔登记，也可以将记账凭证汇总进行登记，还可以根据多栏式日记账在月末汇总登记。总之，其登记方法主要取决于所采用的会计核算形式。三栏式总分类账的格式如图表 7-10 所示。

图表 7-10

总分类账（三栏式）

会计科目：库存现金　　　　　　　　　　　　　　　　　　　　　　　第 1 页

2018 年		凭	证	摘　要	借方	贷方	借或贷	余额
月	日	字	号					
6	1			期初余额			借	600
	5	现付	06	李明预借差旅费		200	借	400
	6	银付	08	提取现金备用	5 000		借	5 400
	⋮	⋮	⋮	⋮	⋮	⋮	⋮	⋮
	30			本月发生额及余额	50 000	48 600	借	2 000

根据实际需要，在总分类账中还可以增设"对方科目"栏，以反映每笔经济业务的账户对应关系。其格式如图表 7-11 所示。

图表 7-11

总分类账（三栏式）

会计科目：库存现金　　　　　　　　　　　　　　　　　　　　　　　第 1 页

2018 年		凭	证	摘　要	对方科目	借方	贷方	借或贷	余额
月	日	各类	编号						
6	1			期初余额				借	600
	5	现付	06	李明预借差旅费	其他应收款		200	借	400
	6	银付	08	提取现金备用	银行存款	5 000		借	5 400
	⋮	⋮	⋮	⋮	⋮	⋮	⋮	⋮	⋮
	30			本月发生额及余额		50 000	48 600	借	2 000

2）多栏式总分类账

总分类账也可以采用多栏式的。多栏式总分类账是将所有的一级科目设在一张表中，根据记账凭证后的数字定期登记。这种格式的总分类账是把序时账簿和总分类账簿结合在一起，具有序时账簿和总分类账簿的双重作用，成为一种联合账簿，通常称为日记总账。它不仅可以减少记账工作量，还能较全面地反映资金运作的情况。但是，该种账簿如果涉及会计科目过多，势必造成账页篇幅过大，这既不便于记账，又易出现串行或串栏的错误。经济业务较少，账户不多，或者采用了会计电算化的单位可采用这种格式的总分类账簿。多栏式总分类账账页格式如图表7-12所示。

图表7-12

总分类账（多栏式）

2018年		凭证字号	摘要	发生额	库存现金		银行存款		应收账款		……
月	日				借方	贷方	借方	贷方	借方	贷方	……
6	1		月初余额		800		56 000		43 000		
	1		提取现金	1 000	1 000			1 000			
	1		收回货款	15 000			15 000			15 000	
	⋮		⋮	⋮	⋮	⋮	⋮	⋮	⋮	⋮	⋮
	30		本月合计								
	30		月末余额								

总分类账可以根据记账凭证逐日逐笔登记，也可以将一定时期的记账凭证汇总编制成"汇总记账凭证"或"科目汇总表"（或"记账凭证汇总表"），再据以登记总分类账，还可以直接根据多栏式现金和银行存款日记账登记总分类账。详细内容将在第10章"会计核算组织"中介绍。

总分类账账页中各栏目的登记方法如下。

（1）日期栏。在逐日逐笔登记总分类账的方法下，填写业务发生的具体日期，即记账凭证的日期；在汇总登记总分类账的方法下，填写汇总凭证（科目汇总表或汇总记账凭证）的日期。

（2）凭证字、号栏。填写登记总分类账所依据的凭证的字和号。若依据记账凭证，则填写记账凭证的字、号；若依据科目汇总表，则填写"科汇"字及其编号；若依据汇总记账凭证，则填写"现（银）汇收"字及其编号、"现（银）汇付"字及其编号和"汇转"字及其编号；若依据多栏式日记账，则填写日记账的简称（如"现收账""现支账"）。

（3）摘要栏。填写登记总分类账所依据的凭证的简要内容。若依据记账凭证，则填写记账凭证中的摘要内容；若依据科目汇总表，则填写"某日至某日发生额"字样；若依据汇总记账凭证，则填写依据第几号至第几号记账凭证而来的；若依据多栏式日记账，则填写日记账的详细名称。

（4）对方科目栏。填写与总分类账户发生对应关系的总分类账户的名称。

（5）借、贷方金额栏。填写所依据的凭证上记载的各总分类账户的借方或贷方发生额。

（6）借或贷栏。登记余额的方向。若余额在借方，则写"借"字；若余额在贷方，则写"贷"字。若期末余额为零，则在"借或贷"栏写"平"字，并在"余额"栏的中间画"—0—"符号。

2. 明细分类账的设置和登记

明细分类账是按照各个明细账户分类登记经济业务的账簿。根据各单位的实际需要，可以按照二级科目或三级科目开设账户，用来分类、连续地记录有关资产、负债、所有者权益、收入、费用及利润的详细资料，提供编制会计报表所需要的数据。因此，各核算单位在按照总分类科目设置总分类账的同时，还应根据明细分类科目设置明细分类账。

根据经济管理的需要和各明细分类账所记录的内容不同，其格式通常分为三种：三栏式、数量金额式和多栏式三种。

（1）三栏式明细分类账。在实际工作中又称甲账，该种分类账只设有借方、贷方和余额三个栏目，没有数量栏，它适用于只需要反映金额的经济业务，如应收账款、应付账款等。三栏式明细分类账的格式与总分类账的格式基本相同。所不同的是，总分类账为订本账，而三栏式明细分类账簿多为活页账。为了区别总分类账中的三栏式，实际工作中，将明细账中的三栏式称为"甲式明细分类账"。

三栏式明细分类账的登记方法如下。

① 日期栏：登记经济业务发生的具体时间，与记账凭证的日期一致。

② 凭证字、号栏：登记记账凭证的种类和编号。

③ 摘要栏：登记业务的简要内容，与记账凭证的摘要内容一致。

④ 借、贷方金额栏：登记账户的借方、贷方发生额。

⑤ 借或贷栏：登记余额的方向。

⑥ 余额栏：登记每笔业务发生后该账户的余额。

（2）数量金额式明细分类账。在实际工作中又称乙账，该分类账设有收入、发出和结存三大栏，并在每一大栏下设数量、单价和金额三个小栏。它可以反映经济业务的数量和金额，适用于既要反映金额又要反映数量的经济业务的核算与管理，如原材料、产成品等。数量金额式明细分类账格式如图表7-13所示。

图表7-13

数量金额式明细分类账
原 材 料 明细账

一级科目：材料　　　　　　　　　　　　　　　　　　　　　计量单位：千克/元
材料名称：钢材　　　　　　　　　　　　　　　　　　　　　存放地点：1号仓库
材料规格：　　　　　　　　　　　　　　　　　　　　　　　储备定额：

2018年		凭证		摘　要	收　　入			发　　出			结　　存		
月	日	字	号		数量	单价	金额	数量	单价	金额	数量	单价	金额
7	1			月初余额							500	2	1 000
	6			车间领用				100	2	200	400	2	800
	10			购入	1 000	2	2 000				1400	2	2 800
	12			车间领用				500	2	1 000	900	2	1 800
	⋮	⋮	⋮	⋮	⋮	⋮	⋮	⋮	⋮	⋮	⋮	⋮	⋮
7	31			本月合计	4 000	2	8 000	3 600	2	7 200	900	2	1 800

数量金额式明细分类账的登记方法如下。

① 日期栏：登记经济业务发生的具体时间，与原始凭证的日期一致。

② 凭证字、号栏：登记原始凭证的种类和编号，如收料单（简写"收"）、领料单（简写"领"）、限额领料单（简写"限领"）、入库单（简写"入"）和出库单（简写"出"）。

③ 摘要栏：登记业务的简要内容，文字要简练，要说明问题。

④ 收入、发出和结存栏：数量栏登记实际入、出库和结存的物资数量；收入的单价栏和金额栏登记入库材料的单位、成本；发出和结存的单价栏和金额栏其登记方法取决于期末存货的计价方法，在月末一次加权平均法下，一个月只在月末登记一次，在存货的其他计价方法下的登记，将在有关《财务会计》的教材中详细说明，请参考相关教材。

（3）多栏式明细分类账。多栏式明细分类账是根据经济业务的特点和经营管理的需要，在账页上设置若干栏次的账簿。它用于登记明细项目多、借贷方向单一的经济业务，如物资采购、生产成本、制造费用、管理费用、财务费用、营业外支出等明细分类科目。多栏式明细分类账一般采用借方多栏式明细账、贷方多栏式明细账和借贷方多栏式明细（特种明细账）。

① 借方多栏式明细账。在账页中设有借方、贷方和余额三个金额栏，并在借方按照明细科目或明细项目分设若干栏目，或者单独开设借方金额分析栏。这种格式适用于借方需要设置多个明细科目的成本类或费用类账户，如"生产成本""制造费用"明细账等。其格式如图表 7-14 所示。

图表 7-14

制造费用明细账（借方多栏式）

二级科目：　　　　　　　　　　　　　　　　　　　　　　　　　　　　　　　　第　页

年		凭证		摘要	费 用 项 目						贷方	余额
月	日	字	号		职工薪酬	水电费	折旧费	修理费	办公费	合计		

借方多栏式明细账适用于平时只有借方项目发生额，而贷方只在月末发生一次且与借方项目相同账户的明细分类核算。因此，借方多栏式明细账一般为每一明细项目在借方设置一个金额栏，登记该项目一个方向（借方）的发生额，对于另外一个方向（贷方）的发生额，则在该栏目内用"红字"记录，以表示对该项目金额的冲销数或转出数。

② 贷方多栏式明细账。在账页中设有借方、贷方和余额三个金额栏，并在贷方按照明细科目或明细项目分设若干栏目，或者单独开设贷方金额分析栏。它适用于贷方需要设多个明细科目或明细项目进行登记的账户。如"主营业务收入"和"营业外收入"明细账等。营业外收入明细账格式如图表 7-15 所示。

图表 7-15

营业外收入明细账（贷方多栏式）

年		凭证		摘要	借方	贷方	余额	贷方金额分析			
月	日	字	号					银行存款	固定资产清理	…	合计

贷方多栏式明细账平时只有贷方项目的发生额，而借方只在月末发生一次且与贷方项目相同的账户的明细分类核算。因此，贷方多栏式明细账一般为每一明细项目在贷方设置一个金额栏，登记该项目一个方向（贷方）的发生额，对于另一个方向（借方）的发生额，则

在该栏目内用"红字"记录，以表示对该项目金额的冲销数或转出数。

③ 借贷方多栏式明细账（特种明细账）。在账页中设有借方、贷方和余额三个金额栏，并同时在借方和贷方栏下设置若干个明细科目或明细项目。它适用于借贷方均需要设置多个栏目进行登记的账户，如"本年利润""应交税费——应交增值税"明细分类账等。其登记方法将在《财务会计》进行阐述，请参考相关教材。其格式如图表7-16所示。

图表7-16

应交税费——应交增值税明细账（借贷方多栏式）

年		凭证		摘要	借　方				贷　方					借或贷	余额
月	日	字	号		进项税额	已交税金	（略）	合计	销项税额	出口退税	进项税额转出	（略）	合计		

各种明细分类账的登记方法，应根据本单位业务量的大小和经营管理的需要及所记录的经济业务内容而定，可以根据原始凭证或记账凭证逐笔登记，也可以根据这些凭证逐日或定期汇总登记。

7.2.4　总分类账和明细分类账的关系及其平行登记

如前所述，所谓总分类账是指按总账科目开设账户，对总账科目的经济业务进行总括核算的账簿，提供总账科目的总括性信息；所谓明细分类账是指按照明细科目开设账户，对总分类账记录的经济业务进行明细分类核算的账簿，它提供的是具体而详尽的会计信息。这就表明，总分类账和明细分类账是既有联系，又有区别的两类账簿。

1. 总分类账和明细分类账之间的关系

1）总分类账与明细分类账之间的联系

（1）两者所反映的经济业务的内容相同。总分类账与明细分类账之间的内在联系实质上体现为总分类账与明细分类账之间所反映的经济业务内容的联系。如"原材料"总分类账户与其所属的各产品的明细分类账户都是用来核算材料的收发领用等业务。

（2）两者的登账依据相同。总分类账与明细分类账都是根据审核无误的原始凭证和记账凭证来登记的。如据以登记"原材料"总分类账的凭证，同时也是登记各明细分类账的依据。

2）总分类账与明细分类账的区别

（1）反映经济业务内容的详尽程度不同。总分类账反映经济业务引起各会计要素增减变化的总括情况，提供某一总分类账户的总括会计信息；明细分类账反映经济业务引起各会计要素增减变化的详细情况，提供某一具体项目的信息。有些明细分类账还可提供实物数量方面的信息。

（2）作用不同。总分类账提供的信息，是综合性信息，对所属明细分类账起统率和控制作用；明细分类账则起补充说明总分类账的作用，用来说明总分类账户是由哪些具体内容组成的。

2. 总分类账与明细分类账的平行登记

所谓平行登记，是指经济业务发生后，应根据有关会计凭证（包括原始凭证和记账凭证），一方面要登记有关的总分类账户；另一方面要登记该总分类账户所属的各有关明细分类账户。平行登记法的要点可概括为以下四点。

（1）期间相同。对发生的每一笔经济业务，根据审核无误的同一会计凭证，在同一会计期间，在有关的总分类账中和该总分类账所属的明细分类账中进行总括登记和进行明细登记。

（2）方向相同。对一笔经济业务，依据同一会计凭证，登记总分类账户的借贷方向与登记所属明细分类账户的借贷方向必须一致。

（3）金额相等。记入总分类账的金额，必须与记入其所属的各明细分类账中的金额之和相等。即

$$总分类账户本期发生额 = 所属各明细分类账户本期发生额合计$$
$$总分类账户期末余额 = 所属各明细分类账户期末余额合计$$

（4）依据相同。无论登记总分类账还是明细分类账，所依据都是同一会计凭证。

总之，平行登记的原则是：用同一原始依据，同期间、同方向、等金额，在总分类账户和明细分类账户中进行登记。

[**例 7-1**]　某企业 2018 年 6 月份"原材料"总分类账户及其所属的明细分类账户月初余额如下。

"原材料"总分类账余额 85 000 元，所属各明细分类账户的余额资料为：甲材料 50 吨，单价 1 500 元，金额 75 000 元；乙材料 10 吨，单价 1 000 元，金额 10 000 元。

该企业 2018 年 6 月份发生下列材料收发业务。

（1）3 日，填制收料单 068 号，验收入库甲材料 30 吨、乙材料 25 吨。成本资料已经取得，甲材料每吨 1 520 元，乙材料每吨 980 元。结转其实际成本的会计分录如下：

```
借：原材料——甲材料                        45 600
         ——乙材料                        24 500
    贷：在途物资——甲材料                        45 600
              ——乙材料                        24 500
```

（2）5 日，填制领料单 01 号，生产车间生产产品领用甲材料 40 吨，乙材料 20 吨。

（3）10 日，填制领料单 02 号，生产车间一般消耗领用甲材料 6 吨，乙材料 4 吨。

（4）16 日，填制收料单 069 号，验收入库甲材料 20 吨、乙材料 10 吨。成本资料已经取得，甲材料每吨 1 480 元，乙材料每吨 1 050 元。结转其实际成本的会计分录如下：

```
借：原材料——甲材料                        29 600
         ——乙材料                        10 500
    贷：在途物资——甲材料                        29 600
              ——乙材料                        10 500
```

（5）20 日，填制领料单 03 号，生产车间生产产品领用甲材料 30 吨，乙材料 10 吨。

（6）25 日，填制领料单 04 号，生产车间一般消耗领用甲材料 4 吨，乙材料 6 吨。

根据上述业务，在总分类账和明细分类账中进行平行登记如下。

假设该企业采用月末一次加权平均法计算发出材料成本：

$$甲材料月末加权平均单价 = \frac{75\,000 + 45\,600 + 29\,600}{50 + 30 + 20} = 1\,502（元/吨）$$

$$乙材料月末加权平均单价 = \frac{10\,000 + 24\,500 + 10\,500}{10 + 25 + 10} = 1\,000（元/吨）$$

发出甲材料的实际成本为：

$$生产产品耗用：(40 + 30) \times 1\ 502 = 105\ 140（元）$$
$$车间一般耗用：\qquad 10 \times 1\ 502 = \ 15\ 020（元）$$
$$合\qquad 计\qquad\qquad\qquad 120\ 160（元）$$

发出乙材料的实际成本为：

$$生产产品耗用：30 \times 1000 = 30\ 000（元）$$
$$车间一般耗用：10 \times 1000 = 10\ 000（元）$$
$$合\qquad 计\qquad\qquad 40\ 000（元）$$

根据上述计算，编制结转本月耗用材料的会计分录为：

借：生产成本   13 5 140
  制造费用   2 5 020
  贷：原材料——甲材料   120 160
      ——乙材料   40 000

根据上述资料，按照登记总分类账和明细分类账的要求，登记"原材料"总分类账及其所属的明细分类账如图表7–17至图表7–19所示。

图表7–17

原材料总分类账

金额单位：元

2018 年		凭证		摘　要	借方	贷方	借或贷	余额
月	日	字	号					
6	1			月初余额			借	85 000
	3	转	3	验收入库	70 100		借	155 100
	16	转	6	验收入库	40 100		借	195 200
	30	转	22	结转发出材料成本		160 160	借	35 040
	30			本月合计	110 200	160 160	借	35 040

图表7–18

原材料明细分类账（乙式账）

材料名称：甲材料   总第　页

2018 年		凭证		摘　要	收入			发出			结存		
月	日	字	号		数量	单价	金额	数量	单价	金额	数量	单价	金额
6	1			月初结存							50	1 500	75 000
	3	收	068	验收入库	30	1 520	45 600				80		
	5	领	01	生产领用				40			40		
	10	领	02	车间领用				6			34		
	16	收	069	验收入库	20	1 480	29 600				54		
	20	领	03	生产领用				30			24		
	25	领	04	车间领用				4			20		
	30			本月合计	50		75 200	80	1 502	120 160	20	1 502	30 040

图表 7-19

原材料明细分类账（乙式账）

材料名称：乙材料　　　　　　　　　　　　　　　　　　　　　　　　　　　　　　　总第　页

2018 年		凭证		摘 要	收入			发出			结存		
月	日	字	号		数量	单价	金额	数量	单价	金额	数量	单价	金额
6	1			月初结存							10	1 000	10 000
	3	收	068	验收入库	25	980	24 500				35		
	5	领	01	领料				20			15		
	10	领	02	车间领用				4			11		
	16	收	069	验收入库	10	1 050	10 500				21		
	20	领	03	领料				10			11		
	25	领	04	车间领用				6			5		
	30			本月合计	35		35 000	40	1 000	40 000	5	1 000	5 000

以上登账方法具体说明如下。

① 在"原材料"总分类账的"余额"栏中，登记月初材料余额 85 000 元。同时，在"甲材料"和"乙材料"的明细分类账的结存栏中，按数量、单价和金额分别登记有关数据。

② 将本月 3 日验收入库的甲、乙材料的金额合计数根据转账凭证登记在"原材料"总分类账的借方栏内；同时根据验收入库的收料单 068 号分别登记"甲材料"和"乙材料"的明细账"收入"栏的数量、单价和金额。对于本月 16 日验收入库的甲材料和乙材料根据收料单 069 号用相同方法登记。

③ 将本月 5 日发出的甲材料、乙材料的数量根据领料单 01 号，分别登记在"甲材料""乙材料"明细分类账"发出"栏数量栏中。由于企业采用月末一次加权平均法计算发出材料的价值，所以，平时不确定发出材料的价值，也就不登记发出材料的单价和金额栏。同时总分类账中也不予记录。对于本月 10 日、20 日和 25 日发出材料根据领料单 02 号、03 号、04 号进行登记，登记方法相同。

④ 月末，根据本月月初结存的数量、金额和本月累计入库数量和累积入库金额计算出各材料的月末加权平均单价后，确定发出材料的金额和月末结存材料的金额，并编制发出材料成本的转账凭证。根据转账凭证登记"原材料"总分类账中的贷方金额栏。在材料明细中进行月结，根据计算出的加权平均单价和发出材料的数量登记"甲材料""乙材料"明细账中"发出"栏和"结存"栏中的单价和金额。

⑤ 月末，将"原材料"总分类账记录与其所属的各明细分类账的记录进行核对。通常是通过编制"总分类账户与明细分类账户发生额及余额对照表"进行的。对照表的格式和内容如图表 7-20 所示。

图表7-20

总分类账户与明细分类账户发生额及余额对照表

账户名称		月初余额		本期发生额		期末余额	
		借方	贷方	借方	贷方	借方	贷方
明细账户	甲材料	75 000		75 200	120 160	30 040	
	乙材料	10 000		35 000	40 000	5 000	
	合计	85 000		110 200	160 160	35 040	
材料总分类账户		85 000		110 200	160 160	35 040	

7.2.5 备查账簿的设置与登记

备查账簿的主要用途是记录序时账簿和分类账簿未能或无法反映的特殊经济事项。它的种类和格式一般没有固定的模式，完全取决于特殊经济业务的种类、内容及对该业务实施管理的具体要求。为此，备查账簿的格式及内容应讲求实用性、简单化。如生产企业为了对受托加工的材料加强实物管理，用来登记加工材料的增、减、结存情况的"受托加工材料登记簿"如图表7-21所示。

图表7-21

受托加工材料登记簿

第　页

收料凭证		材料名称	规格	计量单位	数量	加工后材料				余料	退料凭证		送料人	领料人
字	号					名称规格	计量单位	数量	收加工费		日期	编号		

7.3　账簿登记的规则

账簿登记，简称记账。账簿的登记规则，也叫记账技术。它是会计核算的一项重要内容，也是一项会计基础工作。为了保证会计工作的质量，在记账过程中，应认真、及时、清楚、完整、正确，并符合有关的规范要求。

7.3.1 账簿登记规则

会计人员应根据审核无误的会计凭证及时地登记会计账簿。对于总分类账，要按照各单位所选用的会计组织核算形式来确定登记的依据和具体时间（在第10章中具体说明），而对于各种明细账，要根据记账凭证及所附的原始凭证逐笔登记。对于现金和银行存款日记账，为了保证其每日账实相符，应根据办理完毕的收付款凭证，随时逐笔顺序登记，并结出余额。

1. 启用账簿时的一般规则

账簿是存储数据资料的重要会计档案。为了保证账簿登记的严肃性、合法性，明确记账责任，保证会计资料的完整，登记账簿必须由专人负责，并在账簿启用时，在"账簿启用和经管人员一览表"（见图表7-1）中详细、完整记载所有各项内容，并加盖单位公章，经管人员（包括企业单位负责人、主管会计、复核和记账人员）均应载明姓名并加盖印章。记账人员调动工作或因故离职时，应办理交接手续，并在交接记录栏内填写交接日期和交接双方人员姓名并签章。"账簿启用和经管人员一览表"列入账簿扉页。如图表7-1所示。

订本式账簿应在启用前，从第一页到最后一页顺序编定页数，不得跳页、缺号。活页式账簿所使用的账页，按账户顺序编号，定期装订成册，装订后再按实际使用账页顺序编定页数和目录，注明每个账户的名称和页次。

2. 账簿的书写规则

（1）必须根据审核无误的会计凭证记账。登记时，要将会计凭证上的有关内容逐项登记在账内相应的栏目，如日期、凭证号数、摘要和金额，做到清晰正确。记账后，要在会计凭证上注明所记账簿的页数并签名或盖章，同时注明已经记账的标记符号如"√"等，以免重记或漏记。

（2）记账必须用蓝黑色墨水笔或用碳素笔书写，不得用铅笔或圆珠笔（复写账除外）记账。这主要是为了长期保存。国家规定各种账簿的归档保管年限一般在十年以上，要求字迹要长久清晰，以便日后查核使用，防止涂改。也不得用其他颜色的笔记账。但下列情况可以用红色墨水笔记账。

① 按照红字冲账的记账规则，冲销错误记录。

② 在只有借方（或贷方）栏的多栏式账页中，登记贷方（或借方）发生额。

③ 在三栏式账户的余额栏前如未印明余额方向（借或贷），在余额栏内登记负数余额。

④ 结账画线或按规定用红字登记的其他记录。

（3）各种账簿按页次顺序连续登记，不得跳行、隔页。如不慎发生跳行、隔页，不得撕毁账页，应将空行、空页处用红色墨水笔画对角线注销，注明"此行空白"或"此页空白"字样，并由记账人员签名或盖章。活页式账簿也不得随便抽换账页。

（4）对于登错的记录，不得挖补、刮擦、涂改或用药水消除字迹等手段更正错误，也不允许重抄。应按规定的错账更正规则进行更正。

（5）账簿中书写的文字或数字不能顶格书写，一般只应占格距的二分之一，以便留有改错的空间。书写要规范，不要写怪体字、错别字，不要潦草。

（6）凡需结出余额的账户，应按时结出余额，并在"借或贷"栏内写明"借"或"贷"字样。没有余额的账户，应在该栏内写"平"字，并在余额栏"元"位上用"—0—"等表示。现金日记账和银行存款日记账必须逐日结出余额。

特别提示

　　记录金额时，如为整数，应分别在角分栏内写上"0"，不得省略，不能用"—"号替代。

（7）各账户在一张账页登记完毕结转下页时，应当结出本页合计数和余额，写在本页最后一行和下页第一行有关栏内，并在本页最后一行的"摘要"栏内注明"转次页"字样，在下一页第一行的"摘要"栏内注明"承前页"字样。对转次页的本页合计数如何计算，一般有下列三种情况。

① 需要结出本月发生额的账户，结计"转次页"的本页合计数应当为自本月初至本页末

止的发生额合计数，如现金日记账和银行存款日记账及采用"账结法"下的各损益类账户。

② 需要结计本年累计发生额的账户，结计"转次页"的本页合计数应当为自年初起至本页末止的累计数，如"本年利润"账户和采用"表结法"下的各损益类账户。

③ 既不需要结计本月发生额，也不需要结计本年累积发生额的账户，可以只将每页末的余额结转次页。如债权、债务结算类账户，"实收资本"等资本类账户和"原材料"等财产物资类账户。

7.3.2　错账的查找方法和更正规则

由于在借贷复式记账法下，账簿记录的结果存在一种自动平衡机制，所以可以用试算平衡法，在结账前和结账后编制"本期总分类账户发生额试算平衡表"和"本期总分类账户余额试算平衡表"或"总分类账户发生额及余额试算平衡表"来检查账簿记录是否有差错，并加以更正。

1. 错账的查找方法

在按照试算平衡的方式进行查找，找不出记账的错误但仍然不平衡时，可能是由过账的错误或者是记账凭证编制的错误，以及几种错误交叉影响造成的。可采用以下一些有效方法查找。

1）过账错误查找法

首先确定错账的差额，从这一金额的某些特征提供的线索，找出错误所在。

（1）差数法。根据错账的金额查找漏记的金额。借方金额的遗漏，就会有同量的超出额体现在贷方；反之，就会有同样的超出额体现在借方。

（2）二除法。如果将借方金额错记在贷方或相反情况下，则必然一方（借方或贷方）合计数增多而另一方（贷方或借方）合计数减少，其差额应是记错方向金额的两倍，且差数必为偶数。对于这种错误，采用二除法，即用其差数除以2，商就是账中记错方向的数字。然后在账目中去寻找差错的数字就有了一定的目标。二除法是查找方向记反错误的有效方法。

（3）九除法。即用差数除以9检查错账的方法。

① 数字错位情况。如果差错数字较大，就应检查是否在记账时发生了数字错位即十位数错记为百位数或千位错记为百位数等。出现错位这种情况，其差数均可被9整除，商数就是要查找的差错数。

② 倒码情况。即将一笔金额中相邻的两位数字或相邻的三位数字记颠倒的错误。同样是用差数除以9，也为整数，然后在账簿记录中检查是否出现数字颠倒的错误。如将89元记为98元，差数为9，用9去除商为1。

2）非过账错误查找法

如果通过以上方法仍找不到错误，则有可能是记账凭证编制错误，以及几种错误交叉影响造成的。可采用以下一些方法查找。

（1）顺查法。按账务处理顺序，从头到尾进行全面核对。首先，检查记账凭证和所附原始凭证记录的内容是否相符、计算是否有错误等；然后，将记账凭证和所附原始凭证与有关总分类账、日记账、明细分类账逐项进行核对；最后，检查试算平衡表是否抄错。

（2）逆查法。按与账务处理相反的顺序，从后向前进行核对。首先，检查试算平衡表中本期发生额及期末余额的计算是否正确；然后，逐笔复核账簿记录是否与记账凭证相符；最后，检查记账凭证与原始凭证的记录是否相符。

（3）抽查法。抽取账簿中的某些部分进行局部检查。根据差错的具体情况进行抽查，如果发现差错数字只是角位、分位或者只是整数，就可以缩小查找范围，专查角位、分位或整数位数字，其他数字则不必一一检查。

如果试算平衡表中借、贷方合计数字不相等，说明记账肯定有错误；但试算平衡表平衡时，也只能说明记账基本是正确的，不能说明记账绝对没有错误。因为还可能发生重记、漏记、金额多记或少记、科目用错及科目方向记反等错误。因此，不能依赖试算平衡表来完全解决记账中的所有问题，也就是说，试算平衡表并不能检查出上述的错误。只有避免了上述错误，而且试算又是平衡的，才能说明记账是正确的。试算平衡表只是检查记账正确与否的手段之一。无论如何，查找错误的工作是麻烦的，因此，要求在进行会计核算各环节的工作时，一定要严肃认真，一丝不苟，力求尽可能减少差错，以提高会计工作的效率。

2. 错账的更正方法

1）画线更正法，又称红线更正法

这种方法主要适用于在每月结账前，发现账簿记录中的文字或数字有错误，而其所依附的记账凭证没有错误，即纯属记账时笔误或计算错误，应采用画线更正法进行更正。

具体操作方法是：在错误的文字或数字上画一条红色横线予以注销，但必须使原有文字或数字清晰可认；然后在画线文字或数字的上方用蓝字或黑字将正确的文字或数字填写在同一行的画线处的上方位置，并由更正人员签章。采用这种方法需要注意：对于文字错误，只画去错字，并相应予以更正；对于数字错误，应将错误的数额全部画去，而不能只画去错误数额中的个别数字。如将正确的数额1234误记为1243，应在1243上画一红线，而不能只画去其中的43，然后在1243的上方填写正确的数额1234。

2）红字更正法，又称红字冲销法

它是用红字冲销原有记录后再予以更正的方法。主要有两种情况。

一种情况是，根据记账凭证记账以后，发现记账凭证中的应借、应贷会计科目或记账方向有错误，而账簿记录与记账凭证是相符的。其更正方法是首先用红字金额填制一张与原错误记账凭证内容完全一致的记账凭证，在凭证"摘要"栏注明"注销×月×日×字×号凭证"字样，并据此红字凭证用红字登记入账，在账簿的"摘要"栏注明"冲销×月×日错账"，"凭证"栏写上凭证的"字、号"，以冲销原错误记录；然后，再用蓝字填制一张正确的记账凭证，在"摘要"栏注明"订正×月×日×字×号凭证"字样，并据此记账凭证用蓝字登记入账，在账簿的"凭证"栏写入该凭证的"字、号"，在"摘要"栏注明"更正×月×日错账"。

[**例7-2**] 本月车间购买办公用品2 000元，用银行存款支付。

（1）根据有关原始凭证，编制记账凭证，并据以登记入账。原始记账凭证填制内容如下：

     借：管理费用   2 000

          贷：银行存款   2 000

（2）经过查核，发现上述记录有误，正确的处理应该是记入"制造费用"账户的借方，同时记入"银行存款"账户的贷方，原记记账凭证将借方的会计科目用错，并已登记入账。更正方法如下。

首先，用红字填制一张与原记账凭证内容相同的记账凭证，并据以登记入账。

借：管理费用　　　　　|2 000|

　　贷：银行存款　　　　|2 000|　　　　注：|　|内数字表示红字，下同。

账务处理如图表7-22所示。

图表7-22

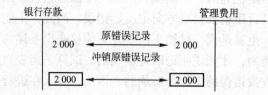

然后，用蓝字填制一张内容正确的记账凭证，并据以登记入账。

借：制造费用　　　　　　　　　　　　　　　　　　　　2 000

　　贷：银行存款　　　　　　　　　　　　　　　　　　　　2 000

账务处理如图表7-23所示。

图表7-23

第二种情况是，根据记账凭证记账以后，发现记账凭证中应借、应贷会计科目和记账方向都正确，只是所记金额大于应记金额并据以登记账簿。其更正方法是将多记的金额用红字填制一张与原错误记账凭证的会计科目、记账方向相同的记账凭证，并据此红字凭证用红字登记入账，以冲销多记金额，求得正确的金额。"摘要"栏、"凭证"栏的填写方法参照上述方法。

[例7-3]　某企业月末结转入库材料采购成本45 000元。

（1）填制记账凭证时，误作下列会计分录：

借：原材料　　　　　　　　　　　　　　　　　　　　　54 000

　　贷：在途物资　　　　　　　　　　　　　　　　　　　　54 000

（2）更正时，按多记金额9 000元，用红字填写一张记账凭证，其中使用的会计科目，应借、应贷方向与原记账凭证相同，并在凭证"摘要"栏注明"冲销×月×日×字×号凭证多记金额"，并据以用红字登记处入账，在账簿的"摘要"栏注明"冲销×月×日账上多记金额"，红字记账凭证的填制如下。

借：原材料　　　　　　　　　　　　　　　　　　　|9 000|

　　贷：在途物资　　　　　　　　　　　　　　　　|9 000|

最后，形成的有关记录如图表7-24所示。

图表7-24

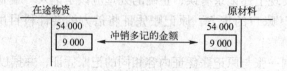

3）补充登记法，也称蓝字补记法

根据记账凭证记账以后，发现记账凭证中应借、应贷会计科目和记账方向都正确，只是所记金额小于应记金额并据以入账。

更正方法是：将少记金额用蓝字填制一张与原错误记账凭证科目名称和方向一致的记账凭证，并用蓝字据以登记入账，以补充少记的金额。

以上介绍的都属于账簿记录与其所依附的记账凭证内容完全一致时所出现的错账的更正方法，当账簿记录与其所依附的记账凭证不一致时，则应首先采用画线更正法更正账簿记录，使之与原记账凭证相符，然后再采用相应的更正方法予以更正。

7.4 对账与结账

对账和结账就是在账簿登记工作结束之后首先对账簿记录的内容进行核对，并计算出本期发生额及期末余额。它是保证其账证相符、账账相符、账实相符所必须进行的一项非常重要的工作，也是账簿登记的一个非常重要的环节。

7.4.1 对账

对账就是核对账目，即在经济业务入账后，于平时或月末、季末、年末结账之前，对各种账簿记录所进行的核对。通过对账，可以及时发现和纠正记账及计算的差错，做到账证相符、账账相符、账实相符，保证各种账簿记录的完整和正确。对账的内容主要有以下三种。

1. 账证核对

账证核对，是指各种账簿的记录与记账凭证及其所附的原始凭证相核对。这种核对通常是在日常核算中进行的，以使错账能及时得到纠正。月终时，如果出现账证不符，则应将账簿记录与记账凭证重新复核，以确保账证相符。

2. 账账核对

账账核对，是指对各种账簿之间的有关数字进行核对。主要包括如下内容。

（1）总分类账中各账户期末借方余额合计数与各账户期末贷方余额合计数相核对。

（2）总分类账与所属明细分类账之间的核对。在确保总分类账中各账户借方余额合计数与各账户贷方余额合计数核对的基础上，对总分类账中各账户与其所属的各明细分类账户进行核对。包括将总分类账户的本期借方或贷方发生额合计数与其所属的各明细分类账户的本期借方或贷方发生额合计数进行核对；将总分类账户的期末余额与其所属的各明细分类账户的期末余额合计数进行核对。

（3）总分类账与日记账之间的核对。即将总分类账户中现金和银行存款账户的记录分别与现金日记账和银行存款日记账进行核对。核对内容同样包括余额核对和发生额核对。

（4）会计部门各种财产物资明细分类账与财产物资保管或使用部门的有关财产物资明细分类账进行核对。这项核对是在保证会计部门明细分类账记录正确的基础上进行的，通常是将两者的余额进行核对。

3. 账实核对

账实核对，是指账物、账款的核对。即将各种财产物资的账面余额与实有数额进行核对。主要包括以下内容。

（1）将现金日记账的余额与现金实际库存数核对，并保证日清月结。

（2）将银行存款日记账的余额与银行送来的对账单核对，每月最少一次，并保证相符。

（3）将各种应收、应付款明细账余额与有关债务、债权单位的账目核对，并保证相符。

（4）将各种材料、物资、产品明细账的余额与其实物数额核对，并保证相符。

详细内容将在下一章财产清查中介绍。

7.4.2 结账

结账，也叫账户结算，是指在把一定时期（月份、季度、年度）内所发生的全部经济业务登记入账并核对无误的基础上，在期末按照规定的方法对该期内的账簿记录进行小结，结算出本期发生额合计数和余额，并将其余额结转下期或转入新账及画出结账标志的程序和方法。结账前要查明是否已将本期内所发生的全部经济业务按规定程序全部登记入账，有无错记、漏记。若发现登记工作有失误，要及时按规定手续进行更正、补记。

1. 结账前的账项调整和结账分录

1）结账前的账项调整

账项调整是指把影响两个或两个以上会计期间的经济业务在会计期末进行调整以确定权责发生制基础上的本期收入和费用。因此，要求会计人员在各会计期末进行结账之前，以权责发生制为基础进行账项调整，编制有关账项调整的会计分录。

2）结账分录

所谓结账分录，是指在期末将有关账户的余额或差额结转到另一个账户而编制的转账凭证。

在会计核算中，有些账户的核算起着积累资料和过渡性质，期末除根据权责发生制对部分账项进行调整外，还应将有关收入、费用账户的余额在期末进行结转，以便计算本期产品生产成本和财务成果。即在期末通过编制结账分录，使有关收入、费用账户的余额为零。主要包括以下内容。

（1）期末将"制造费用"账户的本期借方发生额结转到"生产成本"账户的借方，使"制造费用"账户的期末结平。

（2）期末将损益收入（或损益支出）类账户的贷方（或借方）差额或余额结转到"本年利润"账户的贷方（或借方），以便确定本期的收入（或费用）数额，使各损益类账户期末结平，并通过"本年利润"账户借、贷双方金额的比较，确定本期实现的利润总额或发生的亏损总额。

（3）年末将本年实现的利润总额（或发生的亏损总额）从"本年利润"的借方（或贷方）转入"利润分配——未分配利润"账户的贷方（或借方），以结平"本年利润"账户，同时，将本年已分配的利润从"利润分配"账户其他有关明细账的贷方转入"利润分配——未分配利润"账户的借方，以结平"利润分配——未分配利润"账户来确定是本年度的未分配利润（贷方余额），还是留待用以后年度利润弥补的亏损（借方余额）。

2. 结账的种类和方法

1）月结

月结时应考虑各账户的特点分别采用不同的方法。

（1）对不需要按月结计本期发生额而只求余额的明细账户（如债权债务等结算类明细

账、"实收资本"等资本类账户明细账和除存货采用"月末一次加权平均法"以外的各项财产物资明细账等），每次记账以后，都要随时结出余额，每月最后一笔余额即为月末余额。即月末余额就是本月最后一笔经济业务记录的同一行内的余额。月末结账时，只需在最后一笔经济业务之下通栏画单红线（称为"结账线"，下同），不需要再结计一次余额。

（2）现金、银行存款日记账和需要按月结计发生额的某些明细账，每月结账时，要在最后一笔经济业务记录下面画通栏单红线，并在其下一行结出本月发生额和余额，在"日期"栏内填写本月最后一天的日期，在"摘要"栏内注明"本月合计"字样，再在其下画通栏单红线。

（3）需要结计本年累计发生额的账户（如"本年利润"的总分类账户、"利润分配"总分类账户及所属明细分类账户），每月结账时，先进行月结，即在最后一笔经济业务记录下面画通栏单红线，并在其下一行结出本月发生额和余额，在"日期"栏内填写本月最后一天的日期，在"摘要"栏内注明"本月合计"字样；然后再在"本月合计"行下结出自年初始至本月末止的累计发生额，登记在借、贷发生额下面，在"摘要"栏内注明"本年累计"字样，并在下面再通栏画单红线。

2）季结

一般只有总分类账户进行季度结账。因为总分类账的各月只结余额而不结发生额，而在年终结账时，需要将所有总分类账户结出全年发生额和年末余额，以便总括反映本年全年各项资金运动情况的全貌并核对账目。所以为减少年终结账的工作量，把工作做在平时，对于总分类账就要进行季结。

季结的方法，就是每季度结束时，在本季度第三个月的最后一笔经济业务记录之下画一条通栏单红线，分别结算出本季度借方、贷方本期发生额合计数和期末余额，在"摘要"栏内注明"本季度累计"字样，并在该行下面再画一条通栏单红线，表示本季度记录已结束。

3）年结

具体情况如下。

（1）总分类账。在第四季度季结"本季度累计"行下一行的"摘要"栏内注明"本年合计"字样，累加 1~4 季度的"本季度合计"，填在"本年合计"行的"借方"、"贷方"及"余额"栏内。如果年末没有余额，应在合计数下通栏画双红线（称为"封账线"，下同），表示封账。

（2）明细分类账。分以下两种情况。

① 如果年末没有余额，又不需要按月结计本期发生额而各月只需结余额的明细账，只需在 12 月最后一笔经济业务记录之下通栏画双红线，表示封账。

② 如果年末有余额，首先将其余额结转下年，即将余额记入新账第一行的"余额"栏内，并在新账第一行的"摘要"栏内注明"上年结转"字样。不需要编制记账凭证，只将本账户年末余额以相反方向记入下一行（本年合计行下）的发生额内，使本年余额为零。然后在"摘要"栏内注明"结转下年"字样，并将余额记入同一行的"余额"栏内，然后在"结转下年"行下画通栏双红线，表示封账。对不需要按月结计本期发生额而各月只需结计余额的明细分类账户，需在 12 月末最后一笔经济业务下画一条通栏单红线，并在其下一行的"摘要"栏内注明"结转下年"字样，余额记入同一行的"余额"栏内，然后在"结转下年"行下画两条通栏红线，表示封账。

结账的具体方法举例，如图表 7-25 所示。

图表7-25

总分类账

会计科目：应收账款   金额单位：元

2018 年		凭证号数	摘　要	借　方	贷　方	借或贷	余　额
月	日						
1	1		年初余额			借	70 000
	⋮		⋮	⋮	⋮	⋮	⋮
	31		本月发生额及余额	134 000	156 000	借	48 000
2	1		月初余额			借	48 000
	⋮		⋮	⋮	⋮	⋮	⋮
	28		本月发生额及余额	64 000	35 000	借	77 000
	⋮		⋮	⋮	⋮	⋮	⋮
12	31		本月发生额及余额	95 600	88 700	借	58 000
	31		全年发生额及余额	850 000	880 000	借	58 000

注：——账簿表格原线，—— 表示单红线，＝＝表示双红线。

7.5　账簿的更换和保管

　　会计账簿对于全面反映企业单位资产、负债和所有者权益的增减变动状况，提供真实、准确的会计核算资料，加强企业经济管理，提高经济效益，具有非常重要的作用。在一个会计期间结束或一本账簿使用完之后，应对不再进行记录的账簿进行妥善保管。会计账簿的更换和保管，是会计核算工作中的一个重要环节。

7.5.1　账簿的更换

　　账簿的更换，是指在年度结账完毕后，以新账代替旧账。一般情况下，总分类账、现金日记账、银行存款日记账和大部分明细账每年更换一次；对于在年度内业务发生量较少，账簿变动不大的部分明细账，如固定资产明细账和固定资产卡片账，可以连续使用，不必每年更换；各种备查账簿也可以连续使用。建立新账时，除了遵守账簿启用规则外，还要注意以下几点。

　　（1）更换新账时，要注明各账户的年份，然后在第一行"日期"栏内写明1月1日；在"摘要"栏内注明"上年结转"或"上年余额"字样；最后根据上年账簿的账户余额直接写在"余额"栏内。然后才能登记新年度的各种会计事项。

　　（2）总分类账应根据各账户的经济业务的多少，合理估计各账户在新账中所需要的账页，并填写账户目录，然后据以设立账户。

　　（3）对于有些有余额的明细账（如应收账款、应付账款、其他应收款、其他应付款等），必须将各明细账户的余额，按照上述方法，详细填写在与新建明细账相同的明细账户下，以备清查和查阅；对于采用借贷方多栏式应交增值税明细账，应按照有关明细项目的余额采用正确的结转方法予以结转。

7.5.2 账簿的保管

考虑账簿的使用特点，账簿管理制度应当包括日常管理和旧账归档保管两部分内容。

1. 会计账簿的日常管理

（1）各种账簿要分工明确，并指定专人管理，一般是谁负责登记，谁负责管理。

（2）会计账簿未经本单位领导或会计部门负责人允许，非经管人员不得翻阅查看会计账簿。

（3）会计账簿除需要与外单位核对账目外，一律不准携带外出。对需要携带外出的账簿，必须经本单位领导和会计部门负责人批准，并指定专人负责，不准交给其他人员管理，以保证账簿安全，防止任意涂改账簿。

2. 会计账簿的归档保管

年度结账后，对需要更换新账的账簿，应将旧账按规定程序整理并装订成册，归档保管。

归档前，对旧账的整理工作包括：检查和补办应办的手续，如改错盖章、注销空行及空页、结转余额等；活页账应抽出未使用的空白账页再装订成册，并注明各账页号数。

旧账装订时应注意以下几点。

（1）活页账装订时，一般按账户分类装订成册，一个账户装订一册或数册；某些账户账页较少，也可以几个账户合并装订成一册，但应分别按资产、负债及所有者权益类账户分别装订。

（2）装订时应检查账簿扉页的内容是否填列齐全，要将账簿经管人员一览表及账户目录附在账页前面，并加封面封底。

（3）装订时，应将账页整齐牢固地装订在一起，并将装订线用纸封口，由经办人员及装订人员、会计主管人员在封口处签章。

（4）旧账装订完毕后，交由会计档案保管人员造册归档。造册归档时，应在各种账簿的封面上注明单位名称、账簿种类、会计年度、账簿册数、第几册及本账簿总页数，并由会计主管人员和经办人员签章；然后，将全部账簿按册数顺序或保管期限统一编写"会计账簿归档登记表"。

特别提示

选择联系一家企业财务部门，根据课本和教师的讲解，观察账簿的种类、结构、账簿的设置和登记方式、对账和结账的过程及会计档案的保管要求，进一步熟悉会计账簿的相关内容，做到理论联系实际。

中英文专业术语

会计账簿	accounting book
序时账簿	journal book
分类账簿	ledger book
备查账簿	memorandum book
三栏式账簿	three columns of book

多栏式账簿	columnar book
数量金额式账簿	amount book
订本账	boundbook
活页账	loos – leaf ledger
卡片账	card account
现金日记账	cash journal
银行存款日记账	deposit journal
总分类账	general ledger
明细分类账	subsidiary ledger
结账	accounts settling
画线更正法	correction by drawing a straight lining
红字更正法	correction by using red ink
补充更正法	correction by extra recording

复习思考题

1. 什么是账簿？简述设置账簿的意义和原则。
2. 简述账簿的分类及内容。
3. 日记账、总分类账、明细分类账各有哪几种格式？如何登记？
4. 账簿启用、登记及在交接时应遵循哪些原则？
5. 什么是对账？对账工作包括哪些内容？
6. 什么是结账？结账工作包括哪些内容？
7. 错账更正有哪几种方法？各有何适用条件？
8. 你认为应如何妥善保管账簿？

练习题

一、单项选择题

1. 日记账按用途分类属于（　　）。
   A. 备查账簿　　　　　B. 序时账簿　　　　C. 订本账簿　　　　D. 分类账簿
2. 登记序时账簿的方式是按经济业务发生时间的先后顺序进行（　　）。
   A. 逐日汇总登记　　B. 逐日逐笔登记　　C. 逐笔定期登记　　D. 定期汇总登记
3. 序时账簿按其记录经济业务范围的不同分为（　　）。
   A. 普通日记账和特种日记账　　　　　B. 银行存款日记账和现金日记账
   C. 三栏式日记账和多栏式日记账　　　D. 普通日记账和日记总账
4. 活页式账簿和卡片式账簿主要适用于（　　）。
   A. 特种日记账　　　B. 普通日记账　　　C. 分类账簿　　　　D. 明细分类账簿
5. 主营业务收入的明细分类账户，一般使用的账簿格式是（　　）。
   A. 多栏式账簿　　　B. 数量金额式账簿　C. 横线登记式账簿　D. 三栏式账簿

6. 总分类账适用于（　　）账簿。

    A. 卡片式　　　　　B. 订本式　　　　　C. 活页式　　　　　D. 其他

7. 明细分类账从账簿的外表上看一般采用（　　）。

    A. 卡片式　　　　　B. 订本式　　　　　C. 活页式　　　　　D. 多栏式

8. 三栏式明细分类账簿适用于（　　）。

    A. 管理费用明细账　　　　　　　　　　B. 本年利润明细账

    C. 原材料明细账　　　　　　　　　　　D. 应收账款明细账

9. 账簿在启用时，应当在账簿的（　　）写明单位名称和账簿名称。

    A. 扉页　　　　　　B. 封面上　　　　　C. 账页上　　　　　D. 封底上

10. 在结账之前，如发现账簿记录有文字或数字错误，而记账凭证无错，则可采用的更正方法是（　　）。

    A. 画线更正法　　　B. 红字更正法　　　C. 补充登记法　　　D. 红字冲销法

二、多项选择题

1. 账簿按其外表形式可分为（　　）。

    A. 活页式　　　　　B. 订本式　　　　　C. 卡片式　　　　　D. 多栏式

2. 在会计实务中，下列账簿通常采用订本式的有（　　）。

    A. 总分类账　　　　B. 明细分类账　　　C. 现金日记账　　　D. 银行存款日记账

3. 任何会计主体必须设置的账簿有（　　）。

    A. 现金日记账　　　B. 银行存款日记账　C. 总分类账　　　　D. 明细分类账

4. 数量金额式明细分类账的账页格式适用于（　　）。

    A. 库存商品明细账　　　　　　　　　　B. 生产成本明细账

    C. 应付账款明细账　　　　　　　　　　D. 原材料明细账

5. 多栏式明细分类账的账页格式适用于（　　）。

    A. 应收账款明细账　　　　　　　　　　B. 管理费用明细账

    C. 生产成本明细账　　　　　　　　　　D. 制造费用明细账

6. 三栏式明细分类账的账页格式适用于（　　）。

    A. 原材料明细账　　　　　　　　　　　B. 应收账款明细账

    C. 财务费用明细账　　　　　　　　　　D. 实收资本明细账

7. 下列账簿可选用活页式的有（　　）。

    A. 银行存款总分类账　　　　　　　　　B. 固定资产总分类账

    C. 材料采购明细账　　　　　　　　　　D. 应付账款明细账

8. 在会计工作中，红笔可用于（　　）。

    A. 记账　　　　　　B. 结账　　　　　　C. 冲账　　　　　　D. 对账

9. 在会计工作中，允许使用的更正错账的方法有（　　）。

    A. 画线更正法　　　B. 红字更正法　　　C. 补充登记法　　　D. 涂改修正法

10. 以下应选择红字更正法更正错误的有（　　）。

    A. 记账以后，发现记账凭证所列的会计科目有错

    B. 记账以后，发现记账凭证所列金额大于正确金额

    C. 记账以后，发现记账凭证所列金额小于正确金额

D. 记账以后，发现账簿记录有文字或数字错误，而记账凭证无错

三、判断题

1. 在选用账簿的外表形式时，序时账和总分类账应采用订本式账簿。（ ）

2. 现金日记账和银行存款日记账都必须采用订本式账簿。（ ）

3. 三栏式账簿一般适用于成本费用明细账。（ ）

4. 多栏式总分类账是所有的总账科目合并放在一张账页上，所以也称日记账，它有序时账和分类账的作用。（ ）

5. 多栏式明细分类账一般适用于债权债务结算的明细分类账。（ ）

6. 登记账簿必须用蓝黑墨水笔书写，不得使用圆珠笔、铅笔书写，更不得使用红色墨水笔书写。（ ）

7. 补充登记法适用于记账后发现记账凭证中账户对应关系正确，但所列金额小于应记金额而产生的账簿记录错误。（ ）

8. 会计实务中，一般采用画线结账的方法进行结账，月结和年结时都是画双红线。（ ）

9. 总分类账户和所属明细分类账户登记方向必须相同。（ ）

10. 某会计人员在填制记账凭证时，误将 8 700 元记为 7 800 元，并登记入账，月末结账前发现错误更正时应采用画线更正法。（ ）

四、业务练习题

习 题 一

一、目的：练习日记账的登记方法。

二、资料：第 5 章习题一内容。4 月 30 日的银行存款日记账余额为 450 000 元，现金日记账的余额为 3 508 元。

三、要求：

1. 根据余额开设现金和银行存款日记账。

2. 根据收付款凭证，登记现金和银行存款日记账，并结出余额。

习 题 二

一、目的：练习总分类账与明细分类账户的平行登记。

二、资料：

（一）"原材料"、"应付账款"总分类账户和明细分类账户的期初余额如下。

1. 四平工厂 20××年 3 月 1 日 "原材料" 总分类账户及其所属明细分类账户（按材料名称设）的月初余额如下：

名称	数量	单价	金额
甲材料	300 吨	500 元	150 000 元
乙材料	900 千克	40 元	36 000 元

"原材料"借方余额 186 000 元

2. 该厂 "应付账款" 总分类账户及其所属明细分类账户（按付款单位名称设）的月初余额如下：

东方工厂　　　贷方余额　　　15 000 元

光辉工厂　　　贷方余额　　　 8 000 元

"应付账款"贷方余额 23 000 元

（二）本月发生的各项经济业务。

1. 向阳光工厂购入甲材料 20 吨，单价 500 元，乙材料 400 千克，单价 40 元，增值税率 16%，货款未付，材料已验收入库。

2. 以银行存款 15 000 元偿还前欠东方工厂货款。

3. 本月发出材料投入生产，其中甲材料 200 吨，乙材料 1 000 千克，结转本月发出材料成本。

4. 向东方工厂购入丙材料 200 千克，单价 30 元，增值税率 16%，货款未付，材料已验收入库。

三、要求：

1. 根据资料（一）开设"原材料"和"应付账款"总分类账及所属明细分类账并登记期初余额。

2. 根据资料（二）编制会计分录，并登记"原材料"和"应付账款"总分类账及其所属明细分类账。

3. 将各账户结出余额，并进行核对，总分类账户金额与其所属明细分类账户的金额合计数是否一致。

习　题　三

一、目的：练习错账更正的方法。

二、资料：某企业本月全部记账凭证登记入账，对账时发现下列错误。

1. 购买办公用品 500 元，凭证无误。管理费用账户中错记为 5 000 元。

2. 签发转账支票，以银行存款支付生产设备租金 12 000 元，原记账凭证上的会计分录为：

借：管理费用　　　　　　　　　　　　　　　　　　　　12 000

　　贷：银行存款　　　　　　　　　　　　　　　　　　12 000

并已登记入账。

3. 职工预借差旅费 1 500 元，原记账凭证上的会计分录为：

借：其他应收款　　　　　　　　　　　　　　　　　　　150

　　贷：库存现金　　　　　　　　　　　　　　　　　　150

并已登记入账。

4. 结转本月短期借款利息 180 元，核对时发现账务处理无误，原记账凭证会计分录为：

借：财务费用　　　　　　　　　　　　　　　　　　　　810

　　贷：应付利息　　　　　　　　　　　　　　　　　　810

三、要求：对上述错账按错账更正方法的要求进行更正。

综合能力训练

案 例

1. 诚信公司20××年12月1日总分类账户的期初余额如下图表所示。

金额单位：元

账户名称	借方金额	账户名称	贷方金额
库存现金	2 800	应付账款	79 800
银行存款	202 200	短期借款	41 000
应收账款	20 000	实收资本	4 160 000
其他应收款	1 000	盈余公积	237 500
原材料	127 000	本年利润	82 700
长期待摊费用	4 000	利润分配	70 000
库存商品	160 000	累计折旧	696 000
固定资产	4 850 000		
合计	5 367 000	合计	5 367 000

2. 第5章综合能力训练编制的记账凭证。

要求：对相关账户进行设置与登记。

第 **8** 章

财 产 清 查

本章导读

会计核算主体通过填制、审核会计凭证，登记有关账簿，记录和反映资产和权益的增减变化及其结果，因此账簿记录与财产物资的实际结存应保持一致。但企业在会计核算中，账面记录和财产实物经常会出现不一致的情况。为了保证账实相符，每一会计核算单位常常在结束一定时期的经济活动，或者月末、季末、年末进行财产实务盘点和往来款项核对，做到账实相符，提供真实、准确的会计资料，以确保会计信息质量。财产清查是会计核算中一项专门的方法。按照清查的范围可分为全面清查和局部清查，按照清查的时间可分为定期清查和不定期清查。财产清查的盘存制度分为永续盘存制和实地盘存制。在财产清查过程中要填制盘存单和账存实存对比表，确定账实是否相符，如不相符，必须查明原因做出相应的处理。

知识目标

1. 理解财产清查的概念，熟悉财产清查种类及范围
2. 掌握财产清查的基本方法
3. 熟悉财产清查结果的处理

能力目标

1. 能够按照财产清查的程序和方法对企业一般财产进行清查
2. 能够对财产清查结果进行相关会计处理

8.1 财产清查概述

财产清查是指对各项财产物资、现金的实地盘点，以及对银行存款、债权债务等往来款项的核对，查明某一时点的实际结存数与账面余额数是否相符，即账实是否相符。财产清查是会计核算中一项专门的方法。

会计核算主体通过填制、审核会计凭证，登记有关账簿，记录和反映资产和权益的增减

变化及其结果，因此账簿记录与财产物资的实际结存应保持一致。但是在实际工作中，由于各种主观和客观原因，经常会出现账实不符的情况。如检验、计量不准确，自然损耗、自然灾害、意外损失，保管不善造成损毁，贪污、盗窃，账簿中错记、漏记等，都会使账实不一致。为确保会计核算资料的客观、真实、准确，保证财产物资的安全、完整，一方面必须要建立健全岗位责任制，加强监督、管理；另一方面必须建立清查制度，对资产和权益进行深入细致的清查、核对工作。

8.1.1　财产清查的意义

财产清查是会计核算方法中一项重要的内容，在进行会计检查、发挥会计监督职能、保证企业经济活动的正常顺利进行等方面，具有重要的意义。具体包括以下几方面内容。

（1）通过财产清查，查明资产、权益的实际结存情况，并与账面余额核对，确定账实是否相符。保证企业会计核算提供真实、可靠的会计信息。

（2）通过财产清查，查明财产物资在储存、保管过程中，有无短缺、损毁、霉变、贪污、盗窃等现象，保证企业财产物资的安全、完整。及时指出出现的问题，查明原因，追究有关责任人员的经济责任和法律责任。

（3）通过财产清查，了解掌握财产物资的储备和利用情况，储备不足的及时进货，保证供给，闲置、超储积压物资可达到及时处理。同时采取有力措施挖掘各方潜力，发挥财产物资的最佳效能，提高其利用效率。通过清查，促使企业健全财产物资管理的规章制度，提高管理水平。

（4）通过财产清查，可查明在债权债务的结算活动中有无长期拖欠或不合理的情况，查明应交付国家的各种税款、费用等是否及时、足额地上缴等。促使企业严格遵守国家法律、法规，财经纪律，认真执行结算制度，及时做好资金的偿还、收回工作。

8.1.2　财产清查的种类

实际经济活动中，企业进行财产清查按不同的标准可以有不同的分类。主要分类如下。

1. 按财产清查的范围和对象划分，可以分为全面清查和局部清查

全面清查是指对本单位全部财产物资进行彻底的盘点与核对。包括货币资金、实物资产、债权债务等。全面清查涉及的范围广、项目多，需要时间长，动用大量的人力、物力。因此全面清查一般在年终决算前进行一次，以确保会计年度内会计核算的全部数据资料、会计报告的真实、准确。在本单位发生撤销、改组、合并以及改变隶属关系等情况下，也必须进行一次全面清产核资，确定财产物资的现时价值，检查账实相符的程度，以明确各方经济责任。

局部清查是指根据经济活动的需要对某一部分财产物资所进行的盘点与核对。局部清查一般针对性较强，切实关系到本单位日常经济活动的正常顺利进行。如各种存货、各种贵重物品、货币资金、债权债务等，对这些项目需要定期进行清查，在有关保管人员调动时也需要进行专题清查。通过清查，加强内部管理。

2. 按财产清查的时间划分，可以分为定期清查和不定期清查

定期清查是指按照预先计划安排好的具体时间，对财产物资进行的清查。企业一般定于月末、季末、年末结账之前进行。根据经济活动的特点和管理的需要，采用全面清查或局部

清查的方法。

　　不定期清查是指根据实际情况进行的随机的、临时性的清查。不定期清查事先不规定好具体时间，根据工作需要，随时进行。例如，发生自然灾害或意外损失，保管人员调动更换，财政、税收、审计等部门进行突击会计检查，等等。由于当时实际工作需要查明有关财产物资的真实情况，企业应及时安排人力、物力，做好配合、协调工作，保证清查工作的圆满进行。

8.1.3　财产清查的范围

　　财产清查的范围相当广泛，包括本单位全部财产物资，即使当时暂不在本单位，以及虽属外单位或个人所有但存放在本单位的财产物资都应纳入财产清查的范围。

　　一般企业财产清查的范围如下。

　　（1）货币资金及有价证券。包括库存现金、银行存款和企业发行的股票、债券等。

　　（2）各种存货。包括库存原材料、燃料、包装物、低值易耗品、产成品、在产品、自制半成品、外购商品等。

　　（3）固定资产。包括机器、厂房、办公设备、运输设备、仪表仪器及在建工程物资等。

　　（4）委托加工或受托加工的材料，以租赁形式存在的固定资产、包装物等。

　　（5）各种应收、应付，预收、预付等往来款项。

8.1.4　财产物资的盘存制度

　　盘存制度是指通过对财产实物的盘点与核对，确定财产物资的实际结存情况的一种制度。具体包括两种，即"永续盘存制"和"实地盘存制"。

1. 永续盘存制

　　永续盘存制又称账面盘存制。是指在日常经济活动中，必须根据会计凭证对各项财产物资的增加数和减少数在有关账簿中逐日逐笔连续记录，并随时结算出账面结存数额的一种盘存制度。通过永续盘存制，可以及时记录和了解财产物资的收、发和账面结存的数量和金额，随时了解企业财产变动情况。为保证账实相符，在采用永续盘存制的同时，也需要对财产物资进行盘查，查清实存数额，通过账存、实存的分析比较，确定损益程度和盈亏的数额，并查明原因，按规定手续进行账项调整，以保证财产的完整，账实一致。可用公式表示如下：

$$账面期末余额 = 期初余额 + 本期增加额 - 本期减少额$$

2. 实地盘存制

　　实地盘存制是指在日常经济活动中，根据会计凭证对财产物资的增加数在有关账簿中进行逐笔登记，但不登记日常的减少数，期末结账时，根据实地盘点的实存数额倒挤出本期的减少数，并据此登记入账的一种盘存制度。

　　采用实地盘存制，在账簿记录中没有财产物资的平均减少数的记载，也就无法结算出日常的账面余额，月末只有进行实地清查，根据实际结存数倒挤出本期减少数额。这种财产清查的目的只是为了查出实际结存额，以便计算当期的减少数，而不是要查明账实是否相符。因此，这种盘存制度，不能及时了解和掌握日常财产物资的账面结存额和财产物资的溢缺情况，且手续不严密，不利于管理，只适用于数量大、价格低廉的实物资产的计量。本期减少额的计算公式如下：

$$期初账面余额 + 本期账面增加额合计 - 本期盘点实际结存额 = 本期减少额$$

知识窗

　　永续盘存制和实地盘存制存在以下两方面的区别。第一，两者对各项财产物资在账簿登记中的方法不同。永续盘存制下平时不仅要登记各项财产物资的增加数、减少数，并随时在账簿中要结算出各项财产物资的账面结存数；实地盘存制平时只登记各项财产物资的增加数，而不登记减少数，月末根据实际盘点的各项财产物资，计算出本期减少数，并记入有关账簿。第二，两者对财产清查的目的不同。永续盘存制下财产清查的目的是为了账面记录与实际财产物资保持一致，实地盘存制下财产清查的目的是为了确定当期减少数。

8.2　财产清查的方法

　　财产清查是一项涉及范围广、工作量大、细致复杂的工作。在进行财产清查之前，必须做好各项准备工作；在清查过程中，必须采用科学合理的程序和方法。这样才能保证财产清查工作的顺利进行，充分发挥财产清查工作的作用。

8.2.1　财产清查的准备工作

　　一般在进行清查之前，特别是在全部清查和定期清查之前，必须做好以下准备工作。

　　（1）制订财产清查的具体实施计划，确定清查的对象、范围、时间和方法步骤，确定参加清查人员的分工、职责，以便做好清查的检查监督工作，清查人员还应准备好各种计量器具和清查结果的登记表册，并将各种计量器具校验准确，以保证清查结果的准确性。

　　（2）财产清查之前，会计人员将发生的经济业务在账簿中全部登记完毕，结出余额。经审查核对确认账簿记录完整，计算准确，做到账证相符、账账相符，以便为财产清查提供真实可靠的账面资料。

　　（3）财产物资使用和保管的部门人员应对截止清查日期的所有经济业务，办理好凭证手续并登入相应的账、卡中，并结出余额。对使用、保管的各类财产物资整理排列清楚，挂上标签，标明品种、规格和结存数量，以便盘点核对。

　　（4）对银行存款、银行借款、往来款项，在清查之前，应及时与对方索取有关对账单，或将本单位的对账单（有关账簿记录的复印账页）传给对方，以便进行核查。

8.2.2　财产清查的方法

　　在财产清查过程中，针对不同的财产类别，应采用不同的清查方法进行清查。

1. 财产实物的清查

　　财产实物的清查主要是指对各种存货和固定资产等的清查。清查应从品种、规格、型号、数量、质量方面进行。由于财产物资的形态、体积、重量、存放方式等的不同，因而需采用不同的清查方法。清查的方法通常有三种，即实地盘点法、技术推算法和抽样盘点法。

1）实地盘点法

　　实地盘点法是通过逐一清点或用计量器具具体计量出财产实物的实际结存数量。这种方法计量准确、直观，适用范围较广，对大多数财产物资清查都可以采用。

2）技术推算法

技术推算法是通过量方、计尺等方法，结合有关数据，推算出财产实物的实际结存数量。这种方法计量的结果不是十分准确，允许有一定的误差，适用于大量、分散、成堆、笨重而难以逐一清点的财产物资。

3）抽样盘点法

抽样盘点法是指从总体中选取所需要的个体，再通过盘点所需要的个体的数量，推断出总体数量的方法。抽样盘点法适用于价值小、数量多、重量比较均匀的财产实物的清查。

对财产实物数量的清查是清查的一方面，除此还应对财产实物的质量进行核查。在核查实物质量时，应根据其特点采用物理的或化学的方法进行。

为明确经济责任，便于查核，在实地盘点时，必须要有实物保管使用人员在场并参与盘点工作，比较客观地评价财产物资的管理的成绩和存在的问题。

盘点后，应及时地将盘点的结果，如实地记载在"盘存单"上，并由盘点人员、保管使用人员签章。"盘存单"是记录财产物资盘点结果的书面证明，是反映财产物资数额的原始凭证。"盘存单"的一般格式如图表 8-1 所示。

"盘存单"内的编号、规格、名称、计量单位、单价各栏所填写的内容，应确定是否与对应账簿的账面结存数额一致。因此，在"盘存单"填制审核完毕，应将其与有关账簿记录进行核对。然后将核对结果填入"账存实存对比表"，通过分析确定实物盈亏情况。"账存实存对比表"不仅是用于调整有关账簿记录的原始凭证，也是确定有关人员经济责任的依据。账存实存对比表的一般格式如图表8-2 所示。

图表 8-1

盘 存 单

财产类别	
存放地点	

年　月　日

编号：

编号	规格	名称	计量单位	单价	金额	备注

盘点人员（签章）　　　　　　　　　　　　　　　　　　　　实物保管（签章）

图表 8-2

账存实存对比表

年　月　日

编号：

编号	规格	名称	计量单位	单价	账存		实存		盘盈		盘亏	
					数量	金额	数量	金额	数量	金额	数量	金额
备注												

会计主管（签章）　　　　　　　　　　复核（签章）　　　　　　　　　　制表（签章）

对于委托外单位加工、保管的财产物资，出租的包装物、固定资产等，可以按照有关账簿的账面结存数，通过"对账单"等方式与对方进行核对，确定账实是否相符。

2. 货币资金的清查

企业单位的货币资金包括库存现金、各种银行存款和各种有价证券。其中库存现金和各种有价证券应当在财产清查时进行实地盘点，各种银行存款应当根据开户银行的"对账单"与本单位的银行存款日记账进行核对。

1）库存现金和各种有价证券的清查

库存现金和各种有价证券的盘点，应当由财产清查人员会同出纳人员共同负责。库存现金的清查，一般是根据现金日记账的当天余额来盘点的，必要时可以突击抽查。在盘点时，如果发现溢余或短缺，必须会同出纳人员当场核实金额。库存现金的盘点，除了要清查库存现金的数额外，还需要检查是否有违反财经纪律，以及将借条、白条等抵充库存的情况。如果发现这种情况，应即时加以纠正。对于没有及时入账的合法凭证，应当立即入账。对于不合法的借条、白条，应当予以追回，并根据具体情况适当处理。有价证券的清查，应当逐一盘点并与账面核对，要查明有无盘盈、盘亏，还要查明是否有违反财经纪律和非法买卖等情况。

知识窗

库存现金清查是企业财产清查的一项重要内容，其清查项目包括：① 库存现金的账面金额与实存金额是否一致；② 库存现金是否按现金管理规定支出；③ 库存现金余额是否超过规定的库存现金限额；④ 有无白条充抵库存现金的情况；⑤ 有无违反单位其他库存现金管理的规定。

清查现金后，将清查结果填入"库存现金盘点表"，由盘点人员和出纳人员签章。"库存现金盘点表"的一般格式如图表 8-3 所示。

图表 8-3

库存现金盘点表

单位名称：光华公司

实存金额	账面金额	对比结果		备　　注
		盘盈	盘亏	白条 400 元
2 500	2 100		400	
现金使用情况	（1）库存现金限额 400 元，未超过规定； （2）存在白条抵库情况，系单位职工未经领导批准借款 400 元。			
处理决定： 　由出纳王虹追回该款项。并杜绝此类事情再发生。				
				总经理：张光华

会计机构负责人：刘芳　　　　　　盘点人：齐心甘　　　　　　　　　　出纳：王虹

实际工作中，现金的收支业务很频繁，且易出错，出纳人员应每日进行库存现金的清查，做到日清日结，这种清查一般由出纳人员在每日工作结束之前，将"现金日记账"当日账面结存数额与库存现金实际盘点数额进行核对，以此检查当日工作准确与否，确保每日账实相符。

2）银行存款的清查

银行存款的清查是通过与单位开户银行核对账目记录的方法进行的。它与实物、现金清查所使用的方法不同。

清查之前将本单位所发生的经济业务登入"银行存款日记账"，再对账面记录进行检查复核，确定账簿记录完整、准确。然后，将银行转来的"对账单"（即银行账簿记录的复制账页或通过网上取得的开户银行记录）与"银行存款日记账"账面记录进行逐笔核对。

一般情况下，经核对即使本单位的"银行存款日记账"与开户银行转来的"对账单"双方记录都正确无误，也会出现双方余额不相符的情况。这是由于银行存款日常的收付业务频繁，开户银行和本单位在办理结算手续和凭证传递、入账的时间不一致造成的，即本单位"银行存款日记账"或开户银行的"对账单"存在"未达账项"。

所谓未达账项，是指企业与银行由于核算时间不同而形成的一方已入账，另一方尚未入账的会计事项。未达账项大致有以下四种情况。

（1）企业收到或已送存银行的款项，企业已入账，但银行尚未入账。

（2）企业开出各种付款凭证，已记入"银行存款日记账"，但银行尚未入账。

（3）银行代企业收进的款项，银行已入账，但企业尚未收到有关凭证，未能登记入账。

（4）银行代企业支付的款项，银行已入账，但企业尚未收到有关凭证，未能登记入账。

上述任何一种情况的出现，都会造成企业"银行存款日记账"的账面余额与开户银行"对账单"上的余额不相符。因此，在核查时若双方账上没有错记、漏记的业务，应注意有无未达账项。如果发现存在未达账项，必须根据未达账项及有关数据编制"银行存款余额调节表"，再通过此表检验双方结余数额是否一致。调节表的编制方法一般是在企业与银行双方的账面余额基础上，各自加上对方已收而本单位未收的款项，减去对方已付而本单位未付的款项。经过调节后，双方的余额应相互一致。

"银行存款余额调节表"的计算公式如下：

$$\begin{array}{l} \dfrac{企业银行存款}{日记账余额} + \dfrac{银行已收款入账而企业}{尚未登记入账的款项} - \dfrac{银行已付款入账而企业}{尚未登记入账的款项} \\ = \dfrac{银行对账单}{余额} + \dfrac{企业已收款入账而银行}{尚未登记入账的款项} - \dfrac{企业已付款入账而银行}{尚未登记付款的款项} \end{array}$$

现举例说明银行存款清查的方法和"银行存款余额调节表"的编制方法。

［例8-1］ 某企业 2018 年 6 月 10 日 "银行存款日记账" 和银行转来的 "对账单" 进行核对。该企业 "银行存款日记账" 余额为 148 500 元，银行对账单上余额为 157 800 元。经逐笔核对，查明有以下未达账项。

（1）企业销售甲产品收到货款 22 400 元（转账支票）；企业已送存银行，但银行没有入账。

（2）企业支付保险费 9 200 元（现金支票），企业已记减少，银行尚未收到单据，没有入账。

（3）银行代企业收到嘉华公司款项 42 000 元，已划入企业存款账上，企业尚未收到有关凭证，没有入账。

（4）银行代企业支付水电费 19 500 元，已从企业存款账上划出，企业尚未收到有关凭证，没有入账。

根据上述资料，编制银行存款余额调节表，如图表8-4所示。

调整后的存款余额相等，一般情况下可以说明双方账面记录无误。如果调整后的存款余额不等，说明双方账面记录有差错，需进一步核对账目，查找原因，并加以更正。调节后的存款余额表明企业可以支用的银行存款实有数额，不能作为原始凭证入账，只有收到有关凭证后，才能据以作账务处理。

图表8-4

银行存款余额调节表

存款种类：结算户存款　　　　　　　　2018年6月10日　　　　　　　　单位：元

项目	金额	项目	金额
银行存款日记账余额	148 500	银行对账单余额	157 800
加：银行已收到入账，企业未入账的款项	42 000	加：企业已收到入账，银行未入账的款项	22 400
减：银行已登记付出，企业未入账的款项	19 500	减：企业已登记付出，银行未入账的款项	9 200
调整后的银行存款日记账余额	171 000	调整后的银行对账单余额	171 000

特别说明

　　"银行对账单"作为以银行为会计核算主体的账簿，企业银行存款增加意味着银行债务增加，企业银行存款减少意味着银行偿还了企业的债务，所以其贷方反映的是企业在银行存款的增加，借方反映的是企业在银行存款的减少。对账时应以"银行对账单"的贷方发生额与银行存款日记账的借方发生额相核对，以"银行对账单"的借方发生额与银行存款日记账的贷方发生额核对，才能找出未达账项。

3）往来款项的清查

往来款项主要包括各种应收、应付款项，预收、预付款项。往来款项的清查，采用与对方单位或个人通过"对账单"核对账簿记录的方法进行。

清查之前，首先检查本单位各种往来款项的账面记录是否登记完毕，且准确无误。确定无误后，编制往来款项"对账单"，转送对方单位或个人进行核对。对方单位或个人如果核对相符，就在回单联上盖章退回，若发现数额不符，就在回单联上注明不符的情况，再另附一份"对账单"一起退回，作为进一步核对的依据。单位收到回单后，如果确系记录有误，应按规定手续进行更正。如果有未达账项，应进行调整，待收到正式凭证后，再作账簿记录。对于有争议的或回收无望的款项，应及时采取措施，尽可能地减少坏账损失。

8.3　财产清查结果的处理

在财产清查的过程中，如果发现单位在财产管理及会计核算工作中做得不够完善，或者存在有问题的地方，在清查之后，应按照规定的程序、手续，对清查结果进行严肃的总结和处理。

8.3.1 财产清查结果处理的原则

为了保证会计核算资料的准确性，对财产清查中发现的盘盈、盘亏及毁损的财产，应及时做出处理，并在账簿中予以反映，做到账实相符。财产清查结果的处理主要包括以下四方面。

1）认真分析、查明账实不符的原因和性质，按照规定采取相应的处理

企业在财产清查中，如果发现账面结存数额与实地盘点数不相符，须查明造成差异的原因，明确各部门经济责任。其中，由于个人工作失误造成的损失，应由当事人负责赔偿；由于经营管理不善造成的损失，属流动资产短缺或毁损的作为"管理费用"处理；属固定资产短缺或毁损的列入"营业外支出"；由于自然灾害造成的损失也作为"营业外支出"核算。处理方案要按照规定权限和手续，及时报经有关部门审批处理。

2）积极处理积压物资和清理长期不清的债权、债务

财产清查过程中发现超储积压物资，应迅速组织处理或内部消化，做到物尽其用，提高资金的周转率和使用效益。对于一些不能清算的债权、债务，应派出专人进行协调、催办，查明不能清算的原因，并按照规定方法进行处理。

3）总结经验教训，完善财产管理制度

财产清查以后，要及时、认真地加以整理、总结。对于管理、保管完善的部门和个人，应予以奖励，推广介绍其经验；对于存在的问题，必须查明原因，确定经济责任，并提出改进的方法措施，进一步建立健全管理制度，调整有关的人员配备和物资的存放保管方式，从根本上切实做好财产物资保管使用的管理工作，保证财产物资的安全、完整。

4）调整账簿有关记录，做到账实相符

财产清查中出现的资产物资的盈亏、毁损等，应及时进行账务处理，调整账簿记录，做到账实相符。

审批之前要依据清查过程中取得的盘盈、盘亏的原始单据，编制记账凭证，并据以记入相应的账户，使有关财产物资的账面结存数与实地结存数一致，并反映出待处理财产物资的损益情况。审批之后，根据处理意见，编制相应的记账凭证，并登入有关账户，结清待处理财产物资的数额。

8.3.2 财产清查结果的会计处理方法

为核算和监督各项财产物资的盈亏及处理结果，需设置"待处理财产损溢"账户。该账户属于资产类，用来核算各项财产物资的盘盈、盘亏和毁损情况。它的借方登记已发生但尚未处理的财产物资的盘亏或毁损数额，以及经批准结转的盘盈数额；贷方登记已发生但尚未处理的财产物资的盘盈数，以及批准转销的盘亏或毁损数额。期末如为借方余额反映尚未处理的财产物资的净损失，如为贷方余额则反映尚未处理的财产物资的净溢余。该账户下可设置"待处理流动资产损溢""待处理固定资产损溢"两个明细分类账户进行明细分类核算。

1. 库存现金长短款的处理

[例 8-2] 某企业在清查中发现库存现金短缺 150 元。

（1）根据"库存现金盘点表"，编制记账凭证，并登记入账。账务处理如下：

借：待处理财产损溢——现金短款   150

  贷：库存现金   150

（2）经查明，短款为出纳人员工作疏忽造成的，应由其负责赔偿。根据收账凭证，作如下账务处理：

借：其他应收款   150

  贷：待处理财产损溢——现金短款   150

如果上述短款是由于非常损失（火灾、盗窃等）造成的，经报批核销时，账务处理如下：

借：营业外支出   150

  贷：待处理财产损溢——现金短款   150

[例8-3]　某企业在清查中，发现库存现金比账面记录多200元。

借：库存现金   200

  贷：待处理财产损溢   200

经上报审核批准后，作如下账务处理：

借：待处理财产损溢   200

  贷：营业外收入   200

2. 财产物资实物清查结果的处理

[例8-4]　某企业在财产清查过程中，发现账外打印机一台，重置完全价值为1 000元。

借：固定资产   1 000

  贷：以前年度损益调整   1 000

[例8-5]　企业在财产清查过程中，发现短缺笔记本电脑一台，账面原值为14 000元，已提折旧6 000元。

这项盘亏，一方面应减少"固定资产"和"累计折旧"的账面记录；另一方面损失的净额记入"待处理财产损溢——待处理固定资产损溢"账户的借方。账务处理如下：

借：待处理财产损溢——待处理固定资产损溢   8 000

  累计折旧   6 000

  贷：固定资产   14 000

将上述盘亏结果上报，经审核批准，将净损失转为"营业外支出"。账务处理为：

借：营业外支出   8 000

  贷：待处理财产损溢——待处理固定资产损溢   8 000

[例8-6]　企业在清查过程中，发现甲材料盘亏1 500元。账务处理如下：

借：待处理财产损溢——待处理流动资产损溢   1 500

  贷：原材料——甲材料   1 500

经查，上述盘亏原因是定额内的自然损耗。待上级审核批准后，应按规定手续进行财务处理。定额内的自然损耗，属于正常损失，可列入企业当期损益核算，借记"管理费用"账户，贷记"待处理财产损溢"账户。账务处理如下：

借：管理费用　　　　　　　　　　　　　　　　　　　1 500
　　　贷：待处理财产损溢——待处理流动资产损溢　　　　　1 500

如上述毁损是由于工作人员保管不当造成的，属非正常损失。经审核批准后，按照规定手续进行核销。由于工作人员李鹏过失造成的损失，应由其赔偿，记入"其他应收款"账户的借方。账务处理如下：

借：其他应收款——李鹏　　　　　　　　　　　　　　1 500
　　　贷：待处理财产损溢——待处理流动资产损溢　　　　　1 500

[例 8-7]　某企业在清查过程中，发现盘盈乙材料 600 元。账务处理如下：

借：原材料——乙材料　　　　　　　　　　　　　　　600
　　　贷：待处理财产损溢——待处理流动资产损溢　　　　　600

经查盘盈的存货属计量不准造成，按规定可冲减当期损益账户"管理费用"。上述清查结果上报审核批复后，作如下账务处理：

借：待处理财产损溢——待处理流动资产损溢　　　　　600
　　　贷：管理费用　　　　　　　　　　　　　　　　　　　600

3. 往来款项清查结果的处理

[例 8-8]　某企业在清查过程中，向利民公司发出信函，催收对方长期拖欠的货款 30 000 元。经催促、协商，收回欠款 20 000 元，其余 10 000 元已无法收回。

企业对已收回的外单位欠款，借记"银行存款"账户，同时冲销"应收账款"账户。对确定无法收回的款项，应上报审核备案。经批准后，可转作坏账损失，直接记入"管理费用"账户，若企业已计提坏账准备金，可计入"坏账准备"账户。

对收回的部分欠款，处理如下：

借：银行存款　　　　　　　　　　　　　　　　　　20 000
　　　贷：应收账款——利民公司　　　　　　　　　　　　20 000

如果企业按规定计提了坏账准备金，则账务处理为：

借：坏账准备　　　　　　　　　　　　　　　　　　10 000
　　　贷：应收账款——利民公司　　　　　　　　　　　　10 000

[例 8-9]　某企业在清查过程中，查明应付外单位的货款 4 000 元，已无法归还。经上级审批后，将其转作"营业外收入"处理。根据有关原始凭证，账务处理如下：

借：应付账款　　　　　　　　　　　　　　　　　　4 000
　　　贷：营业外收入　　　　　　　　　　　　　　　　　4 000

特别提示

　　每年年末，选择联系一家企业财务部门或会计事务所实践，根据课本和教师的讲解，参与企业的财产清查工作，进一步熟悉财产清查的相关内容，做到理论联系实际。

中英文专业术语

财产清查	property verification
实地盘存制	periodic inventory system
永续盘存制	perpetual inventory system

实地盘点法	on – the – spot inventory method
技术推算法	technical methods of estimating
未达账项	deposit in transit
银行存款余额调节表	bank reconciliation statement

复习思考题

1. 什么是财产清查？简述财产清查的意义。
2. 简述财产清查的分类及内容。
3. 什么是永续盘存制和实地盘存制？两者有何区别？
4. 财产清查前应做好哪些准备工作？
5. 什么是未达账项？如何调整？
6. 简述财产清查结果处理的原则。

练习题

一、单项选择题

1. 通常在年终决算前，要（ ）。
   A. 对企业所有财产进行技术推算盘点   B. 对企业所有财产进行全面清查
   C. 对企业一部分财产进行局部清查   D. 对企业流动性大的财产进行全面清查

2. 对库存现金清查所采用的基本方法是（ ）。
   A. 实地盘点法   B. 抽样盘点法   C. 估算法   D. 推算法

3. 采用实地盘存制时，平时对财产物资的记录（ ）。
   A. 只登收入数，不登发出数   B. 只登发出数，不登收入数
   C. 先登发出数，后登收入数   D. 先登收入数，后登发出数

4. 采用永续盘存制时，财产物资的期末结存数就是（ ）。
   A. 账面结存数   B. 实地盘存数   C. 收支抵减数   D. 库存结余数

5. 银行存款的清查是将（ ）核对。
   A. 银行存款日记账与总分类账
   B. 银行存款日记账与银行存款收付款凭证
   C. 银行存款日记账与银行对账单
   D. 银行存款总分类账与银行存款收付款凭证

6. 未达账项是指在双方办理结算手续和凭证时间上（ ）的账项。
   A. 一方已登记入账，另一方未登记入账造成不一致
   B. 发生错误，使双方登账出现错误
   C. 完全一致，造成一方重复登记入账
   D. 均无入账

7. 对各项财产物资的盘点结果应登记在（ ）中。
   A. 盘存单   B. 账存实存对比表   C. 现金盘点报告表   D. 对账单

8. 发现某种材料盘亏时，在报批前，其会计分录应为（　　）。

 A. 借：管理费用　　　　　　　　　　B. 借：原材料

   贷：待处理财产损溢　　　　　　　　贷：待处理财产损溢

 C. 借：待处理财产损溢　　　　　　　D. 借：待处理财产损溢

   贷：管理费用　　　　　　　　　　　贷：原材料

9. 若上题盘亏的材料属于一般经营损失，则分计分录为（　　）。

 A. 借：管理费用　　　　　　　　　　B. 借：原材料

   贷：待处理财产损溢　　　　　　　　贷：待处理财产损溢

 C. 借：待处理财产损溢　　　　　　　D. 借：待处理财产损溢

   贷：管理费用　　　　　　　　　　　贷：原材料

10. 在财产清查中，如果发现财产盘盈时，应当首先（　　）。

 A. 保持账面记录不变　　　　　　　　B. 减少账面记录

 C. 增加账面记录　　　　　　　　　　D. 查明原因后再调整账面记录

二、多项选择题

1. 财产清查按其清查时间可以分为（　　）。

 A. 定期清查　　　B. 不定期清查　　　C. 局部清查　　　D. 全面清查

2. 在财产清查中，采用实地盘点的方法清查的资产主要有（　　）。

 A. 库存商品　　　B. 固定资产　　　C. 库存现金　　　D. 银行存款

3. 下列清查事项中，属于不定期清查的有（　　）。

 A. 单位更换财产物资的经管人员　　B. 发生非常损失

 C. 上级对企业财产抽查　　　　　　D. 企业合并

4. 企业在（　　）情况下，要进行全面清查。

 A. 单位撤销、合并　　　　　　　　B. 年终决算

 C. 清产核资　　　　　　　　　　　D. 编制会计报表

5. 待处理财产损溢账户贷方登记的内容是（　　）。

 A. 财产物资的盘亏　　　　　　　　B. 财产物资的盘盈

 C. 坏账损失　　　　　　　　　　　D. 财产物资盘亏的转销

6. 财产清查按其清查的范围分类可分为（　　）。

 A. 定期清查　　　B. 不定期清查　　　C. 局部清查　　　D. 全面清查

7. 财产物资的盘存制度，一般采用（　　）。

 A. 永续盘存制　　B. 实地盘存制　　　C. 权责发生制　　D. 收付实现制

8. 企业银行存款日记账账面余额大于银行对账单余额的情况有（　　）。

 A. 企业账簿记录有错　　　　　　　B. 银行账簿记录有错

 C. 企业已登记收入入账，银行未入账　　D. 银行已做收入入账，企业未入账

9. 实物清查的方法主要有（　　）。

 A. 实地盘点法　　B. 技术推算法　　　C. 抽样盘点法　　D. 核对账目法

10. 实物清查工作一般分为（　　）等步骤进行。

 A. 盘点实物　　　　　　　　　　　B. 填写"盘存单"

C. 编制"账存实存对比表"　　　　　　D. 编制会计分录

三、判断题

1. 在一般情况下，全面清查既可以是定期清查，也可以是不定期清查。（　　　）

2. 局部清查一般适用于流动性较大的财产物资和货币资金的清查。（　　　）

3. 对库存现金进行清查，出纳人员不能在场。（　　　）

4. 实地盘存制下，企业对财产物资平时只登记增加数，不登记减少数。（　　　）

5. 债权债务清查中发生的无法收回的应收账款和无法偿还的应付账款的处理要通过"待处理财产损溢"账户核算。（　　　）

6. 进行实物清查编制的"账存实存对比表"是调整账簿原始凭证。（　　　）

7. 对于未达账项应编制"银行存款余额调节表"进行调节，同时将未达账项应填制记账凭证调整入账。（　　　）

8. 各种财产物资发生的盘盈和盘亏，在报经批准以前都必须先记入"待处理财产损溢"账户。（　　　）

9. 固定资产的盘盈和盘亏，在据经批准后应分别记入"营业外收入"和"营业外支出"账户。（　　　）

10. 材料的盘盈和盘亏，在报经批准后均应记入"管理费用"账户。（　　　）

四、业务练习题

习　题　一

一、目的：练习银行存款核对及未达账项的调整方法。

二、资料：东岗公司20××年12月份银行存款日记账和银行存款对账单如以下图表所示。

三、要求：

1. 根据上列资料进行银行存款账目核对，查明未达账项。

2. 编制"银行存款余额调节表"，编制银行存款的实有数额。

银行存款日记账

20××年		凭证号	摘要	结算凭证		对方科目	借方	贷方	余额
月	日			种类	号数				
12	21		承前页						380 500
	21	银付35	购入材料	转支	#3603	在途物资		48 000	332 500
	22	银付36	偿付货款	转支	#2003	应付账款		36 800	295 700
	22	银付37	提取现金	现支	#8653	库存现金		4 000	291 700
	23	银付38	支付广告费	转支	#3605	销售费用		37 200	254 500
	23	银收18	收回货款	委收	#1004	应收账款	28 300		282 800
	24	银付39	支付保险费	转支	#3609	长期待摊费用		40 000	242 800
	24	银付40	代垫运杂费	转支	#3611	应收账款		6 000	236 800
	25	银付41	预付差旅费	现支	#8654	其他应收款		3 500	233 300
	25	银收19	销售产品	委收	#1006	销售收入	18 950		252 250
	26	银收20	预收货款	本票	#8461	预收账款	95 380		347 630
	31		本月合计						347 630

银行对账单

20××年		结算凭证		摘要	借方	贷方	余额
月	日	种类	号数				
12	21			承前页			380 500
	22	转支	#3603	支付货款	48 000		332 500
	22	现支	#8653	提取现金	4 000		328 500
	24	转支	#3605	支付广告费	37 200		291 300
	25	特转	#1480	存款利息		5 900	297 200
	25	现支	#8654	提差旅费	3 500		293 700
	26	转支	#3609	支付保险费	40 000		253 700
	26	本票	#8461	存入货款		95 380	349 080
	26	转支	#3614	付办公用品费	600		348 480
	31			月末余额			348 480

习 题 二

一、目的：练习财产清查结果的处理。

二、资料：某企业月末进行财产清查时，发现如下情况。

1. 丙种材料因保管不善，账面价值 50 000 元，实际库存 48 600 元。

2. 固定资产清查中，发现笔记本电脑缺少一台，原价 12 000 元，已提折旧 6 000 元，经调查是会计李明调离原岗位时带走。

3. 盘盈设备一台，重置价值 6 000 元。

4. 现金账面价值 1 260 元，清查发现库存 1 230 元，短缺 30 元，系出纳无借条随意借出。

三、要求：

1. 填制"盘存单"和"账存实存对比表"。

2. 编制财产清查结果及其处理的会计分录。

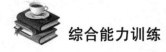

综合能力训练

案例（一）

华海公司采购员王永良出差回来报销差旅费。旅馆开出发票日房价 80 元，人数 1 人，时间为 10 天，金额为 800 元。而王永良却将单价 80 元直接改写为 280 元，小写金额改为 2 800 元，将大写金额前加了一个"贰仟"，报销后贪污金额为 2 000 元。

要求回答下列问题。

1. 负责报销审批工作的将涉及哪些人员？对此应承担什么责任？

2. 对采购员王永良应怎样进行处理？

3. 有关人员在审核这类虚假业务时应注意哪些问题？

案例（二）

　　20××年，华海制造厂销售一批产品给润丰公司，价款共计 6 万元，款项一直未能收到，于是，三年后财会人员便将此应收账款作为坏账处理了。然而，2010 年 2 月润丰公司将应付企业货款中 4 万元偿还，此时，会计人员不但没有入账，而且将其私自侵吞。

　　要求回答下列问题。

1. 会计人员的这种做法属于什么行为？

2. 如果你是会计人员，收到该笔款项后将如何进行账务处理？

第 **9** 章

会 计 报 表

本章导读

在日常的会计核算中，企业发生的各项经济业务都依照一定的程序和方法进行了确认、计量，并将确认和计量的结果在会计凭证和账簿中进行了记录和核对。但每张会计凭证所反映的只是个别经济业务，登记到账簿中的财务信息尽管详细、具体，能够提供分类的信息，但数量较大，难以集中概括地反映企业的财务状况、经营成果。为了使会计信息满足各方面的需要，还要对日常的会计核算资料进一步进行加工整理，并按照一定的要求和格式，定期编制会计报表。会计报表按照反映的经济内容，可以分为静态报表和动态报表；按照编报的时间，可以分为月报、季报和年报；按照会计报表的编制单位，可以分为单位报表和汇总报表；按照会计报表各项目所反映的数字内容，可以分为个别会计报表和合并会计报表；按照会计报表的服务对象，可以分为内部报表和外部报表。不同报表使用者对其所提供信息的要求各有不同。本章主要学习资产负债和利润表的编制。

知识目标

1. 熟悉企业会计报表的构成及分类
2. 掌握资产负债表和利润表的概念、结构、编制依据
3. 掌握资产负债表和利润表的编制方法
4. 了解其他会计报表的功能及编制原理

能力目标

1. 根据日常经济业务核算所提供的资料，能够编制资产负债表
2. 根据日常经济业务核算所提供的资料，能够编制利润表

9.1 会计报表概述

会计报表是指企业对外提供的反映企业某一特定日期的财务状况和某一会计期间的经营成果、现金流量等会计信息的文件。会计报表是提供会计信息的重要手段，及时、准确地编制会计报表，对满足信息使用者的需要，提高各单位经营管理水平及加强国家对企业的宏观

管理，都具有十分重要的意义。

9.1.1　会计报表的作用

会计报表是会计报告中的主要内容，是以统一的货币计量单位，主要运用表格形式，依据账簿记录及其他有关资料进行编制，总括反映会计核算单位经济活动的书面文件。会计报表的作用可概括为以下六方面内容。

（1）为企业内部的经营管理者进行日常经营管理提供必要的信息资料。各企业的经营管理者，需要经常不断地考核、分析本企业的财务状况、经营成果及成本费用等情况，评价本企业的经营管理工作，预测企业经济前景、进行经营决策。所有这些工作都必须借助于会计报表所提供的会计信息才能够进行。

（2）为企业外部投资者进行投资决策，提供必要的信息资料。企业的投资者包括国家、法人、外商和社会公众等。投资者所关心的是投资的报酬和投资的风险，在投资前需要了解企业的财务状况和经营活动情况，以便做出正确的投资决策。投资后，需要了解企业的经营成果、资金使用情况及资金支付报酬的能力等资料。而会计报表正是投资者了解所需信息的主要或者也可以说是唯一的渠道。

（3）为企业债权人提供企业的资金运转情况和偿债能力的信息资料。随着市场经济的不断发展，商业信贷和商业信用在社会经济发展的过程中日趋重要。由商业信贷所形成的债权人主要包括银行、非银行金融机构等，它们需要反映企业能按时支付利息和偿还债务的资料。由商业信用所形成的债权人（通过供应材料、设备及劳务等交易成为企业的债权人），以及因公司发行债券所形成的债权人（包括法人和社会公众），它们同样需要了解企业偿债能力的资料。而会计报表也是它们了解信息的主要渠道。

（4）为财政、工商、税务等行政管理部门提供对企业实施管理和监督的各项信息资料。财政、工商、税务等行政管理部门，履行国家管理企业的职能，负责检查企业的资金使用情况、成本计算情况、利润的形成和分配情况以及税金的计算和结缴情况，检查企业财经法纪的遵守情况。会计报表作为集中、概括反映企业经济活动情况及其结果的会计载体，是财政、工商、税务各部门对企业实施管理和监督的重要资料。

（5）为企业内部审计机构和外部审计部门检查、监督企业的生产经营活动，提供必要的信息资料。审计工作一般是从会计报表审计开始的，所以，会计报表不仅能够为审计工作提供详细、全面的数据资料，而且可以为会计凭证和会计账簿的进一步审计指明方向。

（6）为国家经济管理部门进行宏观调控和管理提供信息。经过层层汇总后的会计报表，反映某一行业、地区、部门乃至全国企业的经济活动情况的信息，这些信息是国家经济管理部门了解并掌握全国各地区、各部门、各行业的经济情况，正确制定国家产业等宏观政策、调控国民经济运行的重要决策依据。

9.1.2　会计报表的构成

会计报表是企业揭示并传递会计信息的手段。一般由以下五部分组成。

（1）表头。会计报表的表头主要包括会计报表的名称、会计报表反映的时间（某一特定日期或某一会计期间）、编表单位名称和盖章、报表编号和金额单位等内容。

（2）主表。主表即会计报表的主要内容，用以反映会计报表所要提供的主要会计信息。

不同的会计报表所要提供的信息不同，会计报表主表的结构也各异。不同会计报表的主表的结构将在以后各节中作详细介绍。

（3）补充资料。会计报表的补充资料也叫会计报表附注，是为了帮助信息使用者了解会计报表的内容而对报表的有关项目等所做的解释或说明。主要包括：① 所采用的主要会计处理方法；② 会计处理方法的变更情况、变更原因及其对企业财务状况和经营成果的影响；③ 非经常性项目的说明；④ 会计报表中有关重要项目的明细资料；⑤ 其他有助于理解和分析报表需要说明的事项。

（4）附表。会计报表的附表也是一张完整的会计报表，因其编制是建立在某一张会计报表编制的基础上而得名。

（5）财务状况说明书。财务状况说明书是对企业一定会计期间内生产经营的基本情况，资金增减和周转情况，利润实现及分配情况的综合性说明，是会计报告的重要组成部分。它全面扼要地提供企业生产经营、财务活动情况，分析总结经营业绩和存在的不足，是会计报告使用者了解和考核有关单位生产经营和业务活动开展情况的重要资料。

9.1.3 会计报表的种类

会计报表可按不同标准进行分类。

1. 按照会计报表所反映的内容，可以分为动态会计报表和静态会计报表

动态会计报表是反映一定时期内资金耗费和资金回收的报表。例如，利润表是反映企业在一定时期内经营成果的报表，现金流量表是反映企业在一定时期内现金的流入和流出情况的报表；静态会计报表则是指综合地反映企业在某一时点资产总额和权益总额的会计报表，例如，资产负债表是反映企业在某一特定日期资产、负债和所有者权益的报表。

2. 按照会计报表的编报时间，可以分为月报、季报和年报

月报要求简明扼要、及时反映。比如资产负债表、利润表等；年报要求揭示完整，反映全面，比如现金流量表等；季报在会计信息的详细程度方面，介于月报和年报之间。

3. 按照会计报表的编制单位，可以分为单位报表和汇总报表

单位报表是指企业在自身会计核算的基础上，对账簿记录进行加工而编制的会计报表，反映企业本身的财务状况和经营成果；汇总报表是指由企业主管部门或上级机关，根据所属单位报送的会计报表，连同本单位会计报表汇总编制的综合性会计报表。

4. 按照会计报表各项目所反映的数字内容，可以分为个别会计报表和合并会计报表

个别会计报表各项目数字所反映的内容，仅仅包括单个企业财务数据；合并会计报表是由主要投资公司即母公司编制的，一般包括所有控股子公司会计报表的数字，通过编制和提供合并会计报表，可以向会计报表使用者提供集团总体的财务状况和经营成果。

知识窗

合并会计报表，指用以综合反映以产权纽带关系构成的企业集团某一期间或地点整体财务状况、经营成果和资金流转情况的会计报表，主要包括合并资产负债表、合并利润表、合并现金流量表、合并所有者权益变动表。合并会计报表由企业集团中的控股公司（母公司）于会计年度终了编制，主要服务于母公司的股东和债权人；但也有人认为，是服务于企业集团所有股东和债权人，包括拥有少数股权的股东。

5. 按照会计报表的服务对象，可以分为内部报表和外部报表

内部报表是指为适应企业内部经营管理需要而编制的不对外公开的会计报表，内部报表一般可以不需要统一规定的格式，也没有统一的指标体系，比如成本报表就属于内部报表；外部报表是指企业向外提供的，供外部信息使用者使用的会计报表。比如资产负债表等就属于外部报表。

9.1.4 会计报表的编制要求

在编制会计报表时，应当根据真实的交易、事项及完整、准确的账簿记录等资料，并按照国家统一的会计制度规定的编制基础、编制依据、编制原则和方法进行，做到内容完整、数字真实、计算准确、报送及时。

（1）内容完整。会计报表必须按照国家规定的报表种类和内容填报，不得漏填漏报。无论是表内项目，还是报表附注资料，都应一一填列齐全。对于汇总报表和合并报表，应按项目分别进行汇总或扣除，不得遗漏。

（2）数字真实。会计报表要与报表编制单位的客观财务状况、经营成果和现金流量相吻合。会计报表中各项数字必须以报告期的实际数字来填列，不能使用计划数、估计数，更不允许弄虚作假、篡改伪造数字。

（3）计算准确。要求企业会计报告中各种数据的计算应正确无误；会计报表之间、会计报表各项目之间，凡有对应关系的数字，应当相互一致；会计报表中本期与上期的有关数字应当相互衔接。

（4）报送及时。会计报表必须向各信息使用者提供对经济决策有用的会计信息，而经济决策又具有强烈的时间性，因此，会计报表提供的会计信息要满足有用性质量标准，必须具有及时性。也就是说，有用的信息必须及时，不及时的信息肯定没用。为此，企业应科学选择和组织适合本企业具体情况的会计核算组织形式，认真做好记账、算账和按期结账工作。

9.2 资产负债表

资产负债表是总括反映企业特定日期（月末、季末、半年末和年末）全部资产、负债、所有者权益等财务情况的会计报表。资产负债表是根据资产、负债和所有者权益之间的相互关系，按照一定的分类标准和一定的排列顺序，并对日常会计核算工作形成的大量数据进行高度浓缩整理后编制而成的。它表明企业在某一特定日期所拥有或控制的经济资源、所承担的现有义务和所有者对企业净资产的要求权。其编制依据是会计恒等式"资产 = 负债 + 所有者权益"。

9.2.1 资产负债表的作用

资产负债表是提供企业当前所拥有或控制的经济资源总额及其分布情况、资金来源及其构成的信息。除具有一般会计报表的作用外，其具体作用主要表现在以下四个方面。

（1）资产负债表所提供的企业当前经济资源总额及其分布情况，便于信息使用者衡量企业的经济实力，分析企业的生产经营能力，评价企业经济资源的构成是否合理。

（2）资产负债表所提供的企业当前经济资源的资金来源及其构成情况，便于信息使用者分析企业资本结构的合理性和企业所面临的财务风险。

（3）通过对资产负债表中资产、负债和所有者权益的综合分析，便于信息使用者了解企业的财务实力、偿债能力和支付能力，为今后做出正确的决策提供依据。

（4）通过对资产负债表各项目不同时期数据的对比分析，可以使信息使用者了解企业资金结构、财务状况的变动情况及发展趋势，便于评价企业当前的竞争实力和发展前景。

9.2.2　资产负债表的结构

资产负债表由三部分构成，即表首（表头）、正表（表体）和补充资料。表头部分列示报表的名称、编制单位、编制日期和货币计量单位等内容；表体部分根据"资产 = 负债 + 所有者权益"的会计恒等式，把企业某一特定时期的资产、负债和所有者权益各要素按流动性快慢进行项目分类。

资产负债表的结构有报告式（垂直式）和账户式（平衡式）两种。

报告式资产负债表中资产、负债和所有者权益项目自上而下列示排列，所有资产类项目按一定顺序列示于报表上部，其次列示负债，最后列示所有者权益。在特殊情况下如编制比较性的资产负债表时可采用。账户式的资产负债表，左方为资产，右方为负债和所有者权益，其优点是资产、负债和所有者权益的关系一目了然。我国资产负债表采用账户式结构。

账户式资产负债表分为左右两方，左方列示资产各项目，称为资产方；右方列示负债及所有者权益各项目，称为负债及所有者权益方。左方各项目金额合计等于右方各项目金额合计，即左方和右方平衡。我国资产负债表各项目的排列顺序如下。

（1）报表左方资产项目排序：按资产项目流动性由强至弱排列，即①流动资产（其中各项目的排序为货币资金、以公允价值计量且其变动计入当期损益的金融资产、应收票据及应收账款、其他应收款、预付账款和存货等）；②非流动资产（其中各项目的排列顺序为可供出售金融资产、持有至到期投资、长期股权投资、固定资产、无形资产等）。

（2）报表右方负债及所有者权益项目排序：按对企业资产享有权的先后排列，即负债在前，所有者权益在后。负债项目按债务偿还期由短至长顺序排列，①流动负债（其中各项目的排列顺序为短期借款、以公允价值计量且其变动计入当期损益的金融负债、应付票据及应付账款、其他应付款、预收账款、应付职工薪酬和应交税费等）。②非流动负债（其中各项目的排列顺序为长期借款、应付债券、长期应付款等）。所有者权益类各项目按实收资本、资本公积、盈余公积和未分配利润的顺序排列。资产负债表的结构如图表 9-1 所示。

图表 9-1

资产负债表

会工 01

编制单位：　　　　　　　　　　年　月　日　　　　　　　　　　　　　　　单位：

资　产	年初数	期末数	负债及所有者权益	年初数	期末数
流动资产：			流动负债：		
货币资金			短期借款		
以公允价值计量且其变动计入当期损益的金融资产			以公允价值计量且其变动计入当期损益的金融负债		
应收票据及应收账款			应付票据及应付账款		
预付账款			预收账款		
其他应收款			应付职工薪酬		
存货			应交税费		
持有待售资产			其他应付款		
一年内到期的非流动资产			持有待售负债		
其他流动资产			一年内到期的非流动负债		
流动资产合计			其他流动负债		
非流动资产：			流动负债合计		
可供出售金融资产			非流动负债：		
持有至到期投资			长期借款		
长期应收款			应付债券		
长期股权投资			长期应付款		
投资性房地产			预计负债		
固定资产			递延收益		
在建工程			递延所得税负债		
生产性生物资产			其他非流动负债		
油气资产			非流动负债合计		
无形资产			负债合计		
开发支出			所有者权益（或股东权益）：		
商誉			实收资本（或股本）		
长期待摊费用			其他权益工具		
递延所得税资产			其中：优先股		
其他非流动资产			永续债		
非流动资产合计			资本公积		
			减：库存股		
			其他综合收益		
			盈余公积		
			未分配利润		
			所有者权益（或股东权益）合计		
资产总计			负债及所有者权益（或股东权益）总计		

9.2.3 资产负债表的编制方法

资产负债表的编制包括其数据来源及数据在资产负债表中如何填列多方面内容。

1. 数据来源

资产负债表的"年初数"栏各项目金额，根据上年末资产负债表"期末数"栏内所列数字填写。资产负债表的"期末数"栏各项目主要是根据有关账户的期末余额来填列的。具体包括以下内容。

（1）根据总分类账期末余额直接填列。主要项目有：短期借款、应付职工薪酬、应交税费、实收资本、资本公积、盈余公积等。

（2）根据总分类账和明细账户期末余额分析计算填列。主要项目有：长期借款、应付债券、长期应付款等。

（3）根据若干个总分类账户的期末余额计算填列。主要项目有：货币资金、其他应收款、存货、在建工程、其他应付款、未分配利润。

（4）根据明细账期末余额计算填列。主要项目有：预付账款、预收账款等。

（5）根据账户余额减去其被抵项目后的净额填列。主要项目有：持有至到期投资、长期股权投资、无形资产等。

（6）根据账户余额合计减去其被抵项目后的净额填列。主要项目有：应收票据及应收账款、存货、固定资产、应付票据及应付账款等。

特别说明

> 会计报表中所列的是项目而不是会计科目的名称。在资产负债表列报时，可根据企业实际拥有的资产、负债及所有者权益项目列报。

2. 资产负债表的具体填列方法

［例9–1］ 东方公司20××年12月31日总分类账户及明细分类账户余额如图表9–2所示。

图表9–2

总分类账户及有关明细分类账户余额表

单位：元

总账科目	明细科目	借方余额	贷方余额	总账科目	明细科目	借方余额	贷方余额
库存现金		1 360		短期借款			30 000
银行存款		169 470		应付账款			56 669
应收账款		56 080			兴业公司		13 848
	云阳公司	53 200			云力公司		11 600
	开元公司	2 880			电力公司		736
预付账款		4 500			自来水公司		485
	云昌公司	5 000		预收账款			8 700
	青山公司		500		海天公司		9 500
					山阳公司	800	
其他应收款		0		应付利息			740

续表

总账科目	明细科目	借方余额	贷方余额	总账科目	明细科目	借方余额	贷方余额
原材料		26 700		应付职工薪酬			12 634
库存商品		136 072		应交税费			26 847.65
固定资产		450 000		实收资本			400 000
				应付股利			28 000
累计折旧			149 000	盈余公积			58 298.14
				未分配利润			73 293.21
合计		695 182		合计			695 182

根据图表9-2，编制东方公司期末资产负债表如图表9-3所示。

资产方的有关项目填列如下。

本例中货币资金170 830元（1 360＋169 470），应付票据及应付账款56 880元（56 080＋800），预付账款为明细分类账昌盛公司5 000元，存货162 772元（26 700＋136 072），固定资产301 000元（450 000－149 000），其余项目直接填列，合计项为合计填列。

图表9-3

资产负债表

会企01

编制单位：东方公司　　　　　　　　　20××年12月31日　　　　　　　　　单位：元

资　产	期末余额	期初余额	负债及所有者权益	期末余额	期初余额
流动资产：		（略）	流动负债：		（略）
货币资金	170 830		短期借款	30 000	
应收票据及应收账款	56 880		应付票据及应付账款	57 169	
预付账款	5 000		预收账款	9 500	
其他应收款	0		应付职工薪酬	12 634	
存货	162 772		其他应付款	28 740	
流动资产合计	390 482		应交税费	26 847.65	
			流动负债合计	164 890.65	
非流动资产：			非流动负债：		
固定资产	301 000		负债合计	164 890.65	
			所有者权益：		
无形资产	0		实收资本	400 000	
			盈余公积	58 298.14	
			未分配利润	73 293.21	
			所有者权益合计	531 591.35	
总计	696 482		总计	696 482	

财务主管：（签章）　　　　　　　　　　　　　　制表人：（签章）

附注：略

具体说明如下。

(1)"货币资金"项目。反映会计报告期末企业库存现金、银行存款等货币资金合计数。本项目应根据"库存现金""银行存款""其他货币资金"等总账科目的期末借方余额合计数填列。

(2)"应收票据及应收账款"项目。反映企业因销售商品、产品和提供劳务等而向购买单位收取的各种款项。本项目应根据"应收票据"账户及"应收账款"和"预收账款"账户所属各明细账户的期末借方余额合计减去"坏账准备"账户中有关应收账款计提的坏账准备期末余额合计后的金额填列。若"应收账款"所属明细账户期末有贷方余额的,应在本表"预收账款"项目内填列。

(3)"其他应收款"项目。反映企业对其他单位和个人的应收和暂付款项。本项目应根据"其他应收款""应收利息""应收股利"账户的期末借方余额,减去"坏账准备"账户中有关其他应收款计提的坏账准备期末余额后的金额填列。

(4)"预付账款"项目。反映企业预付给供货单位或供应劳务单位的款项。本项目应根据"预付账款"和"应付账款"账户所属各明细账户的期末借方余额合计数填列。若"预付账款"所属各明细账户期末有贷方余额的,应在本表"应付账款"项目内填列。

(5)"存货"项目。反映企业期末在库、在途、在使用和在加工中的各种存货的可变现净值。本项目应根据"在途物资""原材料""自制半成品""库存商品""生产成本"等账户的期末余额合计填列。

(6)"流动资产合计"项目。是将以上各流动资产项目合计相加。

(7)"固定资产"项目。反映企业的各种固定资产可收回的金额。这两个项目应根据"固定资产""固定资产清理"账户的期末余额合计,减去"累计折旧"等账户的期末余额后的金额填列。

(8)"无形资产"项目。反映企业各项无形资产的可回收金额。本项目应根据"无形资产"账户的期末余额,减去"累计摊销"等账户的期末余额后的金额填列。

(9)"其他长期资产"项目。反映企业除以上资产以外的其他长期资产。本项目应根据有关账户的期末余额填列。若其他长期资产价值较大的,应在会计报表附注中披露其内容和金额。

负债项目的填列如下。

本例中应付账款 57 169 元(56 669 + 500),预收账款 9 500 元为明细账海天公司账户余额。其余项目直接填列,合计项为合计填列。

具体说明如下。

(1)"短期借款"项目。反映企业向银行或其他金融机构等借入的期限在 1 年期以下(含 1 年)的借款。本项目应根据"短期借款"账户的期末余额填列。

(2)"应付票据及应付账款"项目。反映企业购买原材料、商品和接受劳务供应等而应付给供应单位的款项。本项目应根据"应付票据"账户、"应付账款"账户所属各有关明细账户的期末贷方余额和"预付账款"账户所属各有关明细账户的期末贷方余额合计填列。

(3)"预收账款"项目。反映企业预收购买单位的账款。本项目应根据"预收账款"和"应收账款"账户所属各明细账户的期末贷方余额合计数填列。若"预收账款"账户所属各明细账户期末有借方余额,应在本表"应收账款"项目内填列。

（4）"应付职工薪酬"项目。反映企业根据有关规定应付未付给职工的各种薪酬。本项目应根据"应付职工薪酬"账户期末贷方余额填列。如"应付职工薪酬"账户期末为借方余额，以"－"号填列。

（5）"应交税费"项目。反映企业期末未交、多交的各种税费。本项目应根据"应交税费"账户的期末贷方余额填列；如"应交税费"账户期末为借方余额，以"－"号填列。

（6）"其他应付款"项目。反映企业所有应付和暂收其他单位和个人的款项。本项目应根据"其他应付款""应付利息""应付股利"账户的期末余额合计填列。

（7）"一年内到期的非流动负债"项目。反映企业核算的非流动负债在资产负债表日转化为流动负债。本项目应根据相关的非流动负债账户期末余额分析填列。

（8）"流动负债合计"项目。按流动负债各项目合计数填列。

（9）"长期借款"项目。反映企业借入但尚未归还的1年期以上（不含1年）的借款。本项目应根据"长期借款"账户的期末贷方余额分析计算填列。

非流动负债各项目中将于1年内（含1年）到期的负债，应在"1年内到期的非流动负债"项目内单独反映。非流动负债各项目均应根据有关账户期末余额扣除将于1年内（含1年）到期偿还数后的余额填列。

所有者权益项目的填列如下。

一般是根据所有者权益类账户的期末贷方余额来填列的。

（1）"实收资本（或股本）"项目。反映企业各投资者实际投入的资本（或股本）总额。本项目应根据"实收资本（或股本）"账户的期末贷方余额填列。

（2）"资本公积"项目。反映企业资本公积的期末余额。本项目应根据"资本公积"账户的期末贷方余额填列。

（3）"盈余公积"项目。反映企业盈余公积的期末余额。本项目应根据"盈余公积"账户的期末贷方余额填列。

（4）"未分配利润"项目。反映企业尚未分配的利润。本项目应根据"本年利润"账户和"利润分配"账户的余额分析计算填列。未弥补的亏损在本项目内以"－"号填列。

特别提示

"未分配利润"项目，平时应根据"本年利润"账户和"利润分配"账户的期末余额分析计算填列，若为负数表示未弥补的亏损，在本项目内以"－"号反映。"本年利润"账户和"利润分配"账户的期末余额均在贷方的，用二者余额之和填列；期末余额均在借方的，用二者余额之和在本方项目内以"－"号填列；二者余额一个在借方一个在贷方的，用二者余额相抵后的差额填列，如为借差则在本项目内以"－"号填列。年度终了时，该项目可以只根据"利润分配"账户的期末余额填列，余额在贷方的直接填列，余额在借方的在本项目内以"－"号填列。资产负债表中的其他项目将在以后的专业会计学习中解析。

9.3 利润表

利润表是总括反映企业在一定期间（年度、季度、月度）内经营成果（利润或亏损）实际形成情况的会计报表，是动态会计报表。即反映企业在一定时期内取得的全部收入和为取得收入而发生的全部费用支出及两者相抵后计算出的这一时期内实现的利润（或亏损）总额，即收入 − 费用 = 利润。

9.3.1 利润表的作用

利润表可以提供企业在一定时期内全部收入、费用和利润的信息。利润表除具有一般会计报表的作用外，其具体作用主要表现在以下四个方面。

（1）通过利润表，可以从总体上了解企业收入、成本费用及净利润（或亏损）的实现及构成情况，并据以分析和考核企业经营目标和利润计划的执行结果，分析企业利润增减变动的原因，进一步明确各部门的经济责任。

（2）通过利润表提供的不同时期的比较数据（本月数、本年累计数、上年数），可以分析企业的获利能力及未来发展趋势，了解投资者投入资本的保值、增值情况。

（3）通过与本行业其他企业利润表的对比，可以分析本企业在生产经营活动中存在的优势和不足，为企业管理者和外部利害关系集团做出正确决策提供重要依据。

（4）通过将本企业同期资产负债表和利润表相关指标的结合分析，可以分析判断企业资金的营运能力、盈利能力和资金的运用效果。

9.3.2 利润表的结构

利润表的结构主要有单步式利润表和多步式利润表两种。单步式利润表是将当期各项收入汇总，然后将各项费用汇总，一次扣减计算出当期损益。多步式利润表是从营业收入开始，依次分步计算出营业利润、利润总额、净利润、其他综合收益及综合收益总额。在我国，企业利润表采用的基本上是多步式格式。企业利润表主要包括以下七个方面的内容。

（1）营业收入。营业收入由主营业务收入和其他业务收入组成。

（2）营业利润。营业收入减去营业成本（主营业务成本和其他业务成本）、税金及附加、销售费用、管理费用、财务费用、资产减值损失，加其他收益、投资收益、公允价值变动收益、资产处置收益，即为营业利润。

（3）利润总额。营业利润加上营业外收入，减去营业外支出，即为利润总额。

（4）净利润。利润总额减去所得税费用，即为净利润。

（5）其他综合收益的税后净额。反映不能重分类进损益的其他综合收益和将重分类进损益的其他综合收益。

（6）综合收益总额。反映企业净利润与其他综合收益的合计金额。

（7）每股收益。每股收益包括基本每股收益和稀释每股收益两项指标。

利润表基本结构如图表9-4所示。

图表9-4

利润表

会工02

编表单位：　　　　　　　　　　　年　月　　　　　　　　　　　单位：

项　目	本期金额	上期金额
一、营业收入		
减：营业成本		
营业税金及附加		
销售费用		
管理费用		
研发费用		
财务费用		
其中：利息费用		
利息收入		
资产减值损失		
加：其他收益		
投资收益（损失以"－"号填列）		
其中：对联营企业和合营企业的投资收益		
公允价值变动损益（损失以"－"号填列）		
资产处置收益（损失以"－"号填列）		
二、营业利润（亏损以"－"号填列）		
加：营业外收入		
减：营业外支出		
三、利润总额（亏损总额以"－"号填列）		
减：所得税费用		
四、净利润（净亏损以"－"号列示）		
（一）持续经营净利润（亏损以"－"号填列）		
（二）终止经营净利润（亏损以"－"号填列）		
五、其他综合收益税后净额		
（一）以后不能重分类进损益的其他综合收益		
……		
（二）以后将重分类进损益的其他综合收益		
……		
六、综合收益总额		
七、每股收益		
（一）基本股每股收益		
（二）稀释股每股收益		

9.3.3 利润表的编制方法

1. 利润表主要项目内容及编制方法

（1）"营业收入"项目，反映企业从事经营业务所取得的收入总额。本项目应根据"主营业务收入"和"其他业务收入"账户的发生额分析填列。

（2）"营业成本"项目，反映企业从事经营业务发生的实际成本。本项目应根据"主营业务成本"和"其他业务成本"账户的发生额分析填列。

（3）"税金及附加"项目，反映企业从事经营业务应负担的消费税、城市维护建设税、资源税、土地增值税、印花税、房产税、土地使用税、车船税和教育费附加等。本项目应根据"税金及附加"账户的发生额分析填列。

（4）"销售费用"项目，反映企业在销售商品和材料、提供劳务的过程中发生的各种费用。本项目应根据"销售费用"账户的发生额分析填列。

（5）"管理费用"项目，反映企业为组织管理企业生产经营发生的管理费用。本项目应根据"管理费用"账户的发生额分析填列。

（6）"财务费用"项目，反映企业为筹集生产经营所需资金等而发生的筹资费用。本项目应根据"财务费用"账户的发生额分析填列。

（7）"资产减值损失"项目，反映企业计提各项资产减值准备所形成的损失。本项目应根据"资产减值损失"账户的发生额分析填列。

（8）"投资收益"项目，反映企业确认的投资收益或投资损失。本项目应根据"投资收益"账户的发生额分析填列；如为投资损失，以"－"号填列。

（9）"公允价值变动损益"，该项目反映企业交易性金融资产、交易性金融负债及采用公允价值模式计量的投资性房地产、衍生工具、套期保值业务等公允价值变动形成的应计入当期损益的利得或损失。本项目应根据"公允价值变动损益"账户分析填列；如为公允价值变动损失，以"－"号填列。

（10）"营业外收入"项目和"营业外支出"项目，反映企业发生的与其生产经营无直接关系的各项收入和支出。这两个项目应分别根据"营业外收入"账户和"营业外支出"账户的发生额分析填列。

（11）"利润总额"项目，反映企业实现的利润总额。如为亏损总额，以"－"号填列。

（12）"所得税费用"项目，反映企业确认的应从当期利润中扣除的所得税费用。本项目应根据"所得税费用"账户的发生额分析填列。

（13）"净利润"项目，反映企业实现的净利润。如为净亏损，以"－"号填列。

（14）"其他综合收益"项目，反映未在损益中确认的各项利得和损失扣除所得税影响后的净额。具体内容将在财务会计中详解。

（15）"综合收益总额"项目，反映企业净利润与其他综合收益的合计金额。

（16）"每股收益"项目，反映普通股或潜在普通股已公开交易的企业及正处于公开发行普通股或潜在普通股过程中的企业应当在利润表中分别列示基本每股收益和稀释每股收益。

（7）、（8）、（9）、（12）、（14）、（15）、（16）项目的具体内容将在财务会计中详细介绍。

对于金额栏数据填列时还应注意以下事项。

（1）"本期金额"栏。该栏填列各项目的本期实际发生数。如果上年度利润表中的名称和数字与本年度利润表不相一致，应对上年度利润表项目的名称和数字按本年度规定进行调整，填入报表的"上期金额"栏。

（2）"上期金额"栏。该栏反映各项目的上期实际发生数。

2. 利润表的具体填列方法

[**例9-2**]　东方公司12月31转入"本年利润"的损益类账户的数额如图表9-5所示。

图表9-5

损益类账户数额

单位：元

科 目 名 称	借方发生额	贷方发生额
主营业务收入		135 000
主营业务成本	85 150	
税金及附加	1 155.2	
销售费用	1 200	
管理费用	6 113	
财务费用（利息支出）	740	
所得税费用	10 160.45	

根据上述资料，编制利润表如图表9-6所示。

图表9-6

利润表

会企02

编制单位：东方公司　　　　　　20××年12月　　　　　　单位：元

项　　目	本月数	本年累计数
一、营业收入	135 000	
减：营业成本	85 150	
税金及附加	1 155.2	
销售费用	1 200	
管理费用	6 113	
财务费用	740	
其中：利息支出	740	
二、营业利润（亏损以"－"号填列）	40 641.8	
加：营业外收入		
减：营业外支出		
三、利润总额（亏损总额以"－"号填列）	40 641.8	
减：所得税费用	10 160.45	
四、净利润（净亏损以"－"号填列）	30 481.35	

财务主管：（签章）　　　　　制表人：（签章）

9.4 现金流量表

现金流量表是综合反映企业在一定会计期间内有关现金和现金等价物的来源、运用等流入和流出情况的会计报表。现金流量表在一般企业属于年度报表。通过编制现金流量表，可以使报表使用者了解和评价企业偿还债务及支付企业所有者投资报酬的能力，预测企业在未来会计期间产生净现金流量的能力，分析企业的净收益与经营活动所产生的净现金流量发生差异的原因，了解会计年度内影响或不影响现金的投资活动与筹资活动。

9.4.1 现金的概念

现金流量表实际上是以现金为基础编制的财务状况变动表。其中"现金"是指企业的库存现金、企业可以随时调用的银行存款、其他货币资金及现金等价物。

（1）库存现金。指企业持有的随时可以用于支付的现金。

（2）银行存款。指企业存放在银行或其他金融机构随时可以用于支付的存款。

（3）其他货币资金。指企业存放在银行有特定用途的资金或在途尚未收到的资金，包括外埠存款、银行汇票存款、银行本票存款和在途货币资金等。

需要注意的是，银行存款和其他货币资金中有些不能随时用于支付的存款，比如不能随时支取的定期存款等，不应作为现金，而应列作投资；提前通知金融机构便可支取的定期存款，则应包括在现金范围内。

（4）现金等价物。指企业持有时间短、流动性强、容易转换为已知金额的现金、价值变动风险很小的投资，比较常见的有企业购入的在证券市场上流通的三个月内到期的短期债券投资等。

特别提示

利用网络、报纸等各种媒介了解企业会计报表结构、数据及编制方式。

9.4.2 现金流量及其分类

现金流量是指企业在一定时期内现金和现金等价物的流入和流出的总数量，分为现金流入量、现金流出量；流入量与流出量的差额，称为现金净流量。

企业的现金流量产生于不同的来源，也有不同的用途。现金流量表首先要对企业各项经济业务发生的现金流量进行分类。根据我国会计准则和制度的规定，企业一定时期内发生的现金流量可分为以下三类，即经营活动产生的现金流量、投资活动产生的现金流量和筹资活动产生的现金流量。

1. 经营活动

经营活动是指企业投资活动和筹资活动以外的所有交易和事项。一般来说，工商企业经营活动主要包括：销售商品、提供劳务、购买商品、接受劳务、支付工资、支付税费等。其中相关的现金流入项目有销售商品、提供劳务收到的现金及收到的税费返还；相关的现金流出项目有购买商品、接受劳务所支付的现金、支付工资、支付税费，以及其他与经营活动有关的现金流入、流出量。

2. 投资活动

投资活动是指企业长期资产的购建和不包括在现金等价物范围内的投资及其处置活动。其中，"长期资产"是指固定资产、无形资产、在建工程、其他资产等持有期在 1 年或一个营业周期以上的资产；"投资"既包括企业为通过分配来增加财富，或为谋求其他利益而将资产让渡给其他单位所获得的另一项资产，即对外投资；还包括长期资产的购建及其处置，即对内的长期投资；"现金等价物"排除在外，是因已经将其视为现金。

相关的现金流入项目有收回投资、取得投资收益、处置固定资产与无形资产和其他长期资产所收到的现金净额、收到的其他与投资活动有关的现金等；相关的现金流出项目有购建固定资产、无形资产和其他长期资产所支付的现金、支付其他与投资活动有关的现金等。

3. 筹资活动

筹资活动是指导致企业资本及债务规模和构成发生变化的活动。其中，"资本"是指实收资本（股本）和资本溢价（股本溢价）；"债务"指企业对外举债，包括向银行借款、发行债券及偿还债务等。应付账款、应付票据等商业应付款属于经营活动，不属于筹资活动。

相关现金流入项目有吸收投资、借款所收到的现金、收到其他与筹资活动有关的现金；相关现金流出项目有偿还债务、分配股利、分配利润、偿付利息等支付的现金、支付其他与筹资活动有关的现金。

需要注意的是，企业现金形式的转换不会产生现金的流入和流出，例如，企业从银行提取现金，只是现金存放形式的转换，并未流入或流出企业，因此不构成现金流量；同样，现金与现金等价物之间的转换也不属于现金流量，比如企业用现金购买 3 个月到期的国库券。

9.4.3 现金流量表的结构

现金流量表主要分为主表和补充资料两部分。

主表主要按现金流量（包括流入和流出）的分类以报告式列示。补充资料主要披露不涉及现金收支的投资和筹资活动、将净利润调节为经营活动的现金流量及现金等价物净增加情况。具体格式如图表 9-7 所示。

图表 9-7

现金流量表

会企 03

编制单位：　　　　　　　　　　　　　　年　月　日　　　　　　　　　　　　　　单位：

项　　目	本 期 金 额	上期金额（略）
一、经营活动产生的现金流量：		
销售商品、提供劳务收到的现金		
收到的税费返还		
收到的其他与经营活动有关的现金		
经营活动现金流入小计		
购买商品、接受劳务支付的现金		
支付给职工以及为职工支付的现金		

续表

项 目	本 期 金 额	上期金额（略）
支付的各项税费		
支付的其他与经营活动有关的现金		
经营活动现金流出小计		
经营活动产生的现金流量净额		
二、投资活动产生的现金流量：		
收回投资所收到的现金		
取得投资收益收到的现金		
处置固定资产、无形资产和其他长期资产收回现金净额		
处置子公司及其他营业单位收到的现金净额		
收到其他与投资活动有关的现金		
投资活动现金流入小计		
购建固定资产、无形资产和其他长期资产支付的现金		
投资所支付的现金		
取得子公司及其他营业单位支付的现金净额		
支付其他与投资活动有关的现金		
投资活动现金流出小计		
投资活动产生的现金流量净额		
三、筹资活动产生的现金流量：		
吸收投资所收到的现金		
借款所收到的现金		
收到的其他与筹资活动有关的现金		
筹资活动现金流入小计		
偿还债务所支付的现金		
分配股利、利润或偿付利息支付的现金		
支付的其他与筹资活动有关的现金		
筹资活动现金流出小计		
筹资活动产生的现金流量净额		
四、汇率变动对现金的影响额		
五、现金及现金等价物净增加额		
加：期初现金及现金等价物余额		
六、期末现金及现金等价物余额		

现金流量表补充资料

项 目	本 期 金 额	上期金额（略）
1. 将净利润调节为经营活动的现金流量		
净利润		
加：资产损失准备		
固定资产折旧、油气资产折耗、生产性生物资产折旧		

项　　目	本 期 金 额	上期金额（略）
无形资产摊销		
长期待摊费用摊销		
处置固定资产、无形资产和其他长期资产的损失（收益以"－"号列示）		
固定资产报废损失（收益以"－"号列示）		
公允价值变动损益（收益以"－"号列示）		
财务费用（收益以"－"号列示）		
投资损失（收益以"－"号列示）		
递延所得税资产减少（增加以"－"号列示）		
递延所得税负债增加（减少以"－"号列示）		
存货的减少（增加以"－"号列示）		
经营性应收项目的减少（增加以"－"号列示）		
经营性应付项目的增加（减少以"－"号列示）		
其他		
经营活动产生的现金流量净额		
2. 不涉及现金收支的重大投资和筹资活动		
债务转为资本		
一年内到期的可转换企业债券		
融资租入固定资产		
3. 现金及现金等价物净增加情况		
现金的期末余额		
减：现金的期初余额		
加：现金等价物的期末余额		
减：现金等价物的期初余额		
现金及现金等价物净增加额		

9.4.4　现金流量表的编制方法

现金流量表的编制基础是收付实现制。

经营活动现金流量表的编制方法通常采用直接法或间接法两种。

直接法是通过现金收入和支出的主要类别反映来自企业经营活动的现金流量，一般是以利润表中的营业收入为起算点，调整与经营活动有关的项目的增减变动，然后计算出经营活动的现金流量。我国现金流量表主表就是采用直接法列报经营活动现金流量的。

间接法是以本期净利润为起算点，调整不涉及现金的收入、费用、营业外收支及有关项目的增减变动，据此计算出经营活动的现金流量。我国现金流量表补充资料就是采用间接法列报经营活动现金流量的。

9.5 所有者权益变动表

所有者权益变动表，是指反映构成所有者权益各组成部分当期增减变动情况的报表。当期损益、直接计入所有者权益的利得和损失，以及与所有者（或股东，下同）的资本交易导致的所有者权益的变动，应当分别列示。

所有者权益增减变动表能全面反映企业的所有者权益（或股东权益）在年度内的变化情况，有助于会计信息使用者深入分析，进而对企业的资本保值增值情况做出正确判断，为进一步决策提供有用的信息。

在所有者权益变动表中，企业至少应当单独列示反映下列信息的项目。

（1）净利润。

（2）直接计入所有者权益的利得和损失项目及其总额。

（3）会计政策变更和差错更正的累积影响金额。

（4）所有者投入资本和向所有者分配利润等。

（5）按照规定提取的盈余公积。

（6）实收资本（或股本）、资本公积、盈余公积、未分配利润的期初和期末余额及其调节情况。

由于现金流量表和所有者权益变动表的编制过程较为复杂，其具体编制方法将在专业会计中详细说明。

资产负债表、利润表和现金流量表是企业对外报送的三大基本会计报表，这三张会计报表之间存在着密切的钩稽关系，从不同角度反映了企业的经营成果、现金流量和财务状况。其中利润表是最基本的会计报表，在编制这三张会计报表时，必须清楚它们之间的钩稽关系，以提高编表效率和质量。

中英文专业术语

会计报表	accounting statement
资产负债表	balance sheet
利润表	income statement
现金流量表	cash flow statement
所有者权益变动表	statement of change in equity

复习思考题

1. 什么是会计报表？简述会计报表的作用。

2. 简述会计报表的分类及内容。

3. 简述会计报表的编制要求。

4. 什么是资产负债表？简述资产负债表的结构。

5. 什么是利润表？简述利润表的结构。

6. 如何填制利润表的"本月数"和"本年累计数"？

7. 简述利润分配表的结构和内容。

8. 简述现金流量表的结构和内容。

练习题

一、单项选择题

1. 编制动态报表的主要依据是（　　）。

A. 账户的期初余额　　B. 账户的期末余额　　C. 账户的本期发生额　　D. A 和 B

2. 编制静态报表的主要依据是（　　）。

A. 账户的期初余额　　　　　　　　B. 账户的期末余额

C. 账户的借方发生额　　　　　　　D. 账户的贷方发生额

3. 下列资产负债表的项目需要根据总账科目余额直接填列的是（　　）。

A. 存货　　　　　　　　　　　　　B. 货币资金

C. 应付职工薪酬　　　　　　　　　D. 待处理流动资产净损失

4. 资产负债表中资产类项目按变现能力大小依次排列的顺序是（　　）。

A. 固定资产　流动资产　无形资产　其他非流动资产

B. 流动资产　固定资产　无形资产　其他非流动资产

C. 其他非流动资产　无形资产　固定资产　流动资产

D. 流动资产　无形资产　其他非流动资产　固定资产

5. 资产负债表中的所有者权益类项目按永久性递延排列的顺序是（　　）。

A. 实收资本　资本公积　未分配利润　盈余公积

B. 实收资本　资本公积　盈余公积　未分配利润

C. 未分配利润　盈余公积　资本公积　实收资本

D. 实收资本　未分配利润　资本公积　盈余公积

6. 下列项目中不属于流动资产项目的是（　　）。

A. 货币资金　　　B. 应收账款　　　C. 固定资产　　　D. 存货

7. 反映企业在一定时期内经营成果的会计报表是（　　）。

A. 资产负债表　　　　　　　　　　B. 利润表

C. 现金流量表　　　　　　　　　　D. 所有者权益变动表

8. 资产负债表中的报表项目（　　）。

A. 都可以用账户余额直接填列

B. 必须对账户发生额进行分析计算才能填列

C. 大多数项目可以直接根据账户余额填列，少数项目需要根据账户发生额分析填列

D. 大多数项目可以直接根据账户余额填列，少数项目需要根据账户余额分析填列

9. 如果企业"固定资产"账户余额为 1 000 万元，"累计折旧"账户余额为 450 万元，则资产负债表中固定资产项目的列示金额为（　　）。

A. 1 000 万元　　　B. 550 万元　　　C. 1 450 万元　　　D. 450 万元

10. 资产负债表中"应收票据及应收账款"项目根据（　　）填列。

A. "应收票据"和"应收账款"总分类账户期末余额

B. "应收票据"、"应收账款" 总分类账户所属各明细分类账户的期末借方余额合计

C. "应收票据"、"应收账款" 和 "应付账款" 总分类账户所属各明细分类账户的期末借方余额合计

D. "应收票据"、"应收账款" 和 "预收账款" 总分类账户所属各明细分类账户的期末借方余额合计

二、多项选择题

1. 会计报表使用者包括 (　　)。
　　A. 政府部门　　　　B. 债权人　　　　C. 股东　　　　D. 企业管理者

2. 资产负债表中的 "存货" 项目根据 (　　) 等账户的期末合计数填列。
　　A. 在途物资　　　　B. 原材料　　　　C. 生产成本　　　　D. 库存商品

3. 利润表反映的会计要素内容有 (　　)。
　　A. 收入　　　　B. 费用　　　　C. 利润　　　　D. 所有者权益

4. 利润表中根据发生额计算分析填列的项目有 (　　)。
　　A. 营业收入　　　　B. 营业成本　　　　C. 管理费用　　　　D. 营业利润

5. 编制资产负债表时，下列根据明细分类账余额调整计算填列的项目有 (　　)。
　　A. 货币资金　　　　B. 预付账款　　　　C. 预收账款　　　　D. 短期借款

6. 下列账户中，可能影响资产负债表中的 "应付票据及应付账款" 项目的有 (　　)。
　　A. 应收票据　　　　B. 预收账款　　　　C. 应付账款　　　　D. 预付账款

7. 填列资产负债表期末数，可以分别采用的具体方法有 (　　)。
　　A. 根据总分类账户的期末余额直接填列
　　B. 根据若干总分类账户的期末余额合计填列
　　C. 根据若干明细分类账户的期末余额计算分析填列
　　D. 根据有关账户的期末余额计算分析填列

8. 现金流量表中的现金包括 (　　)。
　　A. 库存现金　　　　B. 银行存款　　　　C. 其他货币资金　　　　D. 现金等价物

9. 企业的现金流量产生于企业的 (　　)。
　　A. 经营活动　　　　B. 筹资活动　　　　C. 投资活动　　　　D. 其他经营领域

10. 企业对外报送的会计报表包括 (　　)。
　　A. 资产负债表　　　　B. 利润表　　　　C. 现金流量表　　　　D. 所有者权益变动表

三、判断题

1. 资产负债表是根据账户发生额和期末余额编制的。(　　)

2. 利润表的编制基础是会计等式 "收入－费用＝利润"。(　　)

3. 利润表的作用之一是反映企业的短期偿债能力和支付能力。(　　)

4. 资产负债表是反映企业一定时期经营活动结果的会计报表。(　　)

5. 在编制资产负债表时 "应收票据及应收账款" 的贷方余额应填列到 "预收账款" 中。(　　)

6. 净利润等于利润总额减去所得税。(　　)

7. 资产负债表和利润表均属于月报表。(　　)

8. 资产负债表中的 "应交税费" "盈余公积" 均是根据有关账户的期末余额直接填列。(　　)

9. "货币资金"项目只包括"库存现金"和"银行存款"。（　　）

10. "无形资产"项目根据"无形资产"账户期末余额直接填列。（　　）

四、业务练习题

习　题　一

一、目的：练习资产负债表的编制。

二、资料：山花公司20××年7月30日有关账户余额如下图表所示。

账户余额表

单位：元

账户名称	借方余额	账户名称	贷方余额
库存现金	2 230	短期借款	30 000
银行存款	98 058	应付账款	45 410
应收账款	31 700	应付职工薪酬	38 550
其他应收款	300	其他应付款	2 350
原材料	196 572	应交税费	8 390
生产成本	30 450	应付利润	22 000
库存商品	19 000	应付利息	2 400
固定资产	500 000	累计折旧	181 000
利润分配	32 790	实收资本	500 000
		盈余公积	36 000
		本年利润	45 000
合计	911 100	合计	911 100

其中"应收账款"明细分类账户余额：东方公司42 650元（借），润丰公司10 950元（贷）。

三、要求：根据上述资料编制资产负债表。

习　题　二

一、目的：练习利润表的编制。

二、资料：山花公司20××年7月30日损益类账户余额如下图表所示。

损益类账户金额表

单位：元

账户名称	借方金额	账户名称	贷方金额
主营业务成本	635 000	主营业务收入	1 250 000
销售费用	13 000	其他业务收入	5 000
管理费用	46 800	营业外收入	13 200
财务费用（利息支出）	2 400		
营业外支出	2 000		
所得税费用	141 750		
合计	840 950	合计	1268 200

三、要求：根据上述资料编制利润表。

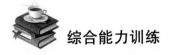 **综合能力训练**

案例（一）

审计人员在查阅百凤公司20××年10月份的会计报表时，发现利润表中"主营业务收入"项目较以前月份的发生额有较大增加，资产负债表中的"应收票据及应收账款"项目本期与前几期比较也发生了较大的变动。于是，审计人员查阅该企业的账簿，发现"应收账款"总分类账与明细分类账金额之和不相等，对总分类账所记载的一些"应收账款"数额，明细分类账中并未作登记。审计人员根据账簿记录调阅有关记账凭证，发现两张记账凭证后未附原始凭证。其中：

10月12日09号凭证编制的会计分录是：

借：应收账款 580 000
　　贷：主营业务收入 500 000
　　　　应交税费——应交增值税（销项税额） 80 000

10月17日15号凭证编制的会计分录是：

借：应收账款 116 000
　　贷：主营业务收入 100 000
　　　　应交税费——应交增值税（销项税额） 16 000

经审查，该企业在上述10月份的三张会计凭证中虚列当期收入600 000元，两笔业务在"库存商品"明细分类账及相关总分类账中均未登记，准备于下年年初作销货退回处理。

你认为该企业此举的目的是什么？说出你认为的几种可能性。

案例（二）

根据第6章综合能力训练内容所登记的总分类账及有关明细分类账的余额汇总试算平衡后，编制"资产负债表"和"利润表"。

第 **10** 章

会计核算组织

本章导读

会计核算过程实质上就是一个反映经济业务发生或完成的资料的收集、汇总和整理过程，它是通过填制和审核会计凭证、登记账簿、编制会计报表来实现的。本章是对会计凭证、会计账簿、会计报表等各章内容的一个综合性的汇总，即会计凭证、会计账簿、会计报表如何在不同的企业以何种形式形成一个适应企业特点、规模的、设计科学合理的传递程序，即较为固定的会计核算组织形式。在我国，常用的会计组织核算形式有记账凭证组织核算形式、科目汇总表组织核算形式和汇总记账凭证组织核算形式。本章主要介绍各种核算形式的概念、程序、优缺点及适用范围。

知识目标

1. 熟悉会计循环的概念及内容
2. 掌握记账凭证核算形式的特点、程序、适用范围等内容
3. 掌握记账凭证汇总表核算形式的特点、程序、适用范围等内容
4. 了解汇总记账凭证核算形式的特点、程序、适用范围等内容

能力目标

1. 能够应用记账凭证账务处理程序
2. 能够应用记账凭证汇总表账务处理程序
3. 能够针对不同企业，设计出适合本企业特点和规模的会计组织核算程序

10.1 会计核算组织概述

会计核算过程实质上就是一个反映经济业务发生或完成的资料的收集、汇总和整理过程，它是通过填制和审核会计凭证、登记账簿、编制会计报表来实现的，随着经济业务的发生，这一过程不断重复持续，形成一个会计循环。为了保证会计核算资料的全面性、综合性

和及时性，各会计主体应根据企业特点、规模，设计科学合理的会计凭证、账簿和会计报表的传递程序，即较为固定的会计核算形式。

10.1.1 会计循环

会计作为提供信息的一个信息系统，是由会计人员通过对发生的经济业务进行系统的记录、分类、汇总、计算、分析、整理，并在此基础上编制和解释会计报表来完成的。在这个过程中，记录、分类、汇总、整理都是会计人员"生产"信息的过程，会计报表是会计人员的最终"产品"。这个过程包括许多具体的会计程序，并要依次完成一定的基本步骤。在会计核算中，对于会计数据处理程序中所包含的依次完成又周而复始的基本步骤，人们称其为会计循环。即会计循环是指从一切交易和经济业务的发生起，通过填制和审核会计凭证、登记账簿，到编制出会计报表为止的一系列会计处理程序。会计循环是一个完整的会计核算程序的依次继起，在每一个会计循环期中周而复始，循环不已。

会计循环是一个周而复始、循环往复的过程，其具体步骤如下。

1. 审核原始凭证，编制记账凭证

这是会计核算的第一步，在审核分析表明经济业务发生的原始凭证的合法性、合理性及有关人员签章等手续是否齐全等的基础上，登记记账凭证，指明应借、应贷的会计科目及其金额，即会计分录。

2. 过账

过账就是根据审核无误的原始凭证和记账凭证，按照同一借贷方向、同样金额记入各有关账户中去的过程。

3. 账项调整

按照企业会计核算中应采用权责发生制的要求，确定一定会计期间的营业收入和费用，必须对那些影响两个或两个以上会计期间的经济业务在本会计期末进行调整。账项调整的目的，是为了真实而客观地反映企业的财务状况和经营成果。

4. 对账

在会计核算工作中，为防止发生账簿记录的差错和账实不符等情况，就有必要对各种账簿记录进行核对，以保证账证相符、账账相符和账实相符。只有通过对账，才能确保账簿记录的正确无误，才能为编制会计报表提供可靠的资料。

5. 试算平衡

再次检查日常会计分录和记账工作有无差错，在会计期末将总分类账各账户所记金额依其余额的借、贷方予以汇总并编制试算平衡表的形式，称为试算平衡。试算平衡的意义在于能通过试算表格检查会计记录借贷总额是否相等，初步展示企业财务状况与经营成果的全貌，有利于定期编制财务报表。

6. 结账

在会计期末按照规定的方法对该期内的账簿记录结算出本期发生额和期末余额，并将其余额结转下期或转入新账。

7. 编制会计报表

会计报表是会计核算的总结，用以说明本期企业财务状况、经营成果和现金流量的情况。

10.1.2 会计核算组织形式

会计核算组织形式是会计循环的具体化。是指账簿组织、记账程序和记账方法相结合的一种技术组织程序，也称会计核算组织形式、账务处理程序和记账程序。其中，账簿组织是指账簿的种类、格式和各种账簿之间的相互关系；记账程序是指凭证的整理、传递，账簿的登记和根据账簿编制会计报表的程序；记账方法是指按照账簿组织和记账程序的要求所采用的专门的会计技术处理方法。不同的会计核算组织形式规定了填制记账凭证、登记账簿、编制会计报表的不同步骤和方法。

会计凭证、会计账簿、会计报表是会计核算方法的三个基本环节，而且彼此之间以一定的形式结合，构成会计核算完整的工作体系，形成了不同的会计核算形式。不同的会计主体，为了合理而有效地组织会计核算工作，有必要根据各单位的特色将会计凭证的填制、账簿的设置与登记，以及会计报表的编制按照一定的要求有机地相结合，形成不同的会计核算形式。

在会计核算工作中，为了更好地反映和监督各单位的经济活动，为经济管理提供系统的核算资料，必须相互联系地运用会计核算的具体的专门方法，采用一定的组织程序，规定设置会计凭证、账簿及会计报表的种类及格式；规定各种凭证之间、账簿之间、各报表之间的相互关系；规定各种凭证、账簿及各报表之间的相互关系、填制方法和登记程序，就成为正确组织会计核算工作的一个重要条件，它对于提高会计工作的质量和效率，正确及时地编制会计报表，提供全面、系统、连续、清晰的会计核算资料，满足企业内外会计信息使用者的需要及对于分工协作的组织会计工作，减少会计人员的工作量，节约人力和物力等方面，均有着重要的意义。

10.1.3 设计会计核算组织程序的基本要求

作为一个会计主体而言，由于所处的各个单位的业务性质、规模大小各不相同，于是应当设置的会计凭证、账簿的种类、格式和登记方法，以及各种凭证之间，各种账簿之间，以及各种凭证与账簿之间的相互联系和登记程序也就不完全相同，由此而决定的账簿组织、记账程序和记账方法相互结合的形式也必然不同。因此，会计核算形式也就不能强求一致。任何单位组织的会计核算工作，都应当结合本单位的实际情况、具体条件及特点进行。合理、适用的会计核算组织程序，通常有以下几方面的要求。

（1）适应于本单位生产、经营管理的特点、规模的大小和业务繁简程度，有利于会计核算的分工、建立岗位责任制。

（2）能够正确、及时、完整地提供会计信息，以利于满足与本单位有关的各个方面决策的需要。

（3）在保证会计核算工作具有一定质量的会计信息的前提下，力求简化手续，节约人力、物力、财力及时间，提高会计核算工作的效率。

按照设计会计核算形式的要求，结合我国会计工作的实际情况，我国各经济单位采用的一般会计核算组织形式主要有以下五种，即记账凭证核算形式、记账凭证汇总表核算形式、汇总记账凭证核算形式、多栏式日记账核算形式和日记总账核算形式。

不同的会计核算组织形式有许多相似之处，但之所以分为上述不同的几种核算形式，其主要区别则表现在登记总账的依据和方法不同。

10.2　记账凭证核算形式

记账凭证核算形式是根据原始凭证或原始凭证汇总表编制记账凭证，并根据记账凭证登记总分类账的一种会计核算形式。记账凭证核算形式是会计核算中最基本的一种核算形式，直接根据记账凭证逐笔登记总分类账是记账凭证核算形式的主要特点。

10.2.1　记账凭证核算形式下的凭证和账簿组织

在记账凭证核算形式下，记账凭证一般采用复式专用记账凭证，即收款凭证、付款凭证和转账凭证，也可采用复式通用记账凭证。账簿一般设置有现金、银行存款日记账、总分类账和各种明细分类账。总分类账和日记账的格式，一般采用三栏式。明细分类账的格式可根据管理的需要，分别采用三栏式、数量金额式、多栏式和平行登记式。

10.2.2　记账凭证核算形式的账务处理程序

记账凭证核算形式下的账务处理程序如下。

① 根据原始凭证或原始凭证汇总表编制收款凭证、付款凭证和转账凭证。

② 根据收款凭证、付款凭证及原始凭证逐日逐笔顺序登记现金日记账和银行存款日记账。

③ 根据收款凭证、付款凭证、转账凭证或原始凭证、原始凭证汇总表逐笔登记各种明细分类账。

④ 根据记账凭证逐笔登记总分类账。

⑤ 按照对账的具体要求，将总分类账与日记账及总分类账与明细分类账定期核对，保证账账相符。

⑥ 期末，根据总分类账和各种明细分类账的期末余额或发生额合计数编制会计报表。

记账凭证核算形式的记账程序，如图表 10-1 所示。

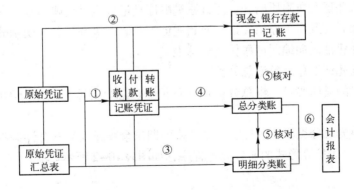

图表 10-1　记账凭证核算形式下的账务处理程序

10.2.3　记账凭证核算形式的优缺点及适用范围

记账凭证核算形式简单明了、方法易学、手续简便。同时，总分类账还可以比较详细地记录和反映经济业务的发生情况，便于对账。但是，因为总分类账是根据记账凭证逐笔登记的，所以工作量较大，也不便于会计工作的分工，因此，这种会计核算形式一般适用于规模较小、业务量较少的企业和单位。

10.3　记账凭证汇总表核算形式

记账凭证汇总表核算形式，亦称科目汇总表核算形式。是根据记账凭证定期汇总编制记账凭证汇总表，并根据记账凭证汇总表登记总分类账的一种会计核算形式。记账凭证汇总表核算形式是目前企业广泛采用的一种会计核算形式。定期根据记账凭证汇总表登记总分类账是记账凭证汇总表核算形式的主要特点。

10.3.1　记账凭证汇总表核算形式的凭证和账簿组织

记账凭证汇总表核算形式的账簿组织与记账凭证核算形式基本相同。为便于科目汇总，记账凭证可以采用单式记账凭证，也可以采用复式专用记账凭证，即收款凭证、付款凭证和转账凭证，或复式通用记账凭证。账簿也要设现金、银行存款日记账、总分类账和各种明细分类账。总分类账和日记账的格式一般采用三栏式。明细分类账根据实际需要分别采用三栏式、多栏式、数量金额式和平行登记式。为了定期对记账凭证进行汇总，还要设置记账凭证汇总表。

记账凭证汇总表也称科目汇总表，它是根据一定时期内的全部记账凭证，按照相同科目归类，定期汇总本期每一会计科目的借方发生额和贷方发生额，并填在记账凭证汇总表对应栏内。对于现金和银行存款科目的本期借方发生额和贷方发生额，也可以直接根据现金日记账和银行存款日记账的收入、支出合计数填列。

10.3.2　记账凭证汇总表核算形式的账务处理程序

记账凭证汇总表核算形式下的账务处理程序如下。

① 根据原始凭证或原始凭证汇总表编制记账凭证。

② 根据记账凭证及所附原始凭证逐日逐笔顺序登记现金日记账和银行存款日记账。

③ 根据记账凭证及所附原始凭证、原始凭证汇总表逐笔登记各种明细分类账。

④ 根据记账凭证定期编制记账凭证汇总表。

⑤ 根据记账凭证汇总表登记总分类账。

⑥ 按照对账的具体要求，将总分类账与日记账、总分类账与明细分类账核对，保证账账相符。

⑦ 期末，根据总分类账和各种明细分类账的期末余额或发生额合计编制会计报表。

记账凭证汇总表核算形式的账务处理程序，如图表10-2所示。

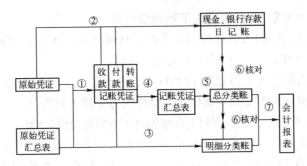

图表 10-2　记账凭证汇总表核算形式下的账务处理程序

10.3.3　记账凭证汇总表核算形式的优缺点及适用范围

记账凭证汇总表核算形式简化了登记总分类账的工作量。同时，由于编制记账凭证汇总表，可以检查发生额是否平衡，通过试算平衡可以发现错误，有助于提高记账质量。但是，在记账凭证汇总表核算形式下，总分类账上不能反映科目的对应关系，不便于分析经济业务的来龙去脉，也不便于查对账目。因此，这种会计核算形式一般适用于规模较大、业务量较多的中型企业。

10.3.4　记账凭证汇总表核算形式举例

现举例说明在记账凭证汇总表核算形式下，各种记账凭证和记账凭证汇总表的填制方法；现金日记账、银行存款日记账、总分类账及有关明细分类账的登记；日记账、明细分类账与总分类账的核对；"资产负债表"及"利润表"的编制。

1. 20××年东方公司 12 月份期初有关资料

有关资料如图表 10-3 所示。

图表 10-3

东方公司 20××年 12 月 1 日总分类账及明细分类账余额表

单位：元

总账科目	明细科目	借方余额	贷方余额	总账科目	明细科目	借方余额	贷方余额
现金		1 200		短期借款			30 000
银行存款		82 800		应付账款			7 800
应收账款		48 000			兴业公司		2 800
	云阳公司	20 000			云力公司		5 000
	开元公司	28 000		预收账款			8 700
预付账款		4 500			海天公司		9 500
	云昌公司	5 000			山阳公司	800	
	青山公司		500	应付职工薪酬			12 000
其他应收款		250		应交税费			14 080
原材料		28 800		应付利润			28 000
	甲材料	12 800		盈余公积			55 250
	乙材料	16 000		实收资本			400 000
生产成本	A 产品	35 940		未分配利润			45 860
库存商品	A 产品	66 000					
	B 产品	30 900					
固定资产		450 000					
累计折旧			146 700				

2. 东方公司20××年12月份发生下列经济业务

（1）1日，向兴业公司购入甲材料600千克，材料已验收入库，收料单第025号，价款19 200元，进项税额3 072元，计22 272元尚未支付。

（2）3日，收到云阳公司上月账款18 000元，开元公司上月账款28 000元，存入银行。

（3）4日，开出银行转账支票5 000元，偿付云力公司上月账款。

（4）5日，开出银行转账支票，支付上月缴纳城市维护建设税1 500元、企业所得税8 600元。

（5）5日，发出甲材料700千克，单位成本32元，领料单第185号，用于制造A产品600千克，车间一般耗用100千克；发出乙材料300千克，单位成本53元，领料单第186号，用于B产品生产。

（6）6日，售出A产品200件给云阳公司，价款40 000元，销项税额6 400元，共计46 400元，货款尚未收到，发货单号第0250号。

（7）7日，售B产品100件给开元公司，价款18 000元，销项税额2 880元，共计20 880元，货款尚未收到，发货单号第0251号。

（8）10日，向云力公司购入乙材料300千克，已验收入库，收料单第046号，价款15 000元，增值税额2 400元，共计17 400元，尚未支付；开出银行支票付讫运杂费900元。

（9）11日，开出支票，支付兴业公司货款2 800元。

（10）12日，向兴业公司购入甲材料600千克，价款18 600元，增值税额2 976元，共计21 576元，尚未支付，材料已验收入库，收料单第047号。运杂费600元以现金支付。

（11）14日，售出A产品100件，价款20 000元，销项税额3 200元，共计23 200元。款项收到，存入银行，发货单第0252号。

（12）15日，开出现金支票1 000元，提取现金。

（13）16日，用现金购入办公用品265元，直接交行政管理部门使用。

（14）16日，向云力公司购入乙材料200千克，价款10 000元，进项税额1 600元，共计11 600元，尚未支付，材料已验收入库，收料单第48号；开出转账支票支付运杂费600元。

（15）16日，收到云阳公司和开元公司账款30 000元、18 000元，存入银行。

（16）17日，售出B产品150件，价款27 000元，销项税额4 320元，共计31 320元，款项收到存入银行，发货单第0253号，以银行存款支付运杂费1 200元。

（17）18日，发出甲材料400千克，其中用于A产品300千克，B产品100千克，领料单第187号；发出乙材料300千克，用于B产品生产，领料单第188号。

（18）20日，行政管理人员王华报销差旅费225元，余款25元交回。

（19）21日，开出转账支票支付云力公司货款17 400元。

（20）26日，通过银行转账，支付本月职工薪酬22 850元。其中工资20 600元，职工医药费2 250元。

（21）28日，售给云阳公司A产品150件，价款30 000元，税款4 800元，共计34 800元尚未收到，发货单第0254号。

31日业务如下。

（22）经计算本月份生产工人工资15 300元（按产品生产工时在两种产品间进行分配：A产品2000工时，9 000元；B产品1400工时，6 300元），车间管理人员工资1 200元，公司行政管理人员工资 4 100 元。按工资总额的 14% 结转计提职工其他薪酬。

（23）本月份车间照明耗电 472 元，管理部门耗电 264 元，尚未支付。

（24）本月份应付水费 485 元，其中车间耗用 300 元，管理部门耗用 185 元，尚未支付。

（25）本月份固定资产折旧费 2 300 元，其中车间部门负担 1 800 元；管理部门 500 元。

（26）结转本月份应付的借款利息 740 元。

（27）结转本月份所耗材料的成本；结转本月份制造费用，并按产品生产工时在 A、B 两种产品间进行分配（其中 A 产品 4 200 元；B 产品 2 940 元）。

（28）A 产品 600 件，B 产品 400 件全部完工验收入库，并结转其制造成本。

（29）结转已售出 A、B 产品的生产成本，其中：A 产品 59 400 元，B 产品 25 750 元。

（30）按应纳增值税（销项税额 – 进项税额）的 7% 和 3% 分别计算并结转应纳城建税和教育费附加。

（31）结转本月产品销售收入和有关的成本费用，计算确定本月实现的利润。

（32）根据本月实现的利润，按 25% 的税率计算应交企业所得税。

（33）结转本月份的所得税和税后利润。

（34）按税后利润的 10% 提取盈余公积 3 048.14 元。

（35）结转本期已分配利润。

3. 东方公司会计核算

（1）原始凭证（略）。

（2）编制记账凭证。根据以上所发生的经济业务，填制收款凭证、付款凭证和转账凭证，简式如图表 10-4 所示。

图表 10-4

会计凭证表

单位：元

日期		凭证		摘　要	会计科目		借方金额	贷方金额
月	日	字	号		总账科目	明细科目		
12	1	转	01	采购材料	在途物资	甲材料	19 200	
					应交税费	进项税额	3 072	
					应付账款	兴业公司		22 272
		转	02	材料验收入库	原材料	甲材料	19 200	
					在途物资	甲材料		19 200
	3	收	01	收回欠款	银行存款		46 000	
					应收账款	云阳公司		18 000
						开元公司		28 000
	4	付	01	支付货款	应付账款	云力公司	5 000	
					银行存款			5 000
	5	付	02	缴纳税金	应交税费	城建税	1 500	
						所得税	8 600	
					银行存款			10 100
	6	转	03	赊销 A 产品	应收账款	云阳公司	46 400	
					主营业务收入	A 产品		40 000
					应交税费	销项税额		6 400

续表

日期 月	日	凭证 字	凭证 号	摘　要	会计科目 总账科目	会计科目 明细科目	借方金额	贷方金额
	7	转	04	赊销B产品	应收账款	开元公司	20 880	
					主营业务收入	B产品		18 000
					应交税费	销项税额		2 880
	10	转	05	采购材料	在途物资	乙材料	15 000	
					应交税费	进项税额	2 400	
					应付账款	云力公司		17 400
	10	付	03	付运杂费	在途物资	乙材料	900	
					银行存款			900
	10	转	06	材料验收入库	原材料	乙材料	15 900	
					在途物资			15 900
	11	付	04	支付货款	应付账款	兴业公司	2 800	
					银行存款			2 800
	12	转	07	采购材料	在途物资	甲材料	18 600	
					应交税费	进项税额	2 976	
					应付账款	兴业公司		21 576
	12	付	05	支付运费	在途物资	甲材料	600	
					库存现金			600
	12	转	08	材料验收入库	原材料	甲材料	19 200	
					在途物资	甲材料		19 200
	14	收	02	销售产品	银行存款		23 200	
					主营业务收入	A产品		20 000
					应交税费	销项税额		3 200
	15	付	06	提取现金	库存现金		1 000	
					银行存款			1 000
	16	付	07	购买办公用品	管理费用	办公用品	265	
					库存现金			265
	16	转	09	采购材料	在途物资	乙材料	10 000	
					应交税费	进项税额	1 600	
					应付账款	云力公司		11 600
	16	付	08	支付运杂费	在途物资	乙材料	600	
					银行存款			600
	16	转	10	材料验收入库	原材料	乙材料	10 600	
					在途物资	乙材料		10 600
	16	收	03	收到欠款	银行存款		48 000	
					应收账款	云阳公司		30 000
						开元公司		18 000

日期		凭证		摘　要	会 计 科 目		借方金额	贷方金额
月	日	字	号		总账科目	明细科目		
17	收		04	销售产品	银行存款		31 320	
					主营业务收入	B 产品		27 000
					应交税费	销项税额		4 320
17	付		09	支付运杂费	销售费用	运杂费	1 200	
					银行存款			1 200
20	转		11	报销差旅费	管理费用	差旅费	225	
					其他应收款	王华		225
20	收		05	王华交回余款	库存现金		25	
					其他应收款	王华		25
21	付		10	支付货款	应付账款	云力公司	17 400	
					银行存款			17 400
24	付		11	支付职工工资	应付职工薪酬	工资	20 600	
						职工医药费	2 250	
					银行存款			22 850
28	转		12	赊销产品	应收账款	云阳公司	34 800	
					主营业务收入	A 产品		30 000
					应交税费	销项税额		4 800
31	转		13	分配本月工资	生产成本	A 产品	9 000	
						B 产品	6 300	
					制造费用	工资	1 200	
					管理费用	工资	4 100	
					应付职工薪酬			20 600
	转		14	结转本月其他薪酬	生产成本	A 产品	1 260	
						B 产品	882	
					制造费用	其他薪酬	168	
					管理费用	其他薪酬	574	
					应付职工薪酬			2 884
	转		15	结转应付电费	制造费用	电费	472	
					管理费用	电费	264	
					应付账款	电力公司		736
	转		16	结转应付水费	制造费用	水费	300	
					管理费用	水费	185	
					应付账款	自来水公司		485
	转		17	计提折旧	制造费用	折旧费	1 800	
					管理费用	折旧费	500	
					累计折旧			2 300

续表

日期		凭证		摘　要	会 计 科 目		借方金额	贷方金额
月	日	字	号		总账科目	明细科目		
		转	18	结转应付借款利息	财务费用	利息	740	
					应付利息			740
		转	19	结转材料成本	生产成本	A产品	28 800	
						B产品	35 000	
					制造费用	材料费	3 200	
					原材料	甲材料		35 200
						乙材料		31 800
		转	20	分配本月制造费用	生产成本	A产品	4 200	
						B产品	2 940	
					制造费用			7 140
		转	21	结转完工入库产品成本	库存商品	A产品	79 200	
						B产品	45 122	
					生产成本			124 322
		转	22	结转已销产品生产成本	主营业务成本	A产品	59 400	
						B产品	25 750	
					库存商品	A产品		59 400
						B产品		25 750
		转	23	结转本月应交城建税	税金及附加		1 155.2	
				和教育费附加	应交税费	城建税		808.64
						教育费附加		341.56
		转	24	结转本月销售收入	主营业务收入	A产品	90 000	
						B产品	45 000	
					本年利润			135 000
		转	25	结转本月成本费用	本年利润		94 358.2	
					主营业务成本	A产品		59 400
						B产品		25 750
					税金及附加			1 155.2
					销售费用			1 200
					管理费用			6 113
					财务费用			740
		转	26	计算本月应交所得税	所得税		10 160.45	
					应交税费	所得税		10 160.45
		转	27	结转所得税	本年利润		10 160.45	
					所得税			10 160.45
		转	28	结转本月净利润	本年利润		30 481.35	
					利润分配	未分配利润		3 0481.35
		转	29	提取盈余公积	利润分配	提盈余公积	3 048.14	
					盈余公积			3 048.14
		转	30	结转本月已分配利润	利润分配	未分配利润	3 048.14	
					利润分配	提盈余公积		3 048.14

假定发出材料及产成品均按实际成本计价。

（3）登记现金和银行存款日记账。根据所编制的现金收、付款凭证，逐日逐笔登记现金日记账；根据银行存款收、付款凭证逐日逐笔登记银行存款日记账。其格式和登记方法如图表 10-5 和图表 10-6 所示。

图表 10-5

现金日记账

单位：元

20××年		凭证		摘 要	对方科目	收 入	支 出	结 余
月	日	字	号					
12	1			月初余额				1 200
	12	付	05	支付运费	在途物资		600	600
	15	付	06	提取现金	银行存款	1 000		1 600
	16	付	07	购买办公用品	管理费用		265	1 335
	20	收	05	王华交回余款	其他应收款	25		1 360
12	31			本月合计		1 025	865	1 360

注：——为账簿表格原线，——为单红线，下同。

图表 10-6

银行存款日记账

单位：元

20××年		凭证		摘 要	对方科目	收 入	支 出	结 余
月	日	字	号					
12	1			月初余额				82 800
	3	收	01	收回欠款	应收账款	46 000		128 800
	4	付	01	支付货款	应付账款		5 000	123 800
	5	付	02	缴纳税金	应交税费		10 100	113 700
	10	付	03	支付运杂费	在途物资		900	112 800
	10	付	04	支付货款	应付账款		2 800	110 000
	14	收	02	销售产品	主营业务收入	23 200		133 200
	15	付	06	提取现金	库存现金		1 000	132 200
	16	付	08	支付运杂费	在途物资		600	131 600
	16	收	03	收到欠款	应收账款	48 000		179 600
	17	收	04	销售产品	主营业务收入	31 320		210 920
	17	付	09	支付运杂费	销售费用		1 200	209 720
	21	付	10	支付货款	应付账款		17 400	192 320
	24	付	11	支付职工薪酬	应付职工薪酬		22 850	169 470
12	31			本月合计		148 520	61 850	169 470

（4）登记明细分类账。根据原始凭证和所编制的记账凭证，登记明细分类账。为了简化业务，只登记应付账款明细账和生产成本明细账，如图表 10-7 至图表 10-10 所示。

图表 10-7

应付账款明细账（一）

兴业公司　　　　　　　　　　　　　　　　　　　　　　　　　　　　　　单位：元

20××年		凭证		摘　要	借　方	贷　方	借或贷	余　额
月	日	字	号					
12	1			月初余额			贷	2 800
	1	转	01	采购材料		22 272	贷	25 072
	10	付	04	支付货款	2 800		贷	22 272
	12	转	07	采购材料		21 576	贷	43 848
12	31			本月合计	2 800	43 848	贷	43 848

图表 10-8

应付账款明细账（二）

云力公司　　　　　　　　　　　　　　　　　　　　　　　　　　　　　　单位：元

20××年		凭证		摘　要	借　方	贷　方	借或贷	余　额
月	日	字	号					
12	1			月初余额			贷	5 000
	4	付	01	支付货款	5 000		贷	0
	10	转	05	采购材料		17 400	贷	17 400
	16	转	09	采购材料		11 600	贷	29 000
	21	付	10	支付货款	17 400		贷	11 600
12	31			本月合计	22 400	29 000	贷	11 600

图表 10-9

生产成本明细账（一）

产品名称：A 产品　　　　　　　　　　　　　　　　　　　　　　　　　　单位：元

20××年		凭证		摘　要	借　方				贷方	余额
月	日	字	号		直接材料	直接人工	制造费用	合计		
12	1			期初余额	25 600	7 000	3 340	35 940		35 940
12	31	转	13	本月职工薪酬		9 000		9 000		44 940
	31	转	14	本月其他薪酬		1 260		1 260		46 200
	31	转	19	本月材料费	28 800			28 800		75 000
	31	转	20	本月制造费用			4 200	4 200		79 200
	31	转	21	本月完工产品转出					79 200	0
	31			本月合计	54 400	17 260	7 540	79 200		0

图表 10-10

生产成本明细账（二）

产品名称：B 产品　　　　　　　　　　　　　　　　　　　　　　　　　　　单位：元

20××年		凭证		摘　　要	借　方				贷方	余额
月	日	字	号		直接材料	直接人工	制造费用	合计		
12	31	转	13	本月职工薪酬		6 300		6 300		6 300
	31	转	14	本月其他薪酬		882		882		7 182
	31	转	19	本月材料费	35 000			35 000		42 182
	31	转	20	本月制造费用			2 940	2 940		45 122
	31	转	21	本月完工产品转出					45 122	0
	31			本期合计	35 000	7 182	2 940	45 122		0

（5）编制科目汇总表。东方公司按旬汇总，每月编制一张记账凭证汇总表，据以登记总分类账。科目汇总表格式如图表 10-11 所示。

图表 10-11

记账凭证汇总表

汇 12

单位：元

会计科目	1—10 日发生额		11—20 日发生额		21—31 日发生额		合计	
	借方	贷方	借方	贷方	借方	贷方	借方	贷方
库存现金			1 025	865			1 025	865
银行存款	46 000	18 800	102 520	2 800		40 250	148 520	61 850
应收账款	67 280	46 000		48 000	34 800		102 080	94 000
其他应收款				250				250
在途物资	35 100	35 100	29 800	29 800			64 900	64 900
原材料	35 100		29 800			67 000	64 900	67 000
生产成本			88 382	124 322			88 382	124 322
制造费用			7 140	7 140			7 140	7 140
库存商品			124 322	85 150			124 322	85 150
固定资产								
累计折旧				2 300				2 300
短期借款								
应付账款	7 800	39 672		33 176	17 400	1 221	25 200	74 069
应付职工薪酬				22 850	23 484		22 850	23 484
应付利息				740				740
应交税费	15 572	9 280	4 576	7 520		16 115.65	20 148	32 915.65
盈余公积				3 048.14				3 048.14
本年利润			135 000	135 000		135 000	135 000	135 000
利润分配			3 048.14	3 048.14		3 048.14	3 048.14	3 048.14

续表

会计科目	1—10 日发生额		11—20 日发生额		21—31 日发生额		合计	
	借方	贷方	借方	贷方	借方	贷方	借方	贷方
未分配利润					3 048.14	30 481.35	3 048.14	30 481.35
主营业务收入		58 000		47 000	135 000	30 000	135 000	135 000
主营业务成本					85 150	85 150	85 150	85 150
税金及附加					1 155.2	1 155.2	1 155.2	1 155.2
销售费用			1 200			1 200	1 200	1 200
管理费用			490		5 623	6 113	6 113	6 113
财务费用					740	740	740	740
所得税费用					10 160.45	10 160.45	10 160.45	10 160.45
合计	206 852	206 852	169 411	169 411	673 818.93	673 818.93	1 050 081.93	1 050 081.93

（6）登记总分类账。月终时，根据所编制的记账凭证汇总表，登记有关各总分类科目，总账的登记工作可以在每旬汇总后登记一次，也可在月终根据全月发生额每月登记一次。其格式与登记如图表 10-12 至图表 10-40 所示。

图表 10-12

总分类账

会计科目：库存现金　　　　　　　　　　　　　　　　　　　　　　　第 1 页

20××年		凭证号数	摘要	借方	贷方	借或贷	余额
月	日						
12	1		月初余额			借	1 200
	20	汇 12	11—20 日发生额	1 025	865	借	1 360
12	31		本月合计	1 025	865	借	1 360

图表 10-13

总分类账

会计科目：银行存款　　　　　　　　　　　　　　　　　　　　　　　第 3 页

20××年		凭证号数	摘要	借方	贷方	借或贷	余额
月	日						
12	1		月初余额			借	82 800
	10	汇 12	1—10 日发生额	46 000	18 800	借	110 000
	20	汇 12	11—20 日发生额	102 520	2 800	借	209 720
	31	汇 12	21—31 日发生额		40 250	借	169 470
12	31		本月合计	148 520	61 850	借	169 470

图表 10-14

总分类账

会计科目：应收账款　　　　　　　　　　　　　　　　　　　　　　　　　　　第 5 页

20××年		凭证号数	摘　要	借　方	贷　方	借或贷	余　额
月	日						
12	1		月初余额			借	48 000
	10	汇 12	1—10 日发生额	67 280	46 000	借	69 280
	20	汇 12	11—20 日发生额		48 000	借	21 280
	31	汇 12	21—31 日发生额	34 800		借	56 080
12	31		本月合计	102 080	94 000	借	56 080

图表 10-15

总分类账

会计科目：预付账款　　　　　　　　　　　　　　　　　　　　　　　　　　　第 7 页

20××年		凭证号数	摘　要	借　方	贷　方	借或贷	余　额
月	日						
12	1		月初余额			借	4 500
12	31		本月合计			借	4 500

图表 10-16

总分类账

会计科目：其他应收款　　　　　　　　　　　　　　　　　　　　　　　　　　第 9 页

20××年		凭证号数	摘　要	借　方	贷　方	借或贷	余　额
月	日						
12	1		月初余额			借	250
	20	汇 12	11—20 日发生额		250	借	0
12	31		本月合计		250	平	—0—

图表 10-17

总分类账

会计科目：在途物资　　　　　　　　　　　　　　　　　　　　　　　　　　　第 11 页

20××年		凭证号数	摘　要	借　方	贷　方	借或贷	余　额
月	日						
	10	汇 12	1—10 日发生额	35 100	35 100	借	0
	20	汇 12	11—20 日发生额	29 800	29 800	借	0
12	31		本月合计	64 900	64 900	借	—0—

图表 10-18

总分类账

会计科目：原材料   第13页

20××年		凭证号数	摘　要	借　方	贷　方	借或贷	余　额
月	日						
12	1		月初余额			借	28 800
	10	汇12	1—10 日发生额	35 100		借	63 900
	20	汇12	11—20 日发生额	29 800		借	93 700
	31	汇12	21—31 日发生额		67 000	借	26 700
12	31		本月合计	64 900	67 000	借	26 700

图表 10-19

总分类账

会计科目：生产成本   第15页

20××年		凭证号数	摘　要	借　方	贷　方	借或贷	余　额
月	日						
12	1		月初余额			借	35 940
	31	汇12	21—31 日发生额	88 382	124 322	借	0
12	31		本月合计	88 382	124 322	平	—0—

图表 10-20

总分类账

会计科目：制造费用   第17页

20××年		凭证号数	摘　要	借　方	贷　方	借或贷	余　额
月	日						
	31	汇12	21—31 日发生额	7 140	7 140	借	0
12	31		本月合计	7 140	7 140	借	—0—

图表 10-21

总分类账

会计科目：库存商品   第19页

20××年		凭证号数	摘　要	借　方	贷　方	借或贷	余　额
月	日						
12	1		月初余额			借	96 900
	31	汇12	21—31 日发生额	124 322	85 150	借	136 072
12	31		本月合计	124 322	85 150	借	136 072

图表 10-22

总分类账

会计科目：固定资产　　　　　　　　　　　　　　　　　　　　　　　　　　第 21 页

| 20××年 | | 凭证号数 | 摘　要 | 借　方 | 贷　方 | 借或贷 | 余　额 |
月	日						
12	1		月初余额			借	450 000
12	31		本月合计			借	450 000

图表 10-23

总分类账

会计科目：累计折旧　　　　　　　　　　　　　　　　　　　　　　　　　　第 23 页

| 20××年 | | 凭证号数 | 摘　要 | 借　方 | 贷　方 | 借或贷 | 余　额 |
月	日						
12	1		月初余额			贷	146 700
	31	汇 12	21—31 日发生额		2 300	贷	149 000
12	31		本月合计		2 300	贷	149 000

图表 10-24

总分类账

会计科目：短期借款　　　　　　　　　　　　　　　　　　　　　　　　　　第 25 页

| 20××年 | | 凭证号数 | 摘　要 | 借　方 | 贷　方 | 借或贷 | 余　额 |
月	日						
12	1		月初余额			贷	30 000
12	31		本月合计			贷	30 000

图表 10-25

总分类账

会计科目：应付账款　　　　　　　　　　　　　　　　　　　　　　　　　　第 27 页

| 20××年 | | 凭证号数 | 摘　要 | 借　方 | 贷　方 | 借或贷 | 余　额 |
月	日						
12	1		月初余额			贷	7 800
	10	汇 12	1—10 日发生额	7 800	39 672	贷	39 672
	20	汇 12	11—20 日发生额		33 176	贷	72 848
	31	汇 12	21—31 日发生额	17 400	1 221	贷	56 669
12	31		本月合计	25 200	74 069	贷	56 669

图表 10-26

总分类账

会计科目：预收账款　　　　　　　　　　　　　　　　　　　　　　　　　　第 29 页

| 20××年 | | 凭证号数 | 摘　要 | 借　方 | 贷　方 | 借或贷 | 余　额 |
月	日						
12	1		月初余额			贷	8 700
12	31		本月合计			贷	8 700

图表 10-27

总分类账

会计科目：应付职工薪酬　　　　　　　　　　　　　　　　　　　　　　第 33 页

20××年		凭证号数	摘 要	借 方	贷 方	借或贷	余 额
月	日						
12	1		期初余额				12 000
	31	汇 12	21—31 日发生额	22 850	23 484	贷	12 634
12	31		本月合计	22 850	23 484	贷	12 634

图表 10-28

总分类账

会计科目：应付利息　　　　　　　　　　　　　　　　　　　　　　　　第 37 页

20××年		凭证号数	摘 要	借 方	贷 方	借或贷	余 额
月	日						
	31	汇 12	21—31 日发生额		740	贷	740
12	31		本月合计		740	贷	740

图表 10-29

总分类账

会计科目：应交税费　　　　　　　　　　　　　　　　　　　　　　　　第 39 页

20××年		凭证号数	摘 要	借 方	贷 方	借或贷	余 额
月	日						
12	1		月初余额			贷	14 080
	10	汇 12	1—10 日发生额	15 572	9 280	贷	7 688
	20	汇 12	11—20 日发生额	4 576	7 520	贷	10 632
	31	汇 12	21—31 日发生额		16 115.65	贷	26 847.65
12	31		本月合计	20 148	32 915.65	贷	26 847.65

图表 10-30

总分类账

会计科目：应付股利　　　　　　　　　　　　　　　　　　　　　　　　第 43 页

20××年		凭证号数	摘 要	借 方	贷 方	借或贷	余 额
月	日						
12	1		月初余额			贷	28 000
12	31		本月合计			贷	28 000

图表 10-31

总分类账

会计科目：实收资本   第 45 页

20××年		凭证号数	摘 要	借 方	贷 方	借或贷	余 额
月	日						
12	1		月初余额			贷	400 000
12	31		本月合计			贷	400 000

图表 10-32

总分类账

会计科目：盈余公积   第 47 页

20××年		凭证号数	摘 要	借 方	贷 方	借或贷	余 额
月	日						
12	1		月初余额			贷	55 250
	31	汇 12	21—31 日发生额		3 048.14	贷	58 298.14
12	31		本月合计		3 048.14	贷	58 298.14

图表 10-33

总分类账

会计科目：利润分配   第 49 页

20××年		凭证号数	摘 要	借 方	贷 方	借或贷	余 额
月	日						
12	1		月初余额			贷	45 860
	31	汇 12	21—31 日发生额	3 048.14	30 481.35	贷	73 293.21
12	31		本月合计	3 048.14	30 481.35	贷	73 293.21

图表 10-34

总分类账

会计科目：主营业务收入   第 53 页

20××年		凭证号数	摘 要	借 方	贷 方	借或贷	余 额
月	日						
12	10	汇 12	1—10 日发生额		58 000	贷	58 000
	20	汇 12	11—20 日发生额		47 000	贷	105 000
	31	汇 12	21—31 日发生额	135 000	30 000	贷	0
12	31		本月合计	135 000	135 000	贷	—0—

图表 10-35

总分类账

会计科目：主营业务成本   第 55 页

20××年		凭证号数	摘 要	借 方	贷 方	借或贷	余 额
月	日						
12	31	汇 12	21—31 日发生额	85 150	85 150	借	0
12	31		本月合计	85 150	85 150	平	—0—

图表 10-36

总分类账

会计科目：税金及附加   第 57 页

20××年		凭证号数	摘 要	借 方	贷 方	借或贷	余 额
月	日						
12	31	汇 12	21—31 日发生额	1 155.2	1 155.2	借	0
12	31		本月合计	1 155.2	1 155.2	平	—0—

图表 10-37

总分类账

会计科目：销售费用   第 59 页

20××年		凭证号数	摘 要	借 方	贷 方	借或贷	余 额
月	日						
12	20	汇 12	11—20 日发生额	1 200		借	1 200
	31	汇 12	21—31 日发生额		1 200	借	0
12	31		本月合计	1 200	1 200	平	—0—

图表 10-38

总分类账

会计科目：管理费用   第 61 页

20××年		凭证号数	摘 要	借 方	贷 方	借或贷	余 额
月	日						
	20	汇 12	11—20 日发生额	490		借	490
	31	汇 12	21—31 日发生额	5 623	6 113	借	0
12	31		本月合计	6113	6 113	平	—0—

图表 10-39

总分类账

会计科目：财务费用   第 63 页

20××年		凭证号数	摘 要	借 方	贷 方	借或贷	余 额
月	日						
	31	汇 12	21—31 日发生额	740	740	贷	0
12	31		本月合计	740	740	贷	—0—

图表 10-40

总分类账

会计科目：所得税费用   第 65 页

20××年		凭证 号数	摘 要	借 方	贷 方	借或贷	余 额
月	日						
	31	汇 12	21—31 日发生额	10 160.45	10 160.45	借	10 160.45
12	31		本月合计	10 160.45	10 160.45	平	—0—

（7）对账与结账。月终，将各账户结出余额，并将现金、银行存款日记账余额及各明细账的余额合计数，分别与总分类账中有关科目的余额核对相符。

（8）编制会计报表。月终，根据核对无误的总分类账和明细分类账的记录，编制试算平衡表（略）。试算平衡后根据总分类账及有关明细分类账的余额，编制"资产负债表"、"利润表"等会计报表。编制后的会计报表如第 9 章图表 9 - 2 和图表 9 - 3，图表 9 - 5 和图表 9 - 6 所示。

特别说明

> 记账凭证汇总表的编制时间，应根据单位业务量的大小而定。业务量较多的可以每旬甚至每周汇总，业务量较少的可以半个月或一个月汇总。另外，每次汇总都应注明汇总记账凭证的起讫字号，以便检查。

10.4 汇总记账凭证核算形式

汇总记账凭证核算形式是根据记账凭证定期编制汇总记账凭证，并根据汇总记账凭证登记总分类账的一种会计核算形式。根据汇总记账凭证登记总分类账是汇总记账凭证核算形式的主要特点。

10.4.1 汇总记账凭证核算形式的凭证和账簿组织

在汇总记账凭证核算形式下，为了便于按会计分录进行汇总，记账凭证采用复式专用记账凭证为宜，即设置收款凭证、付款凭证和转账凭证。此外，还要设置汇总收款凭证、汇总付款凭证和汇总转账凭证，在各种汇总记账凭证中都要求反映会计科目的对应关系，现金、银行存款日记账和总分类账及各种明细分类账的设置与记账凭证汇总表核算形式相同。

10.4.2 汇总记账凭证核算形式的账务处理程序

汇总记账凭证核算形式的账务处理程序如下。

① 根据原始凭证或原始凭证汇总表编制收款凭证、付款凭证和转账凭证。

② 根据收款凭证、付款凭证及所附原始凭证逐日逐笔登记现金日记账和银行存款日记账。

③ 根据收款凭证、付款凭证和转账凭证及所附原始凭证、原始凭证汇总表逐笔登记各

种明细分类账。

④ 根据收款凭证、付款凭证和转账凭证分别定期编制汇总收款凭证、汇总付款凭证和汇总转账凭证。

⑤ 根据各种汇总记账凭证登记总分类账。

⑥ 按照对账的具体要求，将总分类账与日记账、总分类账与明细分类账定期核对，保证账账相符。

⑦ 期末，根据总分类账和各种明细分类账期末余额及发生额合计编制会计报表。

汇总记账凭证核算形式的记账程序，如图表 10-41 所示。

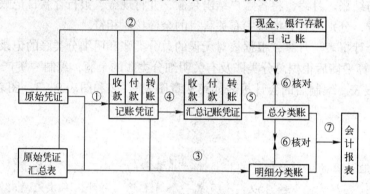

图表 10-41　汇总记账凭证核算形式记账程序

采用汇总记账凭证核算形式时，汇总记账凭证的编制较为复杂，下面着重介绍一下它的编制方法和据以登记总分类账的方法。

汇总收款凭证、汇总付款凭证是按现金或银行存款的借方、贷方分别设置。根据一定时期内的全部现金或银行存款的收款凭证、付款凭证，分别按与设置科目相对应的贷方和借方科目加以归类，定期汇总填列一次，可每月编制一张，其格式如图表 10-42 和图表 10-43 所示。

图表 10-42

汇总收款凭证

借方科目：银行存款　　　　　　　　　20××年12月　　　　　　　　　　汇收字第01号

贷方科目	金额			
	1—10日 收款凭证第01号 至第06号	11—20日 收款凭证第07号 至第10号	21—31号 收款凭证第11号 至第15号	合计
实收资本	30 000			30 000
应收账款	40 000	8 000	56 000	104 000
主营业务收入	20 000	120 000	150 000	290 000
合计	90 000	128 000	206 000	424 000

图表 10-43

汇总付款凭证

贷方科目：库存现金　　　　　　　20××年 12 月　　　　　　　　　　汇付字第 02 号

借方科目	金　额			
	1—10 日 付款凭证第 01 号 至第 02 号	11—20 日 付款凭证第 03 号 至第 06 号	21—31 号 付款凭证第___号 至第___号	合计
管理费用	10 000		20 000	30 000
制造费用		500	2 000	2 500
银行存款	20 000	10 000		30 000
其他应收款		3 000		3 000
合计	30 000	13 500	22 000	65 500

汇总转账凭证，是按每一张转账凭证贷方科目设置，根据一定期间全部转账凭证，按与设证科目相对应的借方科目加以归类汇总，定期汇总填列一次，每月编制一张，其格式如图表 10-44 所示。

图表 10-44

汇总转账凭证

贷方科目：在途物资　　　　　　　20××年 12 月　　　　　　　　　　汇转字第 03 号

借方科目	金　额			
	1—10 日 转账凭证第 01 号 至第 05 号	11—20 日 转账凭证第 06 号 至第 16 号	21—31 号 转账凭证第 17 号 至第 30 号	合计
原材料	300 000		20 000	320 000
合计	300 000		20 000	320 000

在汇总记账凭证核算形式下，总分类账的登记方法是根据汇总收款凭证的合计金额，记入总分类账中"库存现金"或"银行存款"账户的借方，以及有关对应账户的贷方；根据汇总付款凭证的合计金额记入总分类账中"库存现金"或"银行存款"账户的贷方，以及有关对应账户的借方；根据汇总转账凭证的合计金额，记入总分类账中对应账户的贷方和对应账户的借方。

例如，以前举汇总收款凭证（汇收字第 01 号）为例，登记有关总分类账户，如图表 10-45 至图表 10-48 所示。

图表 10-45

总 分 类 账

会计科目：银行存款　　　　　　　　　　　　　　　　　　　　　　　第 2 页

年		凭证		摘要	对方科目	借方	贷方	借或贷	余额
月	日	字	号						
				承前页				借	100 000
		汇收	01		实收资本	30 000		借	130 000
		汇收	01		应收账款	104 000		借	234 000
		汇收	01		主营业务收入	290 000		借	524 000
	⋮	⋮			⋮	⋮			⋮

图表 10-46

总 分 类 账

会计科目：实收资本   第 48 页

| 年 | | 凭证 | | 摘要 | 对方科目 | 借方 | 贷方 | 借或贷 | 余额 |
月	日	字	号						
				承前页				贷	360 000
		汇收	01		银行存款		30 000	贷	390 000
⋮	⋮	⋮	⋮		⋮	⋮	⋮	⋮	⋮

图表 10-47

总 分 类 账

会计科目：应收账款   第 5 页

| 年 | | 凭证 | | 摘要 | 对方科目 | 借方 | 贷方 | 借或贷 | 余额 |
月	日	字	号						
				承前页				借	112 000
		汇收	01		银行存款	104 000		平	8 000
⋮	⋮	⋮	⋮		⋮	⋮	⋮	⋮	⋮

图表 10-48

总 分 类 账

会计科目：主营业务收入   第 60 页

| 年 | | 凭证 | | 摘要 | 对方科目 | 借方 | 贷方 | 借或贷 | 余额 |
月	日	字	号						
		汇收	01		主营业务收入		290 000	贷	290 000
⋮	⋮	⋮	⋮		⋮	⋮	⋮	⋮	⋮

10.4.3 汇总记账凭证核算形式的优缺点及适用范围

　　汇总记账凭证核算形式通过编制汇总记账凭证并据以登记总分类账，简化了登记总分类账的工作量，同时又能反映账户之间的对应关系，便于查账，分析账目。所以，这种会计核算形式克服了记账凭证核算形式登记总分类账工作量大和记账凭证汇总表核算形式不能反映账户对应关系的缺点。但是，这种会计核算形式下编制汇总记账凭证的工作量较大，而且比较复杂，难以掌握。因此，这种会计核算形式适用于规模较大、业务繁重的大型企业和单位。

特别说明

　　由于汇总记账凭证种类及汇总张数较多，在汇总记账凭证编号时，一般应在汇总记账凭证种类前加"汇"字，如汇收字第×号、汇付字第×号、汇转字第×号。另外，为了便于汇总，登记记账凭证时，会计分录的形式最好是"一借一贷"、"一借多贷"、"多借一贷"，这样可以在汇总过程中清楚地体现账户之间的对应关系。

另外，还有两种组织核算形式：一是多栏式日记账组织核算形式，这种核算形式的特点是需设置多栏式现金日记账和多栏式银行存款日记账，月终，根据多栏式日记账和转账凭证（或转账凭证科目汇总表），登记总分类账。一般适用于收付款业务多，但经济业务比较简单的企业采用；二是日记总账组织核算形式，这种核算形式的特点是需设置日记总账，并根据记账凭证逐笔登记日记总账，根据明细账和日记总账编制会计报表。一般适用于规模很小、业务量少的企业采用。

会计组织核算形式是长期以来人们实践经验的总结，并不是固定不变的，在会计核算中，人们可以根据需要进行科学的调整，找出简单、明了、科学、易行的形式，满足经济核算的要求。

前述会计核算形式，是按手工操作的记账方式来阐述的，在会计电算化环境下，原始原始凭证，特别是外来原始凭证，仍是在人工环境下完成其传递过程，记账凭证输入计算机后，登记各种账簿，对账结账与编制会计报表等工作步骤，由计算机根据指令来完成，最后仍需由计算机输出、打印各种记账凭证、账簿和会计报表并将各种会计资料归入会计档案。但随着互联网技术的不断发展，会计核算组织形式也将会发生新的变革。

中英文专业术语

会计核算组织	accounting organization
会计循环	accounting cycle
对账	accounting reconciliation
结账	settle accounts
账项调整	adjustment of account
试算平衡	trial balance
账务处理程序	accounting cyde process

复习思考题

1. 什么是会计循环？简述会计循环的具体步骤。
2. 什么是会计组织核算形式？会计组织核算形式的设计有何要求？
3. 简述记账凭证组织核算程序的特点、记账程序、优缺点及适用范围。
4. 简述记账凭证汇总表组织核算程序的特点、记账程序、优缺点及适用范围。
5. 简述汇总记账凭证组织核算程序的特点、记账程序、优缺点及适用范围。
6. 简述日记总账组织核算程序的特点、记账程序、优缺点及适用范围。

练习题

一、单项选择题

1. 记账凭证核算形式的特点是（　　）。

　　A. 根据记账凭证直接登记总分类账

　　B. 根据记账凭证编制记账凭证汇总表，然后再登记总分类账

　　C. 根据记账凭证定期编制汇总记账凭证，然后再登记总分类账

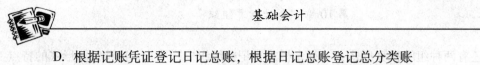

D. 根据记账凭证登记日记总账，根据日记总账登记总分类账

2. 根据汇总记账凭证登记总分类账的组织形式是（　　）。

  A. 记账凭证核算形式　　　　　　　B. 汇总记账凭证核算形式

  C. 记账凭证汇总表核算形式　　　　D. 日记总账核算形式

3. 记账凭证核算形式的主要缺点是（　　）。

  A. 不能反映科目的对应关系　　　　B. 不便于会计核算的合理分工

  C. 会计核算方法不易掌握　　　　　D. 登记总分类账的工作量较大

4. 不同核算组织形式的主要区别在于（　　）。

  A. 不同企业经济业务不同

  B. 不同企业经济管理的要求不同

  C. 登记总分类账的依据和方法不同

  D. 凭证传递的程序和时间不同

5. 记账凭证汇总表编制的直接依据是（　　）。

  A. 原始凭证　　　　　　　　　　　B. 记账凭证

  C. 汇总原始凭证　　　　　　　　　D. 汇总记账凭证

6. 几种常见的核算组织形式中，最基本的形式是（　　）。

  A. 记账凭证核算形式　　　　　　　B. 汇总记账凭证核算形式

  C. 记账凭证汇总表核算形式　　　　D. 日记总账核算形式

7. 登记总分类账工作量较大的会计核算组织形式是（　　）。

  A. 记账凭证核算形式　　　　　　　B. 汇总记账凭证核算形式

  C. 记账凭证汇总表核算形式　　　　D. 日记总账核算形式

8. 记账凭证汇总表核算形式的主要缺点是（　　）。

  A. 不能反映科目的对应关系

  B. 不能反映科目的借方发生额

  C. 不能反映科目的贷方发生额

  D. 不能反映科目的借方发生额和贷方发生额

9. 在汇总记账凭证核算形式下，汇总转账凭证上的对应关系是（　　）。

  A. 一个贷方科目与一个借方科目相对应

  B. 一个贷方科目与多个借方科目相对应

  C. 一个借方科目与一个或几个贷方科目相对应

  D. 一个借方科目与多个贷方科目相对应

10. 规模小、业务量少、使用会计科目不多的单位一般可采用（　　）。

  A. 记账凭证核算形式　　　　　　　B. 汇总记账凭证核算形式

  C. 记账凭证汇总表核算形式　　　　D. 日记总账核算形式

二、多项选择题

1. 登记总分类账的直接依据可以是（　　）。

  A. 记账凭证　　　　　　　　　　　B. 记账凭证汇总表

  C. 汇总记账凭证　　　　　　　　　D. 现金和银行存款日记账

2. 记账凭证汇总表核算形式的优点是（　　）。

A. 简化了登记总分类账的工作量

B. 有助于发现记账过程中的错误

C. 有利于提高会计核算质量

D. 有利于分析经济业务的来龙去脉

3. 属于记账凭证汇总表核算形式的步骤是（　　）。

　　A. 根据原始凭证登记记账凭证

　　B. 根据收付款凭证登记现金和银行存款日记账

　　C. 根据记账凭证登记总分类账

　　D. 根据总账和有关明细分类账的期末余额编制会计报表

4. 汇总记账凭证核算形式的优点是（　　）。

　　A. 简化了登记总分类账的工作量

　　B. 账户之间对应关系清楚，便于查账

　　C. 月份内转账凭证不多时，可以减少会计工作量

　　D. 该程序难度较大，不容易掌握

5. 记账凭证汇总表核算形式和汇总记账凭证核算形式的相同之处在于（　　）。

　　A. 根据原始凭证登记记账凭证

　　B. 根据收付款凭证登记现金和银行存款日记账

　　C. 根据记账凭证及所付的原始凭证登记明细分类账

　　D. 根据总分类账和有关明细分类账的期末余额编制会计报表

6. 采用汇总记账凭证核算组织形式，对编制汇总记账凭证的要求是（　　）。

　　A. 汇总收款凭证为一借多贷

　　B. 汇总付款凭证为一贷多借

　　C. 汇总转账凭证为一贷多借

　　D. 汇总转账凭证为多借多贷

7. 在汇总记账凭证组织核算形式下，应编制（　　）。

　　A. 收款凭证和汇总收款凭证

　　B. 付款凭证和汇总付款凭证

　　C. 转账凭证和汇总转账凭证

　　D. 记账凭证汇总表

8. 登记总分类账工作量较小的会计核算形式是（　　）。

　　A. 记账凭证核算形式　　　　　　　　　　B. 汇总记账凭证核算形式

　　C. 记账凭证汇总表核算形式　　　　　　　D. 日记总分类账核算形式

三、判断题

1. 记账凭证是登记账簿的直接依据。（　　）

2. 采用记账凭证核算形式可以减少登记总分类账的工作量，并且便于核对账目。（　　）

3. 记账凭证汇算形式是其他会计核算形式的基础。（　　）

4. 记账凭证汇总表核算形式是一般企业常采用的会计组织核算形式。（　　）

5. 记账凭证汇总表核算形式的突出优点是大大减少了登记总分类账的工作量。（　　）

6. 汇总转账凭证通常情况下既可采用一贷多借也可采用一借多贷的形式编制。（　　）

7. 汇总记账凭证核算形式主要在大型企业采用。（　　）

8. 账务处理程序不同，现金和银行存款日记账登记的程序也不相同。（　　）

9. 无论哪种会计核算形式一般都要设置日记账、总分类账和明细分类账。（　　）

10. 日记总账核算形式可以不编制记账凭证。（　　）

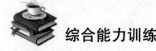 **综合能力训练**

案　　例

10.3 节，记账凭证汇总表核算形式举例资料。

要求：

1. 开设数量金额式材料明细分类账户、产成品明细分类账户及多栏式生产成本明细分类账户；并登记各有关账户的期初余额及发生额，并结出期末余额。

2. 编制有关总分类账户与明细分类账户发生额及余额对照表。

3. 进行试算平衡，编制试算平衡表。

第 **11** 章

会计工作组织

本章导读

会计工作是一项综合性的管理工作。会计人员掌握了会计专业知识和技能，对于一个单位开展好会计工作，还只是一个基本条件。要成为一个优秀的会计工作者，必须有全局观念，清楚自己在单位或部门内的工作处于什么位置，对整个会计工作的方方面面我们都要有一个了解。本章主要介绍如何设置会计机构、配备必要的会计人员、对会计人员的职业道德的要求及企业会计电算化的现状。

知识目标

1. 了解会计工作的基本内容
2. 熟悉会计机构的设置
3. 了解会计人员的职责和权限
4. 了解会计人员职业道德、会计电算化发展方向以及会计档案保管的一些基本内容

能力目标

参加工作后，能够较快适应会计工作环境

11.1 会计工作组织基本内容

会计工作是指运用一整套专门的会计方法，对会计事项进行处理的活动。会计是通过会计工作对各个单位的日常工作进行管理的，是经济管理的一个组成部分。会计工作有很强的政策性，必须按照有关的财经政策、法规、制度、纪律的要求办理业务；会计工作要对所产生的数据信息进行一连串的记录、计算、分类、汇总和分析处理，因此会计工作又具有严密性。所以，要做好会计工作，必须有专门的会计机构、专职的办事人员，并按照规定的会计制度开展日常工作。

11.1.1 会计工作组织的意义

会计工作组织就是为了适应会计工作的管理性、政策性、严密性的特点,对设置会计机构、配备会计人员、制定会计政策和会计管理制度等工作的总称。有宏观和微观两层意思:宏观会计工作组织指国家组织会计工作的方式、方法和内容,具体包括国家对会计管理体制的确定、国家宏观会计规范的制定与执行及国家对会计人员管理等内容。而微观会计工作组织指各单位根据会计工作的特点和国家对会计工作的管理规定,结合本单位的具体情况,设置会计机构、配备会计人员、建立健全会计档案管理和会计交接制度等。

会计是一项复杂、细致的综合性经济管理活动,也是一项系统的工作。科学地组织好会计工作,使各组成部分互相协调、合理有序,保证系统正常运行,实现会计目标,充分发挥会计职能作用,对促进国民经济健康、有序发展都具有十分重要的意义。

1)有利于保证会计工作的质量,提高会计工作效率

会计工作负责把企业发生的全部经济业务从凭证到账簿,从账簿到报表,连续地进行收集、记录、计算、分类、汇总并进一步分析检查,其间各环节紧密联系。出现任何一个环节的差错、一个数字的错误、一个手续的遗漏或一道程序的脱节,都会造成整个结果不正确或不及时,进而影响整个会计工作的质量和效率。所以必须科学组织会计工作,才能保证会计工作正常、高效运行。

2)有利于提高企业整体经营管理水平

会计工作是企业单位整个经济管理工作的一个重要组成部分,它既有独立性,又同其他经济管理工作存在着密切关系。会计工作一方面能够促进其他经济管理工作的开展,另一方面也需要其他经济管理工作的配合和协调。它们之间相互制约、相互促进。因此科学地组织好会计工作,有利于处理好会计工作同其他经济管理工作之间的关系,做到相互促进、密切配合,提高企业整体经营管理水平。

3)有利于巩固和发展企业单位内部的经济责任制

会计工作是经济管理的重要组成部分,而经济管理的一个很重要的手段就是实行各单位内部的经济责任制,所以实行内部经济责任制离不开会计,包括科学的经济预测、正确的经济决策,以及业绩考核等。组织好会计工作,可以促使企业内部各部门管好、用好资金、增收节支,少花钱,多办事,提高经济效益。

4)有利于维护财经法纪,贯彻经济工作的方针政策

会计工作通过核算如实反映各单位的经济活动和财务收支,通过监督来贯彻执行国家的有关方针、政策、法令和制度。为建立良好的社会经济秩序打下基础。

11.1.2 组织会计工作的要求

要保证科学、有效地组织和管理会计工作,必须满足以下几项要求。

1)政策性要求

政策性要求是指组织会计工作必须按照国家统一规定的会计法规、制度、准则的统一要求,贯彻执行国家规定的法令制度,进行会计核算,实行会计监督,以便更好地发挥会计工作在维护社会主义市场经济秩序,加强经济管理,提高经济效益中的应有作用。

2）适应性要求

适应性要求是指组织会计工作必须适应本单位的经营管理的特点。各单位应在遵守国家法规和准则的前提下，根据自身管理特点及规模大小等具体情况，制定具体办法，做出切合实际的安排。

3）效益性要求

效益性要求是指组织会计工作时，在保证会计工作质量的前提下，尽量节省人力、物力，节约时间和费用。对会计管理程序的规定，会计凭证、账簿和报表的设计，会计机构的设置以及人员的配备等，都应避免烦琐，力求精简。积极引入会计电算化，从技术上更新以提高效率。防止机构臃肿，人浮于事和形式主义。

11.2 会计机构

会计机构是指直接从事或组织领导会计工作的职能部门。建立健全会计机构是保证会计工作顺利进行的重要条件。会计机构的设置是否合理，职责分工是否明确，对各单位会计工作能否顺利开展有重要的影响。

11.2.1 会计机构设置的要求

一个企业单位如果没有一个高效率的会计机构，配备得当的专职会计人员，就不可能有条不紊地完成各项会计工作。会计机构的设置，必须满足以下三方面的要求。

1）根据业务需要设置会计机构

各单位应当根据会计业务的需要，设置会计机构，或者在有关机构中设置会计人员并指定会计主管人员；不具备设置条件的，应当委托经批准设立从事会计代理记账业务的中介机构代理记账。在业务繁多的情况下必须设置会计机构，在业务很少的情况下可以不设置独立的会计机构，但应该配备专职的会计人员。

2）会计机构应当建立内部稽核制度

内部稽核制度是指各单位在会计机构内部指定专人对会计凭证、账簿、报表及其他会计资料进行审核的制度，包括经济业务入账以前的审核和入账以后的审核。内部稽核的目的，在于防止会计核算工作上的差错和有关人员的舞弊行为。

3）实行钱账分管制度

出纳人员不得兼管稽核、会计档案保管和收入、费用、债权、债务方面账目和登记工作。凡涉及货币资金和财物的收付、结算、审核和登记等工作，不得由一人保管。实际工作中，出纳人员并不是完全不许记账，只要所记账不是收入、费用、债务等可能给出纳人员造成舞弊之机的账目，是可以记一部分账的，如出纳人员兼记固定资产明细账也是可以的。

11.2.2 会计机构的设置

会计机构是直接从事和组织领导会计工作的职能部门，它包括直接从事和组织领导会计工作的机构（即基层单位会计机构和各级主管部门的会计机构）、会计监督机构和会计咨询机构等。这里仅介绍会计工作机构。建立和健全会计工作机构是做好会计工作的组织保证，是会计工作顺利进行，实现会计目标的重要条件。

在我国，由于会计工作和财务工作都是综合性的经济管理工作，它们之间有着非常密切的联系，因此，通常把两者合为一体，设置一个财务会计机构，统一办理财务会计业务，所以，会计机构通常指财务会计部门。

1. 各级主管部门的会计机构

在我国，会计工作受财政部门和各级业务主管部门的双重领导。我国财政部是负责管理全国会计工作的领导机构，其内部设置会计事务管理司，主管全国的会计事务工作。它的主要任务是：负责制定和组织实施全国统一的会计法规、准则和制度；制订全国会计干部培训计划；管理全国会计干部技术职称评定工作；管理和监督注册会计师事务所工作；根据我国会计工作中出现的新问题、新情况，组织全国范围内的会计工作经验交流，不断提出改进和实施意见。各级地方政府财政部门一般设置会计处、科、股等机构，主管本地区所属单位的会计工作。

各级业务主管部门会计机构指各级主管部门执行总预算的会计机构，一般设置会计（财务）司、局、处、科，主管本系统所属单位的会计工作。它们的主要任务是：根据国家统一会计法规、制度的实施细则，审核并批复所属单位上报的会计报表，同时汇总编制本系统的汇总会计报表；检查并指导所属单位的会计工作，帮助其解决工作上的问题，总结和交流所属单位会计工作的先进经验；核算本单位与财政机关以及上下级之间有关款项缴拨的会计事项，负责本地区、本系统会计人员的培训工作等。各企业主管部门在会计业务上，要受同级财政部门的指导监督。

2. 基层单位会计机构

一般说来，为了保证会计工作的顺利进行和充分发挥其职能作用，凡是具有法人资格、实行独立核算的企业和实行企业化管理的事业单位以及财务收支数额较大，会计业务较多的机关、团体，都需要单独设置会计机构，称之为会计（财务）处、部、组等。在一些规模小、会计业务简单的单位，也可以不单独设置会计机构，但要在有关机构中设置专职的会计人员来办理会计业务，并指定会计主管人员。这里所说的"会计主管人员"是一个特指的概念，是指负责组织管理会计事务、行使会计机构负责人职权的负责人，不同于通常说的"会计主管"或"主管会计"等。不具备设置条件的，应当委托经批准设立从事会计代理记账业务的中介机构代理记账。在国有或国有资产占控股地位或主导地位的大中型企业单位必须设置总会计师，主管本单位的经济核算和财务工作，总会计师要由会计师以上技术职称的人员担任，小型企业也要指定一名副厂长行使总会计师的职责。

基层单位会计机构的主要任务是组织和处理单位的会计工作，如实反映本单位的经营活动情况并及时地向有关部门和人员提供有效的会计信息，参与企业经济管理、预测和决策，帮助制订企业生产经营计划，严格贯彻执行国家财经制度，管好、用好资金，尽量降低成本，增收节支、努力提高经济效益。

在一些规模较大，会计业务复杂且量大的单位内部，会计的职能部门还要分成若干个职能组，每组配备一定量的会计人员分管会计某方面的工作，在实行逐级核算的单位内部，可根据统一领导、分级管理的原则，设立各级、各部门的会计组织或会计核算员。

对于不具备单独设置会计机构的单位，如财务收支数额不大，经济业务比较简单，规模很小的企业、事业、机关、团体单位和个体工商户等，可在单位内部与财务会计工作比较接近的有关机构或综合部门，如计划、统计、办公室等部门，配备专职会计人员，并指定对财

228

务会计工作负责的会计主管人员。

11.2.3　会计机构的核算形式

会计机构同本单位各部门之间的关系是分工协作、分级核算的关系。在企业单位中，一般可采用独立核算和非独立核算两种核算的方式。

1. 独立核算

所谓独立核算是指企业单位对其本身生产经营活动或业务活动过程及其结果，进行全面、系统、独立的记账、算账，定期编制会计报表，并对其经营活动进行分析检查等一系列工作。实行独立核算的企业单位通常都拥有借助开展经营活动用的资金，在银行中独立开设账户，并对外办理结算业务，具有完整的凭证、账簿系统，独立编制计划，独立核算，自负盈亏。对于某些独立核算的单位，如果会计核算业务不多，也可不单独设置专门的会计机构，而只配备专职的会计人员。

在实行独立核算方式的单位，会计工作的组织形式一般分为集中核算和非集中核算。

1）集中核算

就是把整个企业的主要会计工作集中在财会部门，企业内部的其他部门和下属单位只对其发生的经济业务填制原始凭证，定期将原始凭证或原始凭证汇总表送交财会部门，由财会部门审核，然后据以填制记账凭证、登记总分类账和明细分类账，编制会计报表。实行集中核算，会计部门可以集中掌握有关资料，便于理解企业全部的经济活动情况，减少核算层次。

2）非集中核算

非集中核算又称分散核算，是相对于集中核算而言的。单位内部会计部门以外的其他部门和下属单位，在会计部门的领导下，对其所发生的经济业务填制原始凭证或原始凭证汇总表，然后分别登记总分类账和另一部分明细分类账，编制会计报表，并进行其他会计工作。实行非集中核算，可以使各职能部门和车间随时了解部门、车间的经济活动情况，及时分析问题和解决问题。

2. 非独立核算

所谓非独立核算是企业单位向上级机构领取一定量物资和备用金从事业务活动；平时只进行原始凭证的填制、整理、汇总以及现金、实物明细账的登记等一系列具体的会计工作；企业不独立核算盈亏，也不单独编制会计报表；企业定期将发生的收入、支出及有关核算资料向上级机构报送，由上级机构汇总记账。实行非独立核算的企业单位一般不专设会计机构，只配备专职会计人员。

一个企业采用哪一种核算组织形式，取决于企业内部是否实行分级管理、分级核算。集中核算与非集中核算是相对的，但无论采用哪种形式，企业对外的现金收付、银行存款收付、物资供销、应收和应付款项的结算等，都应集中在会计部门进行。一些实行内部经济核算的企业，业务部门虽然可以单独进行经济核算，单独计算盈亏和编制各种会计报表，但这些业务部门与独立核算单位不同，不能独立签订各种交易合同和在银行设立结算账户。

11.2.4　会计工作岗位的设置

会计工作组织健全的单位，还要建立会计工作岗位责任制，使每项会计工作都有专人负责，每个会计人员都明确自己的职责。会计人员之间既相互协作配合、又相互监督促进，确保按质、按量、按期地完成各项会计工作。

在规模较大的制造企业，一般可以设置以下会计岗位：会计机构负责人或会计主管人员、出纳、存货核算、成本费用核算、固定资产和无形资产核算、财务成果核算、资金核算、债权债务核算、会计报表、稽核、档案管理等。对每个会计岗位的职责，均应做出详细的规定、并与本单位的经济责任制相联系。上述会计工作岗位可以一人一岗，一人多岗，各单位应根据行业特点、企业规模大小、业务繁简和人员多少等具体情况确定。但出纳人员不得兼管稽核、会计档案保管和收入、费用、债权债务账目登记等工作。

知识窗

会计作为一种职业，是由若干个从事会计工作的具体岗位群构成。会计职业的主要岗位可用列示如表11-1所示。

主要职业岗位	职业岗位描述
出纳	收付库存现金，办理银行结算；登记现金、银行存款日记账；核对现金、银行存款；保管银行票据和印鉴
会计	填制和审核会计凭证，登记会计账簿，对账、结账，编制会计报表
成本	归集分配企业发生的各种费用，计算生产成本，编制成本报表并写出成本分析报告
报税	办理有关税金的计算、申报、缴纳、核对事项，并进行相关会计处理
财务	进行资金筹集、项目投资、营运资金、收益分配管理；进行财务预算、财务控制和财务分析
审计	制订审计计划，进行相关审计工作，编写审计报告

除表中所列的岗位外，会计专业毕业生还可从事收银、会计软件销售、工商管理、统计、财经类专业教师等工作。

11.3　会计人员

会计人员是指从事日常会计业务处理工作的专职人员。配备一定数量和素质的、具备会计从业资格的会计人员，是各单位会计工作得以正常开展的重要条件。各单位应根据规模的大小、业务的多少及会计结构岗位设置的要求，配置适量的会计人员。

11.3.1　会计人员的职责和权限

为了使会计工作优质高效地进行，国家有关法规赋予了会计人员一定的工作职责和权限，从而使会计人员有权有责地完成各项会计工作。

1. 会计人员的职责

根据《会计法》中的有关规定，会计人员的主要职责可概括为以下几条。

（1）进行会计核算。当会计主体进行经济活动时，会计人员应根据实际发生的经济业务，客观地进行会计核算，填制会计凭证，登记会计账簿，编制会计报告。

（2）实行会计监督。在会计核算过程中，对本单位各项经济业务的合法性、合理性、真实性、正确性进行监督，并对不正确的经济行为进行必要的干预。对不真实、不合法的原始凭证不予受理；对记载不准确、不完整的原始凭证予以退回，要求更正、补充；对违法的应当向单位领导人提出书面意见，要求处理。对严重违法损害国家和社会公众利益的收支，会计人员应当向主管单位或者财政部门、审计、税务机关报告。

（3）拟定本单位办理会计事务的具体办法。根据国家的有关政策和会计法规、制度，设计本单位的会计规章制度，规定会计事务处理的具体操作程序。如：设计企业内部牵制制度、会计人员岗位责任制度等，规定成本计算的具体办法、账务处理的程序等。

（4）参与拟订经济计划、业务计划。根据所掌握的会计信息，参与拟订固定资产更新、大修理、新产品试制、产品生产和销售、基本建设等计划。会计人员参与经济和业务计划的制订，可以在杜绝浪费、减少耗费、提高经济效益等方面发挥重要作用。

（5）考核、分析预算和财务计划的执行情况。会计人员应根据会计记录、财务报告，结合统计等其他有关信息，对预算、财务计划进行考核、分析，查明预算、财务计划的完成情况或未完成的原因，发现问题，揭露矛盾，总结经验，并提出改进建议和措施。

2. 会计人员的权限

国家赋予会计人员必要的权限，其目的在于保障会计人员能够切实地履行自己的职责。会计人员的权限主要有以下几方面。

（1）会计人员有权要求本企业有关部门人员认真执行国家批准的计划、预算，遵守国家财经纪律和财务会计法规。如有违法，会计人员有权拒绝付款、拒绝报销或拒绝执行，并向本单位领导报告。对于弄虚作假、徇私舞弊、欺骗上级等违法乱纪行为，会计人员必须坚决拒绝执行，并向本单位领导人或上级主管单位、财政部门、审计机关报告。如果会计人员对于违法财经纪律、制度的行为不拒绝执行，又不向领导或上级主管部门、财政部门、审计机关提出报告，会计人员将同有关人员负连带责任。

（2）会计人员有权参与本企业计划及预算的编制、定额的制订、经济合同的签订，参加有关生产、经营管理会议，并提出对财务收支和经营决策方面的意见。领导对会计人员的合理建议应予采纳。

（3）有权监督、检查本单位有关部门的财务收支和财产保管、收发、计量等情况。有关部门、人员要积极配合会计人员的工作，要如实提供同财务会计工作有关的情况和资料。

为了保障会计人员行使工作权限，《会计法》明确规定：单位领导人和其他人员对依照本法履行职责的会计人员进行打击报复的，给予行政处分；构成犯罪的，依法追究刑事责任。这就从法律上保护并鼓励会计人员为维护国家利益、投资者权益而坚持实事求是原则，履行自己的职责。

11.3.2　会计人员的专业技术职务

会计人员的专业技术职务是标志会计人员学识水平、业务素质和工作能力的技术职务名称。根据《会计专业职务试行条例》规定，会计专业职务定为：高级会计师、会计师、助理会计师、会计员。高级会计师为高级职务，会计师为中级职务，助理会计师和会计员为初级职务。对各级技术职务国家都规定有任职基本条件。

1. 高级会计师

高级会计师的基本条件是：较系统地掌握经济、财务会计理论和专业知识；具有较高的政策水平和丰富的财务会计工作经验；较熟练地掌握一门外语。高级会计师的基本职责是：

负责草拟和解释、解答一个地区或一个部门、一个系统的经济核算和财务会计工作；培养中级会计人才。

2. 会计师

会计师的基本条件是：较系统地掌握财务会计基础理论和专业知识；掌握并能正确贯彻执行有关的财经方针、政策和财务会计法规、制度；具有一定的财务会计工作经验，能负担一个单位或管理一个地区、一个部门、一个系统某个方面的财务会计工作；取得博士学位并具备履行会计师职责能力，或者取得硕士学位并担任助理会计师职务 2 年左右，或者取得第二学士学位或研究生班结业证书并担任助理会计师职务 2 ~ 3 年，或者大学本科或专科毕业并担任助理会计师职务 4 年以上，并取得会计师资格考试合格，掌握一门外语。会计师的基本职责是：负责制定比较重要的财务会计制度、规定、办法、解释、解答财务会计法规、制度中的重要问题，分析检查财务收支和预算执行情况，培养初级会计人才。

3. 助理会计师

助理会计师的基本条件是：掌握一般的会计基础理论和专业知识；熟悉并能正确执行有关的财经方针、政策和财务会计法规、制度；能担负一个方面或一个重要岗位的财务会计工作；助理会计师资格考试合格。助理会计师的基本职责是：负责草拟一般的财务会计制度、规定、办法、解释财务会计法规、制度中的一般规定；分析检查某一方面或某些项目的财务收支和预算的执行情况。

11.3.3　总会计师

总会计师是单位行政领导成员，是行政领导职务，不是会计专业技术职称。总会计师协助单位主要行政领导人工作，并直接对单位主要行政人员负责。凡设置总会计师的单位，在单位执行领导成员中不再设与总会计师职权重叠的副职。国有的和国有资产占控股地位或者主导地位的大、中型企业必须设置总会计师。

按照《总会计师条例》的规定，担任总会计师，应当具备以下条件：一是坚持社会主义方向，积极为社会主义市场经济建设和改革开放服务；二是坚持原则、廉洁奉公；三是取得会计师专业技术资格后，主管一个单位或者单位内部一个重要的方面财务会计工作的时间不少于 3 年；四是要有较高的理论政策水平，熟悉国家财经纪律、法规、方针和政策，掌握行业情况，有较强的组织领导能力；五是身体健康能胜任本职工作。

总会计师的职责主要包括两个方面：一是由总会计师负责组织的工作，包括组织编制和执行预算、财务收支计划，信贷计划、拟订资金筹措和使用方案，开辟财源，有效地使用资金；建立、健全经济核算制度，强化成本管理，进行经济活动分析，精打细算，提高经济效益；负责本单位财务会计结构的设置和会计人员的培植，组织对会计人员进行业务培训和考核；支持会计人员依法行使职权等。二是由总会计师协助、参与的工作。主要有：协助单位负责人对本单位的生产经营和业务管理等问题做出决策；参与新产品开发、技术改造、科学研究、商品（劳务）价格和工资、奖金方案的制订；参与重大经济合同和经济协议的研究、审查。

总会计师的权限在于：有权限制或纠正违反国家财经法规、方针、政策、制度和可能造成经济损失的行为；有权组织本单位各职能部门、直属基层组织的经济核算、财务会计和成本管理方面的工作；有权审批财务收支预算、财务收支计划、成本和费用计划、信贷计划、财务专题报告；会计决算报表须经总会计师签署；会计人员的任用、晋升、调动、奖惩，应当事先征求总会计师的意见，总会计师有权对本单位财会机构负责人或者会计师主管人员的人选进行业务考核，依照有关规定审批。

11.3.4　会计机构负责人

会计机构负责人（会计主管人员），是在一个单位内具体负责会计工作的中层领导人员。在单位负责人的领导下，会计机构负责人（会计主管人员）负有组织、管理本单位所有会计工作的责任，其工作水平的高低、质量的好坏，直接关系到整个单位会计工作的水平和质量。如果会计机构负责人（会计主管人员）的政治素质好，业务水平高，具有较强的组织领导能力，不仅对于领导和组织本单位的会计工作十分有利，而且对于加强经营管理等也十分有意义，事关重大。因此，担任会计机构负责人（会计主管人员）除了要求其具备一般会计人员应具备的条件外，还应具备会计师以上专业技术职务资格或者从事会计工作 3 年以上经历。

11.3.5　会计人员继续教育

为了便于会计人员及时更新知识、不断提高自身素质、适应工作需要，根据统一规划、分级管理的原则，各地、各部门要认真组织包括国家机关、社会团体、企业、事业单位和其他组织在内的，从事会计工作并已取得会计从业资格的会计人员接受培训学习，做好会计人员的继续教育工作。

按照有关规定，各单位必须在时间上保证会计人员继续教育。中高级会计人员继续教育时间每年不少于 68 小时，其中接受培训时间不少于 20 小时；初级会计人员继续教育的时间每年不少于 72 小时，其中接受培训时间每年累计不少于 24 小时。

会计人员继续教育的内容要坚持理论联系实际、讲求实效、学以致用的原则。教育的具体内容包括：会计理论与实务；财务、会计法规制度；会计职业道德规范；其他相关知识及法规等。继续教育讲究"新"和"实"，其内容必须新颖、实用。

继续教育主管部门要督促会计人员接受继续教育。对年度内未接受继续教育或未按规定完成继续教育学时的会计人员，无正当理由，予以警告；连续 2 年未接受继续教育或连续 2 年未完成规定学时的，不予办理会计从业资格证书的年检，不得参加高一档次的会计专业技术资格考试或评审，不得参加先进会计工作者的评选；连续 3 年未参加继续教育或未完成规定学时的，吊销会计师专业技术资格，其会计从业资格证书也自行失效。

特别说明

国家机关、国有企业、事业单位任用会计人员实行回避制度。单位负责人的直系亲属（包括夫妻、直系血亲、三代以内的旁系血亲）不得担任本单位会计机构负责人或会计主管人员，会计机构负责人和会计主管人员的直系亲属不得在本单位担任出纳工作。

11.4　会计职业道德

职业道德是指人们从事的各种特定的职业领域内所应遵循的行为规范的总和。它既是社会对某一职业行为的客观要求，也是某一职业为取信于社会而建立的行为准则。

长期从事某种职业的人们由于生活在同样的环境中，有着共同的劳动方式、活动条件，受过相同的职业训练，往往产生相同的职业兴趣，形成特定的职业风格、职业荣誉感和职业纪律，逐渐建立了职业人员都应遵守的职业道德规范。

11.4.1 会计职业道德的含义

会计职业道德是指在会计职业活动中应遵循的、体现会计职业特征的、调整会计职业关系的职业行为准则和规范。会计职业道德的含义应包括以下几个方面。

（1）会计职业道德是调整会计职业活动利益关系的手段。在市场经济条件下，会计职业活动中的各种经济关系日趋复杂，这些经济关系的实质是经济利益关系。在我国社会主义市场经济建设中，各经济主体的利益与国家利益、社会公众利益时常发生冲突。会计职业道德可以配合国家法律制度，调整职业关系中的经济利益关系，维护正常的经济秩序。会计职业道德允许个人和各经济主体获取合法的自身利益，但反对通过损害国家和社会公众利益而获取违法利益。

（2）会计职业道德具有相对稳定性。会计是一门实用性很强的经济学科，是为加强经营管理，提高经济效益，规范市场经济秩序，维护社会公众利益服务的。市场经济的客观性是通过价值规律表现出来的。任何社会和个人，对于客观经济规律，只能在认识的基础上，去主动适应、掌握和运用它，而不能去改造它，更不能违背它。在市场经济活动中，作为对单位经济业务事项进行确认、计量、记录和报告的会计，会计标准的设计，会计政策的制定，会计方法的选择，都必须遵循其内在的客观经济规律和要求。正由于人们面对的是共同的客观经济规律，因此，会计职业道德主要依附于历史继承性和经济规律，在社会经济关系不断的变迁中，保持自己的相对稳定性。

（3）会计职业道德具有广泛的社会性。会计职业道德是人们对会计职业行为的客观要求。从受托责任观念出发，会计目标决定了会计所承担的社会责任。尤其是随着企业产权制度改革的不断深化，会计不仅要为政府机构、企业管理层、金融机构等提供符合质量要求的会计信息，而且要为投资者、债权人及社会公众服务。

11.4.2 会计职业道德规范

会计职业道德规范，是根据会计这一职业的特点，对会计人员（主要是指会计实务工作者）在社会经济生活中的会计行为所提出的道德要求，既是会计人员在履行其职责活动中所应具备的道德品质，亦是调整会计人员与国家、不同利益群体或会计人员相互之间的社会关系及社会道德规范的总和。会计职业道德规范是财经法律、法规和制度所不能代替的。

会计职业道德规范应该包括以下八个方面：爱岗敬业、廉洁自律、客观公正、保守秘密、诚实守信、坚持准则、提高技能、文明服务。

1. 爱岗敬业

爱岗敬业，要求会计人员充分认识本职工作在整个经济和社会事业发展过程中的地位和作用，珍惜自己的工作岗位，做到干一行爱一行，一丝不苟，兢兢业业，争当会计工作的行家里手。同时，还要求会计人员在工作中自觉主动地履行岗位职责，以积极、健康、求实、高效的态度对待会计工作，做到认真负责，恪尽职守。

2. 廉洁自律

廉洁自律是会计人员的基本品质，是会计职业道德的基本原则。社会主义会计职业道德有两个最重要的原则：一是依法理财原则；二是廉洁奉公原则。这两个原则，一方面体现了集体主义原则；另一方面又体现了会计作为一项管理活动的基本特点和要求。

3. 客观公正

客观公正是会计人员必须具备的行为品德，是会计职业道德规范的灵魂。所谓客观，是指会计人员在处理会计事务时必须以实际发生的交易或事项为依据，如实反映企业的财务状况、经营成果和现金流量情况，不掺杂个人主观意愿，不为单位领导的意见所左右；所谓公正，是指会计人员应该具备正直、诚实的品质，不偏不倚地对待有关利益各方。客观公正，不只是一种工作态度，更是会计人员追求的一种境界。

4. 保守秘密

保守秘密是会计职业道德规范的基本要求。这指的是会计人员应当保守本单位的商业秘密，不能将从业过程中所获得的信息为己所用，或者泄露给第三者以牟取私利。保守秘密一方面是指会计人员要保守企业自身秘密；另一方面也包括会计人员不得以不道德的手段去获取他人的秘密。

5. 诚实守信

诚实守信是会计人员的基本道德素养。诚实是指言行跟内心思想一致，不弄虚作假，不欺上瞒下，做老实人、说老实话、办老实事。信，即信用。守，是指遵循、依照。守信就是遵守自己所做出的承诺，讲信用、重信用、信守诺言、保守秘密。

6. 坚持准则

坚持准则，要求会计人员在处理业务过程中，严格按照会计法律制度办事，不为主观或他人意志左右。社会主义会计职业道德的一个重要原则就是依法理财，即在严格遵守国家法律、法规和规章的前提下，为会计所服务的单位理好财。

7. 提高技能

如今的会计工作对从业人员的业务素质有着相当高的要求。会计人员应当具有一定的专业胜任能力，主要包括相应的经济理论水平、政策法规水平、业务知识水平、操作能力水平和文字表达水平等。会计人员应该做到干一行专一行，不断学习，经常充电，树立终生学习的思想，努力提升自身的技能。

8. 文明服务

文明服务是会计职能的核心，新的经济环境及企业相关利益主体的多样化要求强化会计的服务职能。会计的功能是服务性的，"会计"本身不是目的。会计始终处于助手地位，发挥参谋作用。摆正会计配角的位置丝毫不会削弱会计在单位管理中的重要性。

特别提示

在规范会计行为时，既需要依赖于会计法律制度的强制功能，又需要借助于会计职业道德的教化功能。极端的会计违规行为必须运用会计法律制度来控制和约束，而大量的会计规范则需要会计职业道德来维系，会计职业道德和会计法律制度两者在作用上相互补充。

11.5 会计电算化

在会计核算中，会计所采用的数据处理技术有两种：一种是单纯手工的处理技术，一种是以计算机为主、手工为辅的处理技术。会计电算化就是指将以电子计算机为主的现代电子信息处理技术应用到会计中的简称，也可以说是 IT（information technology）应用于会计工作的简称。是用电子计算机代替手工记账、算账和报账，以及部分代替人脑完成对会计信息的分析、预测、决策的过程。

11.5.1 会计电算化的层次

20 世纪 70 年代以后，随着微型电子计算机的出现，计算机在会计工作中大规模普及。自 1989 年以来，财政部先后颁发了《会计核算软件管理的几项规定（试行）》、《会计电算化管理办法》等文件，标志着我国会计电算化已进入了有序发展和管理制度化阶段。根据计算机在会计工作中的应用程度，会计电算化可以分为以下三个层次。

1. 初级电算会计

主要是利用电子计算机仅仅完成某一方面会计数据的处理。国内外在将电子计算机应用于会计工作的初期，主要是对那些计算方法简单、重复次数多、数据量比较大的单项会计业务，如工资计算、材料收发等，应用计算机把有关数据集中起来成批处理。在这种核算形式下，只要按相应的核算内容编制一个或一组程序，就可以满足会计核算的某些方面的需要。在这个阶段，各项会计业务之间在处理上没有什么联系，开发的会计核算软件覆盖面较窄，专用性很强，计算机强大的数据处理功能并未充分发挥出来。

2. 中级电算会计

将电子计算机在初级阶段的单项应用发展到系统应用，产生了电算会计核算系统软件，即利用电子计算机对所有经济业务的全过程进行综合、系统的会计处理。从会计凭证的处理到登记账簿、计算成本，从账簿记录到编制各种会计报表、数据查询和输出等，实现了会计核算工作的连续化、一体化，电算会计已经覆盖了会计核算的全部内容。但在这一阶段，电算会计仍属于低水平的系统应用。一是开发的会计核算软件通用性较差，专用性仍然很强。一些较好的会计核算软件也只能在某一行业通用，并不适用于所有的会计主体；二是会计数据的加工设计思路仍带有浓厚的手工会计核算痕迹。它的原则性、实时性、固化性和传统性太强，而灵活性、随机性、扩充性和创造性不足。

3. 高级电算会计

将电子计算机在中级阶段的低水平应用发展到高水平系统应用和网络应用。所谓高水平系统应用是指吸收中级电算会计系统应用的精华，保留实时会计核算，扩充随机会计核算，并实现会计核算系统软件的全通用。网络应用就是在电算会计核算系统中将多台计算机互联成一定的网络，实现会计数据的分散输入、集中处理。目前，电算会计已可进行远程网工作方式，相互通信，资源共享，多用户、多任务同时操作。这个阶段，企业的各方面工作普遍利用电子计算机进行管理，形成集计划、生产、营销和财务会计等子系统于一身的企业经营管理信息系统。

11.5.2 会计电算化的作用

会计电算化是现代社会化大生产和新技术革命的必然产物，也是会计工作不断进步与发展的需要。电子计算机应用于会计领域是会计发展史上一个重要的里程碑。

1. 会计职能的进一步扩展

由于计算机在会计中的应用，会计信息系统和决策支持系统的建立，会计职能出现了转化和扩展，工作的重点由过去的主要对外编送会计报表，转向利用会计数据加强企业内部的经营管理；由过去单纯事后分析，转向全面核算；由过去会计部门只是反映财务情况，提供财务信息，转化为干预生产、推动经营和参与决策，发挥会计在企业经营管理上的重要作用。

2. 会计方法的发展变化

在长期的会计工作实践中逐渐形成了一套科学严密的方法体系。随着计算机在会计中的应用，会计职能的变化和会计数据范围的扩大，会计方法也发生了较大的变化。一方面是原有方法的改进；另一方面是吸收、补充和广泛采用了一些新的会计方法。例如，为了加强核算和控制功能，出现了标准成本计算方法，等等。为了满足分析、预测和构造经济模型的要求，以运筹学为核心，组织各种数学方法（如线性代数、量本利分析、回归分析、多元方程和高层次数据模型等）在会计中加以运用。一些生产机械化、自动化水平较高的企业，原始数据的采集突破了原始凭证的局限性，可以通过自动化仪、传感器、脉冲讯号等数据采集装置，把原始数据直接输入计算机，不需人工记录和传递，从而提高了原始数据采集的及时性和准确性。以上方法的运用一般都是因数据量大或处理流程复杂，自动化水平高，只有采用计算机才能实现。同时，由于计算机在会计中的应用，有可能把科学的方法论——系统论、信息论、控制论等最新科研成果，运用到会计工作中去，充实会计方法体系，增强会计在预测、控制、核算和分析等工作中的功能，充分发挥会计在经济管理工作中的作用。

3. 会计管理职能的进一步强化

在手工条件下，许多复杂、实用的会计模型，如最优经济订货批量模型、多元回归分析模型等很难在企业管理中得以实施，大部分预测、决策工作需要依赖管理者个人的主观判断。随着计算机会计信息系统的发展和广泛应用，会计将逐渐从核算型转向管理型，这不但是国际会计信息系统发展的主流，也是我国会计信息系统发展的必然趋势。管理人员借助先进的管理软件工具便可将已有的会计管理模型在计算机中得以实现，同时又可以不断研制和建立新的计算机管理模型，使管理人员利用计算机管理模型可以迅速地存储、传递及取出大量会计核算信息和资料，并毫不费力地代替人脑进行各种复杂的数量分析、规划求解，及时、准确、全面进行会计管理、分析、决策工作。这样可以使会计职能成为一种跨事前、事中和事后三个阶段，集核算、监督、控制、分析、预测于一身的全方位、多功能的管理活动。

11.6 会计档案的保管

按照我国现行《会计档案管理办法》的规定，会计档案的保管包括以下内容。

（1）会计档案的内容。会计档案是指会计凭证、会计账簿、会计报告和其他（包括银行存款余额调节表、银行对账单、会计档案移交清册、会计档案保管清册和会计档案销毁清册等）会计核算专业资料，是记录和反映单位经济业务的重要史料和证据。

各单位必须加强对会计档案管理工作的领导，建立会计档案的立卷、归档、保管、查阅和销毁等管理制度，保证会计档案妥善保管、有序存放、方便查阅，严防毁损、散失和泄密。

（2）会计档案的保管机构和保管人员。各单位应设立会计档案保管机构，未设立的应在会计机构内部指定专人保管，但出纳不得兼管会计档案。

（3）会计档案存档办法。各单位当年形成的会计档案，由会计机构按照要求，负责整理立卷，装订成册，编制会计档案保管清册，在会计年度终了后，可暂由会计机构保管一年，期满后再归档保管。单位可以利用计算机、网络通信等信息技术手段管理会计档案。

（4）会计档案的保管期限。会计档案的保管期限，从会计年度终了后的第一天算起，分为永久、定期两类。定期保管期限分为 10 年和 30 年两类。

企业会计档案的保管期限具体为：会计凭证（包括原始凭证、记账凭证和汇总凭证）、会计账簿中的总分类账、明细分类账、日记账、辅助账簿和会计移交清册的保管期限为 30 年；固定资产卡片的保管期限为固定资产报废清理后再保管 5 年；银行存款余额调节表和银行对账单纳税申报表；月、季度会计报告保管期限为表 10 年。年度会计报告、会计档案保管清册、会计档案销毁清册和会计档案鉴定意见书为永久保存。

（5）各单位保存的会计档案不得借出。如有特殊需要，经本单位负责人批准，可以提供查阅或者复制，并办理登记手续。查阅或复制会计档案的人员，严禁在会计档案上涂画、拆封和抽换。

（6）会计档案保管期满，单位负责人签署意见后，可以进行销毁。销毁会计档案时，由档案机构和会计机构共同派员监督，并办理销毁登记手续。销毁后，应将监销情况报告本单位负责人。

对于采用计算机记账的单位，应当保存打印出来的纸质会计账簿；如果采用磁带、磁盘、光盘、微缩胶片等磁性介质保存会计账簿的，应由国务院主管部门统一规定，并报财政部、国家档案局备案。

中英文专业术语

会计工作组织	organization of accounting work
会计机构	accounting department
会计人员	accountant
集中核算形式	centralized accounting form
非集中核算形式	non – centralized accounting
职业道德	professional ethics
会计职业	accounting profession
会计电算化	accounting computerization

复习思考题

1. 简述会计工作组织的含义及作用。

2. 简述会计人员的职责和权限。

3. 比较集中核算与非集中核算的优缺点。

4. 什么是会计职业道德？简述会计职业道德规范的内容。

5. 什么是会计电算化？简述会计电算化的内容。

练习题

一、单项选择题

1. 会计工作是一项（　　）。

   A. 简单的经济管理活动　　　　B. 简单的经济核算工作

   C. 高难度的经济核算工作　　　D. 综合性的经济管理活动

2. 下面（　　）不属于非独立核算的会计机构的工作。

   A. 配备专职会计人员　　　　　B. 登记明细分类账

   C. 填制、整理原始凭证　　　　D. 定期向上级机构汇总报送会计记录

3. 下面（　　）不属于集中核算的内容。

   A. 企业下属部门填制原始凭证

   B. 企业下属部门登记明细分类账

   C. 企业财务部门登记总分类账

   D. 企业财务部门编制会计报表

4. 会计人员是指（　　）。

   A. 从事日常会计业务处理工作的专职人员

   B. 取得会计从业资格证的人员

   C. 所有会计专业毕业的人员

   D. 在会计行业从事工作的人员

5. 下面不属于会计机构负责人必备的条件是（　　）。

   A. 会计专业学习经历　　　　　B. 具有会计师以上职称

   C. 从事会计工作 3 年以上经历　D. 大学本科毕业

6. 在会计职业活动中，如果发生道德冲突时要坚持原则，把（　　）利益放在第一位。

   A. 个人利益　　　　B. 社会公众　　　　C. 客户　　　　D. 业主

7. 在我国会计职业道德规范中，（　　）是会计人员做到依法办事的核心内容。

   A. 诚信为本　　　　B. 操守为重　　　　C. 坚持准则　　　　D. 不做假账

8. "常在河边走，就是不湿鞋"体现的会计职业道德是（　　）。

   A. 诚实守信　　　　B. 廉洁自律　　　　C. 坚持准则　　　　D. 提高技能

二、多项选择题

1. 会计人员的主要职责是（　　）。

A. 进行会计核算和会计监督

B. 拟定本单位事务的具体办法

C. 参与拟订本单位经济计划

D. 考核、分析本单位预算和计划的执行情况

2. 要保证科学、有效地组织和管理会计工作，应满足（　　　）。

   A. 政策性要求　　　　B. 计划性要求　　　　C. 适应性要求　　　　D. 效益性要求

3. 会计人员的专业技术职称包括（　　　）。

   A. 高级会计师　　　　B. 会计师　　　　C. 助理会计师　　　　D. 会计员

4. 我国的会计工作管理体制主要有以下几方面的内容（　　　）。

A. 明确会计工作的主管部门

B. 明确国家统一会计制度的制定权限

C. 明确会计人员的管理内容

D. 明确单位内部会计工作管理职责

5. 会计职业道德中的"参与管理"就是要求会计人员（　　　）。

A. 全面熟悉单位经营活动的业务流程

B. 主动提出合理化建议

C. 代替领导决策

D. 积极参与管理

三、判断题

1. 按照《会计法》的规定，所有单位应独立设置会计机构。（　　　）

2. 集中核算就是把企业的主要会计工作均集中在单位的一级会计部门进行。（　　　）

3. 出纳人员除了进行现金的收付及银行结算业务工作外，还可以兼管债权、债务账目的登记工作。（　　　）

4. 单位不依法设置会计账簿的行为属违反会计法的行为。（　　　）

5. 会计职业道德品质的形成过程，最终使会计人员在自我教育中得到升华。（　　　）

6. 会计人员应当接受继续教育，每年接受培训（面授）的时间累计不得少于 48 小时。（　　　）

7. 会计职业道德是会计法律制度正常运行的重要保障。（　　　）

8. 会计档案的保管分为永久和定期两类。（　　　）

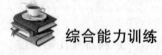 综合能力训练

案　例

   王梅毕业于某大学，自从参加工作以来一直担任办公室文秘，忠于职守，兢兢业业，深受公司领导和同事们的好评。由于单位会计部门人员短缺，公司经理要求她担任财务部门的出纳工作。经理认为，虽然王梅不是会计专业毕业，但出纳工作要求的专业知识并不高，而王梅工作能力强，会很快适应。

从事出纳工作半年后，因她刻苦钻研业务，积极提出合理化建议，被公司评为先进会计工作者。

几年后，王梅的丈夫在一家私营电子企业任总经理，在其丈夫的多次要求下，王梅将在工作中接触到公司新产品研发计划及相关会计资料复印件提供给了其丈夫，给公司造成了一定的损失，但尚不构成犯罪。公司认为她不能再继续担任出纳工作，并做出处理，调换到其他工作岗位。

要求回答下列问题。

（1）公司领导任用王梅担任出纳的行为，是否符合会计从业资格要求？

（2）王梅因工作任劳任怨，刻苦钻研业务，积极提出合理化建议，多次被公司评为先进会计工作者。体现了会计职业道德的哪些方面？

（3）王梅将公司新产品的研发资料复印件和一些会计资料给其丈夫，给公司造成一定的损失，违背了会计职业道德的哪些方面？

（4）对王梅违反会计职业道德的行为，可由哪些部门给予处罚？

参 考 文 献

［1］朱小平，周华，秦玉熙．初级会计学．8 版．北京：中国人民大学出版社，2017．

［2］欧阳歆．会计学原理．2 版．上海：上海财经大学出版社，2018．

［3］王淑慧，金燕华．会计学．4 版．北京：机械工业出版社，2018．

［4］陈国辉，迟旭升．基础会计．4 版．大连：东北财经大学出版社，2015

［5］秦海敏．基础会计学．3 版．南京：南京大学出版社，2016

［6］财政部会计资格评价中心．中级会计实务．北京：经济科学出版社，2017．

［7］财政部会计资格评价中心．初级会计实务．北京：经济科学出版社，2017．

［8］东奥会计在线．初级会计实务应试指导．北京：北京大学出版社，2017．